一个国家主席的最后三年

刘少奇的最后岁月

1966—1969

黄峥 编著

九州出版社 JIUZHOUPRESS | 全国百佳图书出版单位

图书在版编目（CIP）数据

刘少奇的最后岁月 / 黄峥编著. —北京：九州出版社，2011.12（2025.8重印）

ISBN 978-7-5108-1218-7

Ⅰ. ①刘… Ⅱ. ①黄… Ⅲ. ①刘少奇（1898～1969）—生平事迹 Ⅳ. ①K827=7

中国版本图书馆CIP数据核字（2011）第250153号

刘少奇的最后岁月

作　　者	黄　峥　编著
责任编辑	钱世鑫
出版发行	九州出版社
地　　址	北京市西城区阜外大街甲 35 号（100037）
发行电话	(010) 68992190/3/5/6
网　　址	www.jiuzhoupress.com
印　　刷	北京捷迅佳彩印刷有限公司
开　　本	640 毫米 ×940 毫米　16 开
印　　张	21.5
字　　数	240 千字
版　　次	2012 年 1 月第 1 版
印　　次	2025 年 8 月第 3 次印刷
书　　号	ISBN 978-7-5108-1218-7
定　　价	35.00 元

正如少奇同志在处境最艰险时所说：“好在历史是由人民写的”，历史宣告了林彪、“四人帮”一伙阴谋的彻底破产。历史对新中国的每个创建者和领导者都是公正的，不会忘记任何人的功绩。和毛泽东同志、周恩来同志、朱德同志一样，刘少奇同志将永远活在我国各族人民的心中。

——邓小平在刘少奇追悼大会上致的悼词

前中共中央副主席、中华人民共和国主席、伟大的马克思主义者和无产阶级革命家刘少奇同志，几十年来一贯忠于党和人民，把毕生精力献给了无产阶级革命事业，在我国新民主主义革命、社会主义革命和社会主义建设中，建立了不可磨灭的功绩。“文化大革命”前夕，由于对党内和国内形势作了违反实际的估计，提出了党内存在一条反革命修正主义路线，随后又提出了存在一个以刘少奇同志为首的所谓资产阶级司令部，这些论断是完全错误和不能成立的。林彪、“四人帮”一伙出于篡夺党和国家最高领导权、颠覆无产阶级专政的反革命目的，利用这种情况，捏造材料，蓄意对刘少奇同志进行政治陷害和人身迫害，并把一大批党政军领导干部诬为刘少奇的代理人，统统打倒，造成了极其严重的后果。这是我党历史上最大的冤案，必须彻底平反。

——中共十一届五中全会公报

目录

一　王光美谈刘少奇的最后岁月

王光美说，少奇同志曾对她说过一句话：「好在历史是人民写的！」这是少奇同志和她永诀的话语，也是她亲耳听见的少奇同志最后的留言！

1979年，已获平反的58岁的王光美在北京住处休息时浇花。

王光美同志最近一段特别忙，日程总是排得满满的。要找她的人是那样多，我们一直担心她会不得已而婉言谢绝，因此去看她前是颇踌躇了一阵的。

但当和她联系后，却得到了分外热情的回答。她说，少奇同志年轻时曾在上海学习和工作过，新中国建立后，又多次到上海，对上海的发展和建设一直是十分关心的，上海的同志要她谈谈少奇同志，怎能不见呢？无论怎样忙，哪怕是只有几分钟的时间，还是要见的！

王光美同志1979年7月担任了中国社会科学院外事局局长的职务，主要负责国内外社会科学方面的学术交流活动，现在和她的四个孩子住在北京新建的一座公寓大楼里。她的居室并不大，陈设也很简朴。客厅里有几个沙发，书房里放一张写字台、两把藤椅、一个书橱、一个文件橱，就再没有多少回旋的余地了。书房一角的地上，堆了高高的几沓文件，这是新近送回的一些过去抄去的东西，她还来不及整理。但在这些东西中，她也发现了一点“意外的收获”。那就是少奇同志过去干地下工作时，用各种笔名在报刊上发表的文章。过去她怎么也收不齐，有些笔名根本就不知道，现在经过“文化大革命”中全国性的搜寻“罪证”，都夹在一起送回来了！

但在居室环境中，最引我们注目的，莫过于挂在客厅墙上少奇同志的那张照片了！

这是一张过去没有发表过的侧面照。寂静的夜里，只有些许白发的少奇同志正在台灯下全神贯注地批阅文件。台上散放着文件，堆着几沓书报。左面有一个茶杯，右面雕花玻璃瓶里插满了盛开的迎春和海棠。这是一张色调柔和、意境很高的可以令人产生许多联想的生活照。王光美同志非常珍惜这张照片。她说，这是50年代初期她自己拍的，具体日期已记不清了。当时她看见这种情景，颇有所感，没有惊动少奇同志，就利用台上那盏台灯的自然光拍了下来。因为是自己拍的一个真实的历史镜头，再加上是劫后幸存的一份纪念，所以就更加觉得可贵了。她说，照片中的那只一位外国大使夫人送给她的雕花玻璃瓶已不复可寻，只有那只景德镇烧制的细瓷茶杯还在。每当看见这些，她就感到少奇同志依然还活着，依然在她身边！

最后的留言

王光美同志谈起和少奇同志最后分离的情景。

那是1967年7月18日。那天在中南海召开了所谓的“批斗会”，同时抄了家，会后就把她和少奇同志分别隔离起来。对于这次突然袭击，他们思想上事先已有点准备，种种迹象使他们预感到会出现某种更大的灾难。但绝没有想到，这次竟是他们的永别。她说，事前，少奇同志一直很镇定，曾对她说过一句话：“好在历史是人民写的！”这是少奇同志和她永诀的话语，也是她亲耳听见的少奇同志最后的留言！

王光美同志的语音里带着悲愤，但却是充满信心的。她说，多少年来，少奇同志的这句话始终在她耳边回响。是对党、对人民坚定不移的信念，是少奇同志的这句话，成了鼓舞她活下去的力量。她说，从那以后，直到1978年年底十一届三中全会后她恢复自由，她在监狱里度过了将近12年的时光。在那些苦难的日子里，她总感到少奇同志在伴随着她，鼓舞着她，要她经受考验，要她相信党，相信人民，相信革命，要她无论经受怎样的艰难曲折和迫害，也要坚持活下去！

少奇同志和她分开以后，于1968年在看管中得了肺炎，逐渐卧床不起。过去，少奇同志的生活都由她照料，现在无人敢再去过问了。虽然也曾经进行过一些治疗，但那是为了要在1969年4月九大开幕时留个活靶子。1969年9月林彪的所谓“一号通令”下达后，10月里，少奇同志就在重病中，光着身子被卷在一床被子里，运去开封“监护”。这年11月12日，71足岁尚差12天的少奇同志就在开封被活活折磨得咽了最后一口气。谈起这些，王光美同志的声音低了下来，她的眼里闪着泪光。她不愿多谈细节，我们也不忍心多问，去让那些悲痛的回忆再度刺伤她的感情！

王光美同志也不愿多谈她个人的遭遇。她说，这不是她个人的问题，也不是她一家的问题。党中央已正式给少奇同志平反昭雪和恢复名誉了。这是党和国家的大事啊！这是给真正的共产党人恢复名誉，给民主革命时期白区的地下工作恢复名誉，给因少奇同志而受株连的千千万万干部恢复名誉，她个人的遭遇算得了什么！

对《论修养》身体力行

王光美同志今年59岁，头上已有稀疏的白发。从1948年和少奇同志结婚，到1967年7月中旬永别，她和少奇同志共同生活了整整20个年头，其中19年是担任少奇同志的秘书。作为一个伴侣和在身边工作的人，她对少奇同志是理解入微的。

她说，要她来谈谈少奇同志是怎样一个人，当然不是简单几句话可以说得清楚。但有一点是明确的，那就是少奇同志写的《论共产党员的修养》这本书，不是欺人之谈。他自己是身体力行，努力照这本书中所说的去做。也许可以用1963年少奇同志对雷锋同志题词中“平凡而伟大的共产主义精神”这句话来概括，少奇同志是一个“平凡而伟大”的共产党员。

1939年少奇同志写的、后来在1962年又作了修订的《论共产党员的修养》一书，是党的建设中一部十分重要的文献。王光美同志还特地把少奇同志在1939年用毛笔写在六张绵纸上的这本书的讲演提纲给记者看。这也是现在留存下来的关于这本书的最早的手稿。对于共产党人在政治、理论和思想意识方面的修养，革命导师历来是十分重视的。1874年，恩格斯在《德国农民战争》一文的序言中，曾经赞扬德国工人是“属于欧洲最有理论修养的民族”；1902年，列宁在《怎么办》一文中，深入论述了理论修养对无产阶级及其政党的重要意义，总结了“当时的社会民主党人由于革命经验和实际修养不够”而造成革命事业失败的经验教训；1938年，毛泽东同志在《中国共产党在民族战争中的地位》一文中，也号召全党来一个学习竞赛，大大提高“我们党的马克思列宁主义的修养”。少奇同志的这本书，就是在革命导师强调理论修养的基础上，进一步强调了“革命实践”，认为“革命实践的锻炼和修养，无产阶级意识的锻炼和修养，对于每一个党员都是重要的，而在取得政权以后更为重要”。书中提到，任何时候，每一个党员都应该以党和国家的最高利益为重，以集体利益为重，“在为了党和革命的某种重要目的而需要他去忍辱负重的时候，他能够毫不推辞地担负最困难而最重要的任务，绝不把困难推给人家”，要有“最高尚的自尊心、自爱心”，对待同志要“宽大，容忍和‘委曲求全’”，“在必要的时候能够忍受各种误解和屈辱而毫无怨恨之心”，要“受得起误会、打击，以至委屈冤枉，尤其不要为别人的一些不负责任的、不正确的批评和流言所刺激而冲动起来”。

“客观的历史事实是否定不了的”

王光美同志说，在“文化大革命”这一最严峻的时刻，少奇同志正是这样要求自己的，忍辱负重，一切困难、一切责任，自己首先承担起来。开初，他确确实实是想接受批评的。他曾表示，这次听到了多年听不到的批评，尽管言词尖刻些，过火些，只要吸取其中有益的东西，将来对工作会有好处，可以使自己更接近人民。但后来的发展，已经不是什么批评，而是造谣、污蔑，是一连串莫须有的罪名。特别是看到大批优秀干部受到攻击、伤害，国家机构瘫痪，少奇同志真是忧心如焚。一再表示，在他主持中央工作期间，一切责任由他负，不要怪罪下面，并向中央提出，他愿意辞去国家主席和其他一切职务，接受批评和处分，希望因此能解脱广大干部，让他们赶快出来工作。1966年10月中央工作会议期间，少奇同志真心实意地作了检查，主动承担一切责任，反复强调“主要责任应该是由我来负”，其他同志“虽然也有一定的责任，但是，第一位要负责任的，就是我”。在一些公开场合，他也是这样表示的。有一次在所谓的“批判会”上，一伙人搞突然袭击，狂呼“打倒陈毅”的口号。少奇同志一动不动地站在那里。这时，一帮子人冲上前去责问他为何不喊“打倒陈毅”的口号。少奇同志明确地回答说：“我是主要负责的，你们要打倒，就打倒我！”

1966年10月，少奇同志在中央工作会议上的检查，曾特地将发言稿送给毛主席看。毛主席阅后，作了批示，说少奇同志态度是认真的，检查很好，后半部分尤其好。中央工作会议一结束，陈伯达、江青一伙就把这个检查捅了出去，但却把毛主席的批示扣了下来。当时的许多小报就集中火力“批判”这个检查，说是什么“避重就轻”“蒙混过关”，是什么“大而黑的保护伞”等等。王光美同志说，当时她激于义愤，在一次所谓的“批判会”上答辩说，少奇同志的检查是经过毛主席看过的，毛主席是满意的。但第二天，小报就攻击她是“为刘少奇鸣冤叫屈”，还说少奇同志主持中央日常工作是“篡党夺权”。

针对这一点，1967年7月9日，少奇同志在由中共中央办公厅转给北京建筑工业学院师生员工的一份检查中，义正辞严地说：“在毛主席不在北京时，是毛主席、党中央委托我主持党中央日常工作的。”这一下可又捅了马蜂窝，立刻在全国范围内掀起了一个所谓“反击新反扑”的“围剿”热潮。

在那些恶浪翻滚、黑云压城的日子里，少奇同志是经常由王光美同志陪着出去看大字报的。少奇同志非常实事求是，他曾表示“欢迎摆事实，讲道理，批评多厉害都不怕”。而对于那些诬陷造谣之词，他是深恶痛绝的。他曾愤慨地说：“国民党骂了我多少年，也没敢用这样的语言。”特别是当他看到江青一伙搞的大字报，竭尽其造谣污蔑之能事，完全歪曲、否定20年代他在安源工作的情况，甚至说成是他的“罪行”时，他非常生气。但事后却平静地说：“客观的历史事实是否定不了的！”

应该说，在那法制横遭践踏的日子里，少奇同志最痛苦的，是看见许多党和国家的优秀干部遭受伤害而不能置一词。作为一个国家主席，一位深知干部的领导，在关键时刻，却不能为下属说一句实事求是的公道话，是怎样绞心的痛苦啊！王光美同志说，在那段时期，少奇同志常常表示，他受些委屈不要紧，只要广大干部能保全下来就行了。但这只能是主观的善良愿望。少奇同志为谁说了话，谁只有更倒霉，株连就更深。别的不讲，1966年6月里，少奇同志路经上海，在上海作了一些调查研究。临走时，少奇同志称赞了上海市委的工作，并传达了毛主席的话说：“贴市委的大字报不多，说明上海市委是有威望的。”但后来，这恰如其分的评价，却成了上海市委的一大“罪状”，成了“砸烂上海市委”的一块砖头，许多同志被戴上了“刘少奇的黑爪牙”“刘少奇的党员”“刘少奇的干部”等等帽子。

在那段是非颠倒、黑白混淆的时期，一向寡言的少奇同志就更沉默了。他常常独自在室内踱步沉思。沉思，是少奇同志在长期斗争中所养成的习惯。每逢重大的决策，少奇同志总是镇静自如地思索着。但这段时期的沉思，却与往常不一样，常常是表现出一种极度的焦虑和不安，有时竟彻夜不眠。人显著地消瘦下去。

当然，对一些熟知的干部，少奇同志也并不是全无一词。1967年初春，上海召开了对陈丕显等同志的所谓“电视斗争大会”。小报上写得沸沸扬扬，一派胡言，说什么“上海市委秉承刘少奇的黑意旨”，宣扬“在社会主义现阶段，党的主要任务，就是尽快地发展生产力，改善人民生活……”“这不是现代修正主义的‘工业党’、‘农业党’、‘福利党’吗？”等等。王光美同志把小报上写的告诉了少奇同志，并问他：“这样搞法，陈丕显同志会服气吗？”少奇同志笑了笑，斩钉截铁地回答说：“阿丕呀，不会服气的！”谈到这里，王光美同志似乎想起了什么，接着对记者说：“哦，去年我碰见陈丕显同志，还忘了告诉他这件事。少奇同志对干部是非常了解的！”

“如果马克思再给我10年时间……”

对于上海人民来说，恐怕许多人都还记得，解放后少奇同志第一次在上海公开场合出现，和上海人民见面的情景。

那是1957年4月下旬，一个春雨绵绵的下午。少奇同志穿着一套普通的黑色呢制服，到龙华机场迎接外宾，接着站在敞篷汽车上，迎着春雨和花瓣，同上海100万欢迎群众见面。少奇同志当时虽已59岁了，但看上去是那样健康，那样神采奕奕，像个四十几岁的人。在以后几天的活动里，无论是在宴会上，在20多万人的群众大会上，在申新九厂或少年宫里，少奇同志那简短的、富有吸引力和鼓动性的讲话，那谦逊朴素、平易近人的风度，都留给人们深刻的印象。特别是最后一天，在飞机场和采访的记者道别时，主动和记者们握手，并说“你们辛苦了”，“再见，再见！”那亲切、安详的眼光，更令人难忘。

当记者和王光美同志谈起这些往事时，她深有所感地说，少奇同志对上海是很有感情的，是十分关心的，因为上海是党的诞生地，也是他早年参加革命活动的地方。

1920年，22岁的少奇同志参加了社会主义青年团。为了更好地学习俄国革命的经验，这年秋冬之际，他到上海法租界霞飞路渔阳里6号的社会主义青年团总部留苏预备班学习俄文，翌年赴苏留学。1922年他又回到上海参加工人运动，在中华全国总工会的前身“中国劳动组合书记部”任职。以后他到江西安源煤矿工人俱乐部工作，后任工会主任，使安源工会成为中国早期职工运动的最坚实和持久的核心之一。以后，他来往于广州、安源间。1925年，他被选为中华全国总工会副委员长后，到上海和李立三、蔡和森等同志一起领导了“五卅运动”，并经常来往于广州、上海间。1927年大革命失败后，他又从湖北回到上海搞党的地下工作。1930年6月第二次赴苏，回国后又到上海任党中央职工部长一职。1932年，少奇同志到江西中央苏区，就是从上海出发的。

至于解放后，王光美同志说，少奇同志更是经常到上海。他关心上海的人民，关心上海的建设，为上海日新月异的变化感到高兴，对上海城市建设的规模、布局、方针、环境保护以及如何建立卫星城镇、逐步消灭城乡差别等，都作过具体的指示。他反复告诉上海市委的同志，上海城市建设“要从实际出发”，“要重视人民的身体健康”，“要为孩子着想，不能顾此失彼，不能坑害后代”，“要有长远打算，不要像一些水利工程那样，挖了填，填了挖”。1965年秋天，少奇同志在上海开会、视察，从当时国民经济恢复、繁荣的情况，再一次满怀激情地展望了未来。王光美同志说，她听见少奇同志在火车里就各方面的问题对陈丕显同志谈了许多。1966年1月少奇同志又对家人和工作人员说：“如果马克思再给我10年时间，跟同志们一起干，一定可以把中国搞得更好！”

谈到这里，王光美同志沉默了。她悲痛地说：“并不是少奇同志没有10年好活，而是一场浩劫夺去了他的生命！‘文化大革命’开始后，林彪、江青、陈伯达一伙，动员了40万人，查阅了400万卷敌伪档案，但从未向少奇同志当面核对或查证过一件事。他们找不到任何证据，就采用法西斯手段，制造假证，罗织罪名，对少奇同志进行政治陷害和人身迫害，造成了我党历史上最大的冤案！”

最后，王光美同志谈到了少奇同志对家人的严格要求。她说，少奇同志平时谦虚谨慎，平易近人，一向严于律己，经常要求家人与人民同甘苦。1961年三年自然灾害时期，少奇同志要孩子们在学校吃饭。当时孩子们要回家来吃，是完全有条件的。但他却说：“人民吃不饱，我们有责任。让孩子们尝尝吃不饱的滋味，等将来他们为人民工作的时候，就可以更好地总结经验教训，再不要让人民吃不饱了。”他告诫孩子们要在大风大浪中经受锻炼，人民将来会信任他们的。他说：“只有全国人民的孩子幸福了，我的孩子才能有幸福。”

1961年，少奇同志到湖南视察，看见老家宁乡给他修整了旧居，供人参观。他说：“群众住房这样困难，应该与人民同甘苦，怎能把自己住过的房子空起来？”他当时就让把旧居分给群众住。王光美同志说，少奇同志恢复名誉后，也希望不要搞什么故居修复，住在里面的居民仍旧应该让他们住下去！

访问结束时，我们问王光美同志，她是否打算写本回忆少奇同志的书？她说，过去曾收集过一些材料，现在还没有完全找回来，但目前实在太忙，这要等以后退休了再说。她说，她不断收到许多热情的来信，除了对她表示慰问外，还对少奇同志表示深切的怀念。她衷心感谢大家对她的好意，同时这也证明，在人民的心里，早已为少奇同志恢复了名誉，五中全会庄严地宣告为刘少奇同志平反昭雪，正反映了全党同志和全国人民的愿望！

1980年5月

二　怀念我们的爸爸刘少奇

刘平平　刘　源　刘亭亭

爸爸拿出一本《中华人民共和国宪法》，把我们叫到他身边，严肃而又语重心长地说：「你们破『四旧』，我不反对，但不能去抄家、打人。我是国家主席，必须对宪法负责。……现在，由于我的处境，不能拦阻你们，你们也拦不住别人。但是我要对你们讲清楚，要对你们负责。」

1966年秋，刘少奇、王光美和小女儿在中南海福禄居住处散步。这时，他已离开领导工作岗位。

在人民的欢呼声中，党的十一届三中全会胜利召开了。中央组织部接收专案工作的当天，我们的妈妈——王光美同志结束了12年的囚徒生活，回到了我们身边。

胜利的花，希望的花，终于盛开了！那是1979年的春节，我们簇拥着妈妈，随着欢庆的人群，走进了雄伟的人民大会堂。当人们看到妈妈就在他们身边时，都欢笑着走过来和妈妈握手，多少人和妈妈紧紧拥抱，又有多少人拉着妈妈的手失声痛哭……多少深情，多少悲喜交织在一起。妈妈说："我又和同志们在一起了，……是人民解放了我！"说完，妈妈向人群深深鞠了一躬。更多的人跑了过来：

"他来了吗？"

"他在哪里？"

"我们怀念他！"

霎时，人群拥了过来，妈妈被挤到台上，又从台上被挤下来，她虽被挤得东倒西歪，但她泛红的脸上露着笑容，这是胜利的笑容。

妈妈是看到胜利的人，她看到人民心中的鲜花在向着他——我们的爸爸刘少奇同志开放了。胜利的花朵，在血和泪的浸润中含苞，在冰刀霜剑中吐蕊，在风和日暖的年代怒放。可惜，爸爸没有来。他的生命被夺走了，但无法把他从人民心里夺走。爸爸生生死死，都与人民同在，他以自己的生命滋润了这绚丽的春天。

一

多年来，爸爸在第一线主持党中央和国家日常工作，日夜为党和国家操劳着……

1966年，一场突如其来的风暴席卷了全国，在960万平方公里的祖国大地上，光明与黑暗、正义与邪恶展开了激烈的搏斗。

6月1日，康生、陈伯达一伙背着当时在北京主持中央工作的爸爸和小平叔叔，背着政治局，将他们一手炮制的聂元梓的大字报突然向全国广播。第二天，各报全文登载，立即在北京各学校引起了极大混乱。仅在两三天时间里，学校党委和支部都瘫痪了。这股风暴很快波及全国。我们几个孩子那时正在中学读书，对突然发生的一切都感到惊奇，不可理解。回到家里，就把所见所闻告诉爸爸、妈妈。他们总是仔细地听着，偶尔也提出一些问题启发我们思考。当时群众的热情虽高，但谁都不知道运动该往什么方向发展，对革命的对象和目的更感到不明白。6月3日，毛主席亲自批准派出北大等三个工作组。6月4日，由北京新市委派了少数试行工作组。许许多多学生听说后，围在党中央、国务院、北京市委的门口，都要求派工作组，希望党加强对运动的领导。我们回到家，也几次代表学校师生要求爸爸批准派工作组。爸爸很慎重，他说："在社会主义条件下，搞目前这样的运动，我没有经验。我们党用这种方式整风，过去也没有遇到过，要观察几天再说。"

这一时期，毛主席远在杭州。爸爸多次给毛主席打电话请示汇报，没曾得到明确的回复。运动的情况一天比一天恶化，几乎所有学校的支部书记、校长、老师都受到了冲击。斗争的对象越来越多，斗争的方式也越来越出格。有的学校打死了人，也有因不理解而自杀的。形势逼人，不能再举棋不定地等待下去了。那天，我们从学校回来，发现爸爸、妈妈不在家了，只留下了一封长信。后来我们才知道爸爸和小平叔叔乘飞机去杭州向毛主席汇报运动情况，并请毛主席回京主持工作。毛主席委托爸爸相机处理运动问题。

爸爸乘飞机赶回北京后，立即主持召开政治局常委扩大会，决定向大中学校派工作组。

工作组都是临时组成的，匆忙上阵，没有经验。爸爸也在摸索对运动的领导。7月中旬，爸爸曾两次提出要见见平平所在的师大一附中的工作组成员和学生代表。爸爸在听取汇报后，热情地对大家说："今天的文化大革命会提高我们全民族的社会主义觉悟。巴黎公社传播了马克思主义，十月革命给我们送来了列宁主义，我们也要把毛泽东思想提高到一个新的高度。"尽管爸爸对突然兴起的这场运动，缺乏思想准备，但他还是尽力引导群众前进。爸爸说："过去中央千方百计想寻找一条途径，以纠正、杜绝各级干部正在滋长起来的官僚主义作风和脱离群众的现象。社会主义教育运动是一次尝试，希望文化革命是一个更好的机会。"爸爸还向大家描述了他对运动的设想，他说："文化革命要有斗、批、改三个阶段，7月底斗争结束。你们学生对学校领导有意见，可以提出，这就是斗争嘛，但不能动手打人。8月进入批判阶段。在这个阶段内，让群众把自己的意见全讲出来，看看我们以前犯了什么错误，通过批判要搞清错在哪里。我们领导了人民几十年，让人家批评我们几个月还不行吗？到9月，就转入扎扎实实地'改'的阶段。12月底，我们就可以按照马列主义、毛泽东思想改革一切不合理的制度。"最后，他按照自己——一个共产党员的理解，向我们讲述这次运动的目的，说道："无产阶级只有解放全人类才能解放自己。这个全人类当然包括地、富、反、坏。无产阶级毫无自私之心，所以胸怀最宽广。不解放别人，不把一切坏人改造成好人，不把一切消极因素改变为积极因素，无产阶级自己也得不到解放。"爸爸的一席话，对我们和同学们震动很大。那时，“打倒一切”的思潮对青年有很大的煽动性，似乎革命就是打倒某些人，要“横扫一切牛鬼蛇神”，根本没想到要把“黑帮”地富反坏统统改造过来，共同建设社会主义。爸爸的话廓清了我们头脑中幼稚和糊涂的思想，使我们明确了革命的目的，绝不是乱冲乱斗，激化矛盾，而是教育改造所有的人。爸爸告诉了我们无产阶级应有什么样的伟大胸怀。他对“文化大革命”寄托的美好的希望，多么使我们神往啊。

爸爸总想按照自己善良的愿望和党的传统经验来引导。然而，他不知道，他正好踏进了林彪、江青一伙的圈套。运动中出现了许多不正常的情况。江青、康生、陈伯达一伙抓住工作组在工作上的一些缺点错误，煽起一股反工作组的浪潮。学生中开始出现了对立的两派。形势错综复杂，难以驾驭。爸爸担心地对我们说：“这是全国大分裂的开始，不可忽视。后面可能有高级干部。”

二

7月16日，毛主席畅游长江。7月18日，毛主席回到了北京。7月24日，毛主席召开会议，批评爸爸和小平叔叔。7月29日，爸爸在人民大会堂万人大会上说：“怎样进行无产阶级文化大革命，你们不大清楚，不大知道。你们问我们怎么革，我老实回答你们，我也不晓得，我想党中央其他许多同志、工作组的成员也不晓得。”“在新的条件下，在无产阶级专政的条件下进行革命，要重新学习。不仅你们要重新学习，而且我们也要重新学习，要在革命中学会革命。”“派工作组是中央决定的，中央同意的。现在工作组这个形式不适合当前无产阶级文化大革命运动的需要，中央决定撤出工作组。”还讲到对运动中的缺点、错误，可以提意见，不要揪住工作组不放，要保护少数。8月5日，毛主席写了《炮打司令部》的大字报。在八届十一中全会上，决定林彪为接班人，爸爸从第二位降到第八位。爸爸当即表示，他保证服从党的决议，努力去认识自己的错误，不做任何不利于党的事。作为正直的共产党人，他从来是按照党性原则来生活的。在之后三年多非人的折磨和极度痛苦中，爸爸始终都遵守着自己的保证，直到最后一息。

中央会议上的事情，我们几个孩子在当时是不知道的。记得在8月上旬，14岁的亭亭从学校回家，路上碰到蔡畅妈妈。蔡妈妈亲了亲亭亭问："你妈妈好吗？"亭亭高兴地回答："妈妈挺好，她正在清华大学为大家卖饭呢。""傻孩子，你什么都不懂。"蔡妈妈忍不住眼中的泪水，摸摸亭亭的小脸蛋，扭过脸去，依依不舍地走了。

8月的一天，晚饭的时间到了，我们坐在桌边等候爸爸的到来。大一点的孩子，隐隐约约地听说爸爸犯了错误，心情忐忑不安。我们注视着爸爸健步而入。他的神态是那样地安详、坦然，像往常吃饭时的情景一样，一边吃饭，一边思考着国家大事。在饭桌上谁也没讲话。爸爸吃完了饭，就站了起来。我们所有眼睛都紧紧地盯着他。爸爸似乎明白了我们的心意，说："你们的心情我知道，放心，爸爸会努力认识自己的错误的。"说罢微微笑了笑，回办公室去了。这时，大家极力忍住的眼泪一下涌了出来，工作人员也都潸然泪下……

过去，爸爸主持中央工作时，除了召集中央生活会征求领导同志对他的意见外，也曾多次召集身边工作的同志和孩子们开会，让大家给他提批评意见。在这以后的几个月时间里，爸爸几次召集孩子们和身边工作人员开批评会。他总是诚恳地请求大家给他提意见："文化革命刚开始，我工作太忙，没有机会听大家的意见。现在，我希望大家坦率地谈出来，会有利于我将来更好地去工作。”一位老工作人员说：“少奇同志工作一直很忙，但一有空就参加我们支部的活动。我们在这里好多年了，你没白天没黑夜地工作，生活简朴，这些没什么可说的。我们也都努力工作，为了让你能为国家做更多的事。可你怎么就犯了错误呢？……”说着说着，声音也哽咽了，又加上了一句：“你可不能只顾拉车，不看道儿啊！”有的同志说：“派工作组这么大的事儿，你怎么不请示主席呢？”……爸爸只是耐心地倾听，从不辩解，有时一连几个小时，不停地抽着烟，边听边思索。有一次，爸爸坦率地说：“我不理解，但我要跟上形势。”

然而，爸爸是永远不会跟上的。刚正、善良的爸爸，怎么能知道林彪、江青、康生、陈伯达一伙的险恶居心呢？他又怎么能理解这个被林彪、江青之流阴谋操纵的运动，跟上它的形势呢？

三

“八一八”林彪天安门讲话后，红卫兵的浪潮席卷北京，席卷全国，也波及到我们家里。红卫兵破“四旧”，我们回到家里也破“四旧”。红卫兵抄家，我们也跟着抄了几次家。回来还津津有味地议论着抄出什么，满以为是“革命行动”呢！爸爸这时已经“靠边站”了，但他仍密切关心着运动的发展。一次，在饭桌上，平平和源源又议论着晚上要跟着同学们去抄家，爸爸立即劝止说：“不要去。”饭后，爸爸拿出一本《中华人民共和国宪法》，把我们叫到他身边，严肃而又语重心长地说：“你们破‘四旧’，我不反对，但不能去抄家、打人。我是国家主席，必须对宪法负责。许多民主人士，跟我们党合作了几十年，是我们多年统战工作的重要成果，来之不易呀！不能使它毁于一旦。现在，由于我的处境，不能拦阻你们，你们也拦不住别人。但是我要对你们讲清楚，要对你们负责。”爸爸的话，使我们感到宪法的神圣。我们不再去抄家了，许多同学也被我们劝阻住了。十几年来，我们最感到内疚的就是这件事。而爸爸处在那样困难的境地，还时刻关心党和人民的利益，维护宪法的尊严。爸爸教诲我们的情景，至今仍深深地留在我们的记忆里。

9月到11月，我们都出外串连去了。在外地的时候，我们突然看到批判爸爸检查的大字报，言辞激烈，使我们大为震惊。我们匆匆赶回家。回京后才知道，10月中央召开工作会议，爸爸作了检查。毛主席对爸爸的检查给予肯定的评价，说：“基本上写得很好，很严肃，特别后半段更好。”可是，作为文件下发到全国时，只印发了爸爸的检查，却被“文革小组”删去了毛主席的批示。在林彪、江青一伙的煽动下，爸爸的“检查”成了靶子，在全国掀起了“批刘高潮”。调门之高，超出想象。对那些牵强附会、武断专横的指责，爸爸丝毫不以为意，因为凡是尊重事实的人，都深知它的虚妄。爸爸曾郑重地对妈妈说：“他们有极大的片面性，主席迟早要批评的。”他也看出孩子们的不安，要我们做好思想准备：“对我的批判要持续几个月。”

然而，爸爸又估计错了。林彪、江青之流并不进行什么严肃的原则争论，他们所擅长的不过是玩弄阴谋诡计，只要能达到某种目的，他们可以不受任何道德观念的约束，什么手段都能使得出，都是“正当”的。“批刘高潮”不仅是针对爸爸个人，而是波及全党的大阴谋。他们绝不会终止这种阴谋。

一天，爸爸像往常一样在中南海院内看大字报。有一张大字报使他愣住了。这张大字报以尖刻的语言攻击了蔡畅妈妈和康克清妈妈。因为她们看到一位阿姨被剃了阴阳头后，禁不住伤心地流下眼泪。面对大字报上的恶毒的辱骂，爸爸伫立在那里，凝视着。我们看着爸爸的眼睛，想起有位老妈妈曾对我们讲过，在国民党胡宗南进攻延安时，爸爸特别关心老大姐们的安全，几次专门派人去看望，落实撤退的情况。从我们记事起，就看到爸爸格外地尊重老大姐们。每逢他一看见大姐走来，总是远远地迎上去，问寒问暖。他曾对我们说过：这些老妈妈有的走过雪山、草地，有的坐过老虎凳，她们比男同志更不容易。……而眼前，有人竟连这些受人尊敬的革命老大姐也不放过，对她们进行人格侮辱，这是在有几千年文明史的中国啊，怎么会发生如此野蛮的事情！？爸爸双拳攥得紧紧的，仿佛在自语："这样下去不行，这样下去不行……"他双脚像钉在那里似的，很久很久不肯离去，寒风吹乱了他的白发……

狂风暴雨在继续。就在中南海大院内，居然就有人胆敢贴出大字报，恶毒诬蔑朱爹爹（朱德同志）是"黑司令""大军阀"。爸爸愤怒了。几十年来，爸爸亲眼看到朱爹爹南征北战、艰苦奋斗，为中国人民的解放事业贡献了自己的一切。他是我们党的光荣，是我们军队的象征。这一伙人把我们八路军、解放军的总司令诬蔑为"黑司令"，究竟想把党置于何地？

局势是严重的。身为国家主席，如果容忍这种现象，那就是不可原谅的失职。可是当时爸爸所处的境地，已经无能为力。一连几天，爸爸神情严峻，忧心如焚。经过深思熟虑之后，爸爸找了周伯伯说，为了尽早结束运动，使广大干部免受这么大的冲击，他要辞去国家主席的职务。周总理又能说什么呢？他也是在同样艰难的情况下力挽狂澜。周伯伯心情沉重地说："这不行，不行啊。这有个全国人民代表大会问题。"

幼稚而年轻的我们得知爸爸的这些打算，突然觉得自己一下子长大了。以前，我们听说爸爸"犯了错误"，感到难受、委屈；如今，我们透过政治斗争的风雨，看到了爸爸那颗一切为了党和人民的赤热的心，爸爸在我们心目中更加高大了。在激浪翻天的日子里，最能现出人们灵魂的美与丑。

四

就在爸爸考虑如何使党和国家少受损失的同时，“批刘高潮”愈演愈烈，林彪、江青一伙，不仅凭借着权力，还乞灵于诽谤，把黄浦滩上流氓无赖的惯伎也使出来了。12月底，江青窜到清华大学扬言说，刘少奇问题的性质早就定了，是反党反社会主义，对他的处理只是时间问题。现在是怕老百姓一下子转不过弯来，得一步一步来。

林彪、江青、康生一伙为了进一步把爸爸搞臭，还无中生有地在社会上散布了许多流言。大量无耻下流、造谣中伤和人身攻击的大字报充斥街头。随之，又一次在全国范围掀起“批刘”的恶浪。以谎言做武器，意味着政治上的堕落。他们就是这样采取种种卑劣的手段，把水搅浑，使广大人民群众真伪难辨。在党内斗争中，爸爸一向经得起委屈、误解，但他不能容忍诽谤、诬陷。这时，爸爸已经感觉到斗争的严重性，自己不能再沉默了。我们几个孩子听到一些传闻，弄不清楚，便向爸爸提出了一些问题。他开始回答我们，说明事实真相。我们像一切孩子一样，想知道自己的父母都做了些什么。“爸爸错在哪里呢？爸爸到底为什么受到这样的诬蔑呢？”“为什么他们要造谣呢？”……爸爸讲述着，他愈讲得多，我们愈好奇地提出各种各样的问题。在这一段时间里，爸爸跟我们说了许多许多事情，这是以前从来没有过的。但是，爸爸仍严格遵守党纪，保守党的机密，总是站在维护党和毛主席的立场上。

我们深切理解爸爸的心情。显然，使他忧虑的不是个人的成败荣辱，而是人民和国家的命运。爸爸对我们说：“只要能巩固无产阶级专政，只要国家能富强，我愿意接受组织上给予的任何组织处理。”从表面上，我们看不出爸爸有什么变化，依然那样严肃而镇定，饭量也不减。他正以高度的党性来克制自己，耐心等待着。等待不是软弱的避难所，表示他有一种坚定的信念：这是暂时的现象。但他的身体却明显地瘦弱下去了。爸爸内心的痛苦是可以想象的。

有一次，爸爸对我们说：“我过去常对你们讲，对一个人来说，最大的幸福是得到人民的信任。取得人民的信任是不容易的。人民信任你，你就决不能辜负人民。今天，我还得加上一句话，就是对一个人来说，人民误解你，那是最大的痛苦啊……”爸爸说到这里，嘴唇都颤抖了。直到现在，我们心里一直在回响着：“人民误解了你，人民误解了你……”这是什么样的痛苦啊！

不久，我们几个孩子也都在各自的学校和单位受到批斗和围攻，我们的朋友也渐渐疏远了。那时，只要有一两个同学还跟我们说话，我们的心里就感到莫大的安慰。

1967年1月7日，江青一句话，就把二哥毛毛（刘允若）抓到了监狱里。大哥大姐远在边疆，杳无音讯。家中只剩下我们四个小的孩子。家庭的突变，朋友的疏远，人们的怒目相视，在我们心灵上造成极大的创伤，以往神圣的信仰突然被碾成尘泥，美说成丑，真说成假，善说成恶，兢兢业业为党献身的爸爸成了反动路线的头子。这无论在感情上，还是理智上，我们都是无法忍受的。

爸爸看出了我们的思想，意味深长地说：“群众现在认为我犯了错误，他们有权利批评我。在我主持中央工作期间，不可避免地犯有工作错误和思想错误，处在我这样的地位，影响很大。这些年，党也犯了些错误，群众当然不满，你还不许人家骂娘？我主持中央工作，必须要承担主要责任，这叫做责任错误。群众现在认为我没有把他们交给我的工作做好，他们生气。对你们也会有过火行动。你们要理解群众，决不能有对立情绪，要经得起委屈。将来，你们会明白，中国人民是最可爱的人民……”

五

1967年的1月是严寒而又阴冷的。“全面夺权”的黑风很快扫遍全国。林彪、江青一伙对爸爸的迫害，自然不会停留在“绘画绣花”的阶段。

1月6日，在江青的疯狂怂恿下，清华大学的蒯大富之流以狡诈的手段，把妈妈骗出中南海，却还夸耀什么“智擒王光美”。他们诈称平平在学校作检查后的归途中被车轧断了腿，马上需要截肢。妈妈听到这个消息，一口气噎在胸间，双眼直瞪瞪地看着爸爸。爸爸说：“马上到医院去。”妈妈着急地说：“总理不让我离开中南海呀！”“你不去我去！这么小的孩子为了我挨斗……”爸爸、妈妈赶到医院不见平平，却看见被扣作人质的源源和亭亭。周围的清华“造反派”一见爸爸进来，都愕然不知所措。这时，源源急切地对妈妈说：“他们就是为了要抓你。”妈妈一听，只身迎上去说：“不是王光美的都走！”自己一人留在了“造反派”中间。妈妈严肃地对“造反派”说：“你们为什么用这种手段骗我出来？”“造反派”望着头顶的天花板，一字一句地说：“这是江青同志支持我们搞的，嗯！？……”

爸爸和源源、亭亭及工作人员刚回到家里，只见平平气喘吁吁地先等在门口（她刚从学校赶回家）。爸爸忙问：“平平，你的腿？……”平平扑到爸爸的怀里说：“我的腿没事，他们把我扣在学校，为的是把妈妈骗出来抓走啊……”平平和亭亭抱着爸爸放声大哭。

每天深夜，爸爸、妈妈总要出来散步，把紧张了一天的头脑松弛一下。这天深夜，爸爸照例出来散步，我们三个孩子陪着爸爸。

年纪较小的亭亭一见到爸爸，又呜咽起来，哭得是那样地伤心。她这几天一直被“造反派”扣在学校里，当天早上，在全市中学生联合批斗会上作了检查，下午又被押去看平平挨批斗，刚被放回家，晚饭都没吃又赶到医院，眼看着妈妈被抓走。现在，妈妈在哪里呢？他们会打妈妈的呀！会拉妈妈去游街的呀！他们什么都干得出来的。爸爸又何尝不难过呢。他爱怜地抚摸着亭亭的头，一边走一边还给我们讲夜空的星星……寒风呼啸，繁星闪烁，我们仿佛在荒野上漫游，无边无际的黑暗，要把我们吞没。但是，听到爸爸轻匀的脚步声，我们心里涌起了一股暖流。爸爸步履缓慢地走着，依然是那么从容而又安详，只字不提白天发生的一切。亭亭默默捧起爸爸那长满老人斑的手，紧贴在自己滚烫的小脸上，一颗赤热幼嫩的心脏与一颗同样赤热而又坚强的心脏靠在一起了，奔腾的小溪与浩浩江水汇在一起了。

在周总理的干预下，妈妈终于回来了。爸爸见到妈妈，只说了一句：“平平、亭亭哭了！”江青终于达到了她的目的——利用我们一家父母儿女的亲密感情，来摧残折磨爸爸、妈妈的心！

光是摧残折磨爸爸的心，他们自然是觉得不够的，江青一伙开始直接批斗爸爸了。1967年1月上旬的一天，中南海的一些“造反派”冲进我们的家，在院里、办公室里贴满了大标语。在批斗会上，当爸爸的答辩使质问者理屈词穷时，一个坏家伙突然蹦出来，让爸爸当场背出语录本某一页的某一条。爸爸背不出，那些人大声嘲笑着。我们真想上前去提醒爸爸，但中间隔着一层一层的人。一刹那，仿佛一团火炭卡在我们的喉咙。而爸爸却镇定自若地说：“叫我背词句我背不出，你们可以问我毛主席的哪篇文章写的内容是什么，当时的历史背景是什么，针对什么问题，在当时起到什么作用，在理论上有什么新创见，这些才是毛泽东思想的精髓。我是《毛泽东选集》编辑委员会主任，无论哪一篇文章的问题我都可以解答。”那个坏家伙被爸爸说得哑口无言，便叫一阵口号，斗争会一哄而散。看到这些人的狼狈相，我们感到快意。但是，爸爸却对我们说："这种办法我是不赞成的，但我不能和群众对立。"

六

1967年1月13日深夜，毛主席在人民大会堂，让秘书乘一辆华沙牌小卧车接爸爸去谈话。毛主席亲切热情地接待了爸爸，一见面就关切地问："平平的腿好了吗？"爸爸回答说："根本没这回事，是个骗局。"两位几十年共同合作的老战友见面了，可是这一次他们并没有谈工作。爸爸说自己犯了错误，接着，郑重地向主席提出自己经过反复考虑的要求，他说："一、这次路线错误的责任在我，广大干部是好的，特别是许多老干部是党的宝贵财富，主要责任由我来承担，尽快把广大干部解放出来，使党少受损失。二、辞去国家主席、中央常委和《毛泽东选集》编委会主任职务，和妻子儿女去延安或老家种地，以便尽早结束文化大革命，使国家少受损失。"毛主席沉吟不语，只是不住地吸着烟。过了一会儿，他才建议爸爸认真读几本书，还介绍了德国动物学家海格尔写的《机械唯物主义》和狄德罗的《机械人》。临别时，毛主席亲自送爸爸到门口，亲切地说："好好学习，保重身体。"

我们全家焦急、热切地等待着爸爸从毛主席那里回来。爸爸回来后说："主席没有批评我的错误，很客气，叮嘱我认真学习，保重身体。"我们听了，感到悬在心中的石头一下子落了下来，心中暗想，情况也许会好起来的。

但是，没有安稳两天，中南海的一些"造反派"，在江青、戚本禹的直接指使下，又一次冲进我们家，还要冲爸爸的办公室。他们贴大字报，批斗爸爸、妈妈，叫他们站在一张独腿的桌子上。白发苍苍的爸爸伫立在凛冽的寒风中，镇定地面对着嘈杂的喊叫声，坚定有力地说："我从来没有反对毛泽东思想，只是有时候违反了毛泽东思想；我从来没有反对过毛主席，只是在工作上有过意见分歧……"

1月16日的深夜12点以后，周总理打电话给妈妈说："光美呀，要经得起考验。"这在当时是多么大的信任和同情呀！一句话激起妈妈心中的千言万语，然而，几句言语又如何能表达呢？妈妈只说了一句："总理，你真好。"

第二天一早，也就是在与毛主席谈话以后第四天，中南海某电话局的一些"造反派"闯进办公室，要撤爸爸的电话。爸爸一听，霍地站了起来，迎上去阻拦，斩钉截铁地说："这是政治局的电话，没有毛主席、周总理的亲自批示，你们不能撤，也无权撤！"这一伙人只好悻悻而去。第二天，他们又气势汹汹地闯进来，二话不说，把电话线扯断。从此，断绝了爸爸和毛主席、周总理及中央政治局的一切联系。

爸爸久久地站在那里，像座雕像似的一动也不动。而我们呢？一直追到门口，望着那伙人大摇大摆地走去。我们头脑一阵轰响，心里痛苦极了，以后我们受了冤屈对谁说呢？以后再有人揪斗折磨爸爸、妈妈怎么办呢？我们再也听不到周伯伯同情和鼓励的话语了。

七

爸爸和外界的一切联系都被切断了。每天清早我们几个孩子就骑上自行车出门，排着长长的队买小报，从墙上揭下传单，挤在人群中抄大字报，侧耳听着人们的议论。回到家里把所见所闻告诉爸爸、妈妈。

在我们买回的这些小报里，充满了对爸爸形形色色的诬蔑。其中有一张小报上无中生有地说爸爸曾吹捧电影《清宫秘史》是“爱国主义”的，还造谣说爸爸曾自诩为“红色买办”。对于这些令人恶心的谰言，爸爸不屑作什么解释。他从青年时代起，就投身工人运动，站在反帝斗争前列。大革命期间，29岁的爸爸——一个共产党员，直接领导了收回汉口英租界的英勇斗争。这是几十年来中国人民对帝国主义斗争的一次前所未有的胜利。这些小报的造谣诬蔑，岂能改变历史？不过爸爸觉得这毕竟是一种不寻常的信号，不可等闲视之。爸爸回到办公室，立刻提笔疾书，给毛主席写了一封信，驳斥了这种造谣诽谤。这天是1967年3月28日。

历史的颠倒，不仅像我们这样的孩子不可思议。就连爸爸这样历尽人间沧桑的老革命也不能理解。而他凭着对党和人民的无限忠诚，凭着对共产主义事业坚定不移的信仰，准备接受严峻的考验。可是，爸爸万万没有想到考验竟来得如此猝然。

4月1日，各报登载了戚本禹那篇臭名昭著的文章。爸爸气愤已极，他把报纸狠狠一摔，对我们说：“这篇文章有许多假话，我什么时候说过那个电影（指《清宫秘史》）是爱国主义的？什么时候说过当‘红色买办’？不符合事实，是栽赃！党内斗争从来没有这么不严肃过。我不反革命，也不反毛主席，毛泽东思想是我在七大提出来的，我宣传毛泽东思想不比别人少。”爸爸越说越愤怒：“我早在去年8月的会议上就讲过五不怕，如果这些人无所畏惧，光明正大，可以辩论嘛！在中央委员会辩论，在人民群众中辩论嘛！我还要为这个国家、人民，为我们党和广大干部讲几句话！”

爸爸的话是那样理直气壮，正义凛然，强烈地震撼着我们的心。可是，爸爸如今却处在毫无发言权的“被告席”上，哪里有人会理会他这一正义的要求呢？心里怀着鬼胎的阴谋家又哪里敢接受爸爸这一严正的挑战呢？作为中央政治局常委的爸爸，竟连在党的会议上申辩的权利都没有，连在人民群众中辨明是非的权利都没有，这难道不是令人痛心的悲剧？这难道不是强加于我们党身上的耻辱吗？

就凭一个跳梁小丑的一篇谤文，就把一个国家主席定为“中国的赫鲁晓夫”“党内头号走资本主义道路的当权派”，成为中央下达文件的依据，成为定人罪名的一纸状文，真是荒谬绝伦！这哪里是什么党内斗争，完全是蓄谋已久、精心策划的大阴谋。在这场斗争中，人民遭受了空前的灾难，共产党的各级组织完全被打烂，大多数党的优秀干部被整得死去活来。什么党的政策，什么党的传统作风，统统被破坏了。一小撮坏人窃踞高位，利用群众对我们党过去的一些错误的不满情绪，窃取权力；利用党和毛主席的崇高威望，大搞封建法西斯专政。这已经不是什么党内斗争了，而是一场革命与反革命的大搏斗。爸爸正处在这个旋涡的最中心。一切华丽的词藻都不能掩饰血的事实。他要坚决进行斗争，到了向群众说明事实真相的时候了。

4月6日晚，中南海的一些“造反派”，高喊着口号冲进办公室，向爸爸宣布勒令：必须自己做饭、打扫卫生、洗衣服，改变作息时间（过去爸爸的习惯是夜里工作，上午睡觉）。还就戚本禹《爱国主义还是卖国主义》中的所谓“八大罪状”提出质问，要爸爸回答并写出交代。爸爸按照提出的质问，用铁的事实逐条据理驳斥。当质问到所谓61人叛徒集团的问题时，爸爸一下子发了火。这是我们第一次看到爸爸发那么大的脾气。爸爸激怒地说：“这个问题简直是岂有此理。61人出狱之事，是经过党中央批准的。在日寇就要进攻华北时，必须保护这批干部，不能再让日寇把他们杀了。当时王明路线使白区党组织大部分受到破坏，这些同志是极宝贵的。中央许多领导同志都知道，早有定论嘛。”“我们许多干部有武装斗争的经验，有建设根据地的经验，有白区工作经验，有城市工作经验。这些经验都是在长期斗争中，通过成功与失败，靠鲜血总结出来的，不能全部否定。《关于若干历史问题的决议》已总结过。经过长期革命斗争、又懂得建设新中国的干部是最宝贵的，怎能把他们统统打倒呢？”

4月7日，爸爸交出一篇关于“八大罪状”的答辩，说明一部分事实真相。工作人员把原件上送，抄了一份大字报在中南海内贴出。几个小时后，那张答辩的大字报就被撕得粉碎。林彪、江青一伙，完全剥夺了爸爸讲话答辩的一切权利。在斗争会上，每当爸爸用事实进行答辩，他们就用小红书敲打爸爸的脸和嘴，说什么“不准放毒”，不让爸爸讲一句话。爸爸连一个公民的发言权都被完全剥夺了。

八

一连串的打击接踵而至，使爸爸精神上受到了痛苦的折磨，加上突然改变作息时间，限制安眠药量，爸爸已有几天没有睡觉，身体搞得很弱了。4月8日，通知妈妈去清华大学作检查，这对爸爸又是一个大打击。

这天晚饭后，妈妈正和我们三个孩子谈外面的情况。爸爸突然扶着墙走进来，面色铁青，大滴大滴的汗珠顺着面颊淌下来。妈妈赶快搀扶爸爸回卧室，我们去叫大夫。那天晚上，爸爸几次晕厥。大夫给了几片药，转身走了。我们守候在爸爸身旁，只见他躺在床上，双目紧闭，白发如雪。谁能想到，这位安详地躺着的老人，曾经肩负着八亿中国人民赋予的重任。在人民需要他的时候，他从不畏缩不前。如今，中国大地上血雨腥风，他却病倒了。望着爸爸清瘦的面庞，一年以前他一次重病后和我们谈话的情景，又浮现在我们的眼前：

那是1966年初，爸爸害了一场重病。他刚刚脱离危险，就把孩子们和身边的工作人员叫到眼前，感慨万分地说："看来，我的有生之年不多了，必须更抓紧时间多干些事。只要马克思再给我十年时间，我们是能够把中国建设得真正富强起来的。"接着，爸爸给我们描述了他的设想：如何整顿党内的官僚主义作风；如何改革教育，实行全日制和半工半读两种教育制度；如何提高生产力发展国民经济；如何缩小三大差别，等等。爸爸当时还举例说，我们在山东、河北一带发现了大油田，建立工业基地，这可以使荒僻的小镇发展成新型的工业城市。有电，有油，有铁路和公路网，同时带动附近农村现代化。在招工时要注意招收女工，不要使农田中只剩下女社员干活。爸爸不仅有宏伟的设想，而且有脚踏实地的措施。他讲着讲着，两眼透过明亮的窗户，望着窗外飞舞的白雪，仿佛看到了未来的蓝图正在眼前展现。"到了那时候，我们就为中国的现代化打下了坚实的基础，我也完成了党和人民交给我的任务，可以瞑目了。"

仅仅在一年前，爸爸还是那么自信，心中充满了革命的豪情。如今，他身处逆境，不仅那些美好的愿望变得渺茫，而且还被无端地强加上种种恶名，诅咒他是千秋罪人。如果这真有益于国，有利于民，爸爸准备勇敢地一个人承担起所有的责任。然而党和国家陷入了空前的浩劫，周围是阴云惨雾，冷箭毒枪。没有一个对手敢于理直气壮地站出来，进行有根有据的指控，只能躲在阴暗的地方施展阴谋。

这究竟是一场什么样的战斗啊！？在这场特殊的斗争中，他这位一生从事群众工作的战士，直接面对着的竟是他热爱的群众，他却不能讲话，不能解释。他把毕生精力致力于建设一个好党，对共产主义事业矢志不渝，可在这场特殊的斗争中，却硬叫他承认自己"反党""反社会主义"。许多同志明明是党的好干部，他不能说好，因为那样反而加重了那些同志的"罪名"。明明是祸国殃民的奸臣贼子，他却不能说坏。爸爸呀，你心中包容了多少难言的痛楚啊。可是这究竟是为什么？爸爸，也许您洞若观火，心里一清二楚，我们却百思不解。我们多想大声发问：究竟为什么要剥夺您立志十年建设起富强中国的权利？您有功于人民，无愧于党，那您又有罪于何人？究竟为什么不仅在政治上把您打倒，还要在精神和肉体上无情地折磨您呢？为什么？为什么？有谁能回答我们呢？

九

爸爸继续顽强地承受着沉重如山的压力和摧心裂胆的痛苦。

4月9日中午吃饭的时候，平平说："听说，清华大学的'造反派'要组织30万人大会批斗妈妈……"

爸爸一听，立即震怒了。他推开饭碗，大声激昂地说："我有错误我承担，工作组是中央派的，光美没有责任。为什么让她代我受过？要作检查，要挨斗，我去！我去见群众！我是一个共产党员，死都不怕，还怕群众？"爸爸胸中的激愤终于像火山似的爆发了。

妈妈急切地说："清华大学的运动是我直接参加了的，当然应该是我去向群众检查……"

"你是执行者，决策的不是你嘛。"爸爸激动地说，"我绝没有反过党，没有反过毛主席。别人反对过毛主席，林彪反过，江青也反过，我一直是拥护主席的。在我主持中央工作的几十年里，违反毛泽东思想的错误有！但没反过。工作错误有！但都是严格遵守党的原则的。我没有搞过阴谋诡计。工作是大家一起做的，要我承担责任，可以！但错误得自己去改！"爸爸说到这里，把手中的汤勺猛地往桌上一摔，手都微微颤抖了。"别人就是一贯正确的吗？要一分为二。为什么不许人家向中央文革提意见？有不同意见就把人抓起来！？”

爸爸继续说：“去年八月，我就不再过问中央工作。从那以后，错误仍在继续；将来，群众斗群众的情况还会更厉害，不改，后果更严重。责任不能再推到我身上。这么多干部都被打倒了，将来的工作谁去搞？生产谁来抓？”

我们凝神静听，感到爸爸的心胸是那样坦荡，那样光明磊落。爸爸神情严肃地望着我们，语气坚定地说：“有人要逼我当反革命，我可以问心无愧地说，不论过去和现在，就是将来也永远不反毛主席，永远不反马列主义、毛泽东思想！一个革命者，生为革命，死也永远为共产主义事业，一心不变。”

爸爸停了一下，长出了一口气，似乎他的话已经说完了，激动的情绪也安静下来，恢复了以往的安详神态，亲切地望着我们，缓慢地说：“将来，我死了以后，你们要把我的骨灰撒在大海里，像恩格斯一样。大海连着五大洋，我要看着全世界实现共产主义。你们要记住，这就是我给你们的遗嘱！”

妈妈哭了。她泣不成声地说：“还不知道孩子们能不能看到你的骨灰呢？”

“会把骨灰给你们的。”爸爸语气坚定地对我们说，“你们是我的儿子、女儿嘛！这一点无论什么人还是能做到的。你们放心，我不会自杀的，除非把我枪毙或斗死。你们，也一定要活下去，一定要在群众中活下去，要在各种锻炼中成长。你们要记住：爸爸是个无产者，你们也一定要做个无产者。爸爸是人民的儿子，你们也一定要做人民的好儿女。永远跟着党，永远为人民。”我们几个孩子眼泪早已流尽，瞪大着眼睛，仔细静听，生怕漏掉一字，默默记在心里。爸爸说完，站了起来，坚定而又响亮地说：“共产主义事业万岁！”“马列主义、毛泽东思想万岁！”“共产党万岁！”说完，便回到他自己房间去了。

爸爸的这些话，刻骨铭心。这是他向党的倾诉。这难道会是一个反对毛主席的人对亲人的遗嘱吗？！对于那些信口雌黄、诬陷好人，而实际上肆意践踏马列主义、毛泽东思想的丑类，历史和人民是不会轻饶他们的！历史不是已经和正在这样做了吗？

4月10日，在清华大学果然举行了30万人批斗会。在江青、陈伯达的直接操纵下，一伙人拳打脚踢，强迫妈妈穿旗袍、戴用乒乓球串成的项链。妈妈坚决抗议这种人格侮辱，她说："毛主席指示，要文斗不要武斗！"要她承认是"三反分子"，妈妈又义正词严地驳斥说："我从来没有反对过毛主席，永远不反。"妈妈在大会前，作了长时间的答辩。她代表爸爸向群众表明了态度："我们不同意你们的搞法，但我们决不跟群众对立。中国人民是最好的人民！"

那天晚上，我们回家把批斗的情景告诉爸爸。虽然我们预料到这对爸爸是一个无情的刺激，但我们不愿意向爸爸隐瞒真相。我们必须面对严酷的事实。当我们说到彭真叔叔、薄一波叔叔、陆定一叔叔和蒋南翔叔叔也同时挨斗，还有300人陪斗的时候，爸爸只是双眉紧蹙，仔细地听着，一句话也没有说，晚饭一口也未吃。

十

从爸爸做遗嘱的那天起，我们明显地感到自己变了，头脑似乎变得复杂了。我们曾经过于轻信，寄希望于幻想，但都一一破灭了。我们努力去思考，去探讨，拼命地看书，想弄明白这些难以置信的事件究竟是怎样发生的。家里的书被封了，我们早晨五点钟就等在北京图书馆门口排队拿号。不论是经典著作，还是中外小说，我们都如饥似渴地读着。

春去夏来，骄阳似火。毛主席离开北京去巡视大江南北。

就在这个时候，林彪、江青一伙的毒手又伸过来了。他们欺骗和煽动单纯幼稚的红卫兵“围攻中南海，揪出刘少奇”。一时，中南海墙外，帐篷林立，车水马龙，围得水泄不通。看起来是多么矛盾：他们掌握着大权，可以不费吹灰之力将爸爸置于死地，但他们却要欺世盗名，愚弄群众，以“群众运动”的名义来“吊民伐罪”，借刀杀人，使自己双手不沾一点血迹。

事实很清楚，他们围困中南海，是要达到一箭双雕的目的：撵走周总理，揪出刘少奇。他们越走越远了。

爸爸在中南海内，依旧像往常一样，坚持每天看大字报。平平、源源把他们去云南、湖南、湖北、陕西、山西、四川、青海、天津串连时看到的情况告诉爸爸和妈妈。当我们说到长沙、武汉、成都、天津等地开始大规模武斗时，爸爸仔细倾听，陷入了沉思，但他很少说话。其实，仅仅从小报上登载的“首长讲话”里，爸爸就知道全国已经沦为什么样的境地，党已经被破坏到什么程度，群众又被愚弄到什么地步。党被摧毁，国家受难，群众遭殃，而这一切还看不见尽头。正当他忧心如焚、寝食难安的时候，建工学院一个群众组织突然要爸爸写检查。爸爸已是身心交瘁，怎么也写不下去，只好由妈妈代写。送上去后，爸爸又要了回来，加了一句：“是党中央、毛主席委托我主持中央工作的。”就因为加了这几个字，几百个高音喇叭对准中南海日夜狂吼。

在这滔滔恶浪的袭击中，周总理岿然不动，作为中流砥柱，独撑危局。他看穿了江青的阴谋，就亲自到中南海北门向群众做说服工作。而江青、陈伯达竟唱对台戏，来到中南海的大、小西门外进行挑动。当总理出现在西门说服群众时，江青一伙又跑到北门。结果围攻中南海的浪潮，此起彼伏，有增无减。周总理坚定地说：“我就是呆在中南海不走。中南海是党中央所在地，你们要想冲进中南海，除非从我身上踏过去。”造反派们冲不进中南海，就把不少省委第一书记和中央各部部长，轮番揪到中南海门口进行批斗。

与“围攻”相配合，中南海院内又一次掀起“批刘”的恶浪，还出现了要揪朱爹爹、陈云叔叔的大字报。爸爸得知这一切，痛心地说：“糟糕，又要整倒一大批老干部了。”妈妈说：“你已经不工作了。这个国家主席，辞了算了。你再正式提一提，我和孩子们养活你。”

爸爸说：“没那么好受的，不会让我回乡种地。我下去了，他们还批什么？……”

妈妈也叹了口气，说：“现在看来，这场文化大革命，好像是林彪和江青他们搞的一次反革命政变，专打从中央到地方主持工作的一、二把手……”

爸爸听了未作回答。经过了一夜的思考，爸爸带着十分沉重的心情，语气肯定地对妈妈说：“你昨天谈的看法是对的。”

然而，这个结论使爸爸更加痛苦不安。过去，在革命战争年代，爸爸为救国救民，与中国的志士仁人一道赴汤蹈火，艰苦奋斗，使中国傲然屹立于全世界。而今天，爸爸是囚笼中的人，眼睁睁看着党和国家濒临一场浩劫，看着人民和广大干部遭到残酷迫害，却无法起来维护，更无法去搏斗。只有保持缄默，抑制住自己，坚强地活下去。群众最终一定会自己觉醒的，尽管这需要时间，需要斗争。

十一

在爸爸身边工作了18年的厨师郝苗叔叔，突然被林彪、江青一伙诬陷为“特务”抓了起来，这对爸爸身边工作人员造成很大的压力，他们更不敢再与爸爸接近了。

爸爸自己不得不做最坏的准备。唯一使爸爸放心不下的一件家事，就是最小的女儿小小（潇潇）。小小当时只有6岁，天真无邪，简直可以说是爸爸的“掌上明珠”。一年来的狂风恶浪，她那幼小的心灵受到极大的摧残。再有更大的风浪，她该怎么生活呢？这几天，爸爸见到小小，就格外眷恋。爸爸常叨念：“小小该上学了，该上学了。”妈妈也觉察到爸爸的心思，她何尝不为小小担忧呢？可是，现在能到哪儿去上学呢？一想到小小，妈妈心里也是火烧火燎的啊。

一天，妈妈内心的痛楚实在压抑不了，对爸爸说：“如果咱们被捕了，能不能跟他们提提，让我把小小带到监狱里去？”

“这怎么可能？”爸爸摇摇头。

“不是有许多先烈都把孩子带进国民党的监狱里去吗？”妈妈还不死心。

“那是在监狱里边生的。”

“那究竟该怎么办呢？”妈妈不知所措了。

“托给阿姨吧。”爸爸思忖了一会儿说，“要记住小小的特征，将来一定要把她找回来。”

每逢危难之际，爸爸就从人民那里寻求救援，寻求帮助。人民从来就是他赖以生存的靠山。妈妈尊重爸爸的决定，她狠了狠心，拿了两张爸爸妈妈的相片，去找阿姨和小小。小小已躺在床上要睡觉了，正愉快地嬉笑着。

妈妈走到赵阿姨身边，把相片递给她，禁不住泪如泉涌，抽泣着对阿姨说：“老赵，小小就托付给您了，无论如何要把她带大……今后……你和小小在一起……要吃大苦……”妈妈已泣不成声，再也说不下去了，扑到小小身上痛哭起来。小小却吓坏了，赶快挣脱出来，缩在床边的一个小角落里，眼睛里充满了疑惧，望着趴在床边向她伸出双手的妈妈。她还太小，她还不知道这个世界上正在发生着的一切。

……

十二

沉重的打击，比爸爸预计的要来得快。

那是1967年7月18日清早，我们去中南海职工食堂吃饭，在我们常坐的饭桌旁吊着一张大字报，上面说根据江青、戚本禹“指示”，今晚要开揪斗爸爸的大会。回到家里，我们就告诉了爸爸。爸爸意识到生死搏斗已迫在眉睫。中午，他从衣服的口袋里拿出两份文件让我们看，一是毛主席肯定爸爸检查的批语全文，一是毛主席赞扬和推广“桃园经验”的批示全文。这是爸爸第一次让我们看中央的文件，也是唯一的一次。过去，他连自己的办公桌都不让我们接近。如今到了最后关头，他认为不能给孩子心头留下阴影。爸爸以期待的目光望着我们说：“你们都看了，这证明爸爸、妈妈从来没有骗过你们啊。”

当天晚上，几十万群众围在中南海的四周，上百个高音喇叭不停地喧闹。在江青、康生、陈伯达、戚本禹的直接策划下，中南海的“造反派”把爸爸和妈妈分别揪到中南海的两个食堂进行批斗，同时抄了我们的家。在斗争会上，不许爸爸说一句话，强按着他低头弯腰站了两个小时。爸爸已是年近七旬的老人，难以忍受这种折磨。他掏出手绢想擦一下汗，被旁边的人狠狠一掌，把手绢打落，汗水滴在地上……

斗争会后，爸爸被押回前院（他的办公室）隔离看管，加派了岗哨。妈妈被押到后院。我们子女虽然还住在自己的房子里，也失去了行动的自由，不准我们去爸爸、妈妈被关押的地方，不准我们离开家。

爸爸不知道妈妈关在哪里，也不知道孩子们的去向。而从我们孩子住的地方，有时却能看到爸爸在屋里的活动，也能看到后院的妈妈。可是既不能见面，也不能说话，我们心里像油煎似的难熬。一家人被他们分割在一所宅院里，父母儿女，咫尺天涯。

19日早晨，爸爸到食堂用饭，看见平平和源源正在穿堂里洗手巾，一时喜出望外。趁哨兵不注意急忙走过来，小声地问我们："你妈妈在哪里？"

"关在后院。"我们说。

"哦，你们呢？"

源源低着头说："他们不准我们跟你们见面、说话……"

这时，哨兵走过来，我们不敢再讲下去，爸爸也只得转过身，恋恋不舍地走了。爸爸呀，那时我们心里有多少话要对您说，但我们不敢说，否则，就连再看您一眼的机会也会被剥夺。

从此以后，爸爸天天站在他的后窗户前望着后院。尽管其间还有一道墙隔着，根本看不到后院的一切，可是爸爸一站就是好半天。我们望着爸爸的身影，似乎听到老人胸中的波涛翻滚。我们的心碎了。我们虽然能隔窗看到爸爸妈妈，可是不准说话，真把我们憋死了。不，我们故意大声讲话，让爸爸听见，也让妈妈听见。爸爸隔窗看见我们，就微微一笑，妈妈看见我们也是苦笑一下……这一笑包含着多少痛楚和辛酸啊！

十三

1967年8月5日，在我们幼小的心灵里刻下了深深的刀痕。

江青、康生、陈伯达、戚本禹一伙在中南海内策划了一场批斗刘邓陶的大会，分别在各家院内举行，与天安门的百万人大会遥相呼应。"中央文革特派员"曹轶欧等亲临现场指挥，安排了录音、照相、拍电影，说要在全国放映。

那天，我们这三个一直在父母身边的孩子，被特派员命令参加大会，每个人身后还故意安排几个战士看守。我们几个孩子站在围斗的人群后面，满腔悲愤，眼看着爸爸、妈妈被几个彪形大汉架进会场。大汉们狂暴地按头扭手，强迫他们做出卑躬屈膝的样子，坐“喷气式”，拳打脚踢，揪着爸爸稀疏的白发，强迫他抬头拍照。

突然，哇的一声嚎哭打断了会场上的口号和谩骂。“谁敢在这时候哭呢？”人们的目光都转向了大门口，原来是6岁的小小，被如此残暴的景象吓得嚎啕大哭，拼命往大门后面爬去。顿时，几乎所有的人都木呆了，全场鸦雀无声。源源转身就向外跑。几个战士抓住他，厉声喝道：“你要干什么？”源源使劲挣脱开身：“你们没听见小小在哭吗？”源源一把抱起小小，亲吻着她，吮吸着她的泪水……

会场的指挥者还觉得“火药味不浓”，命令他们的走卒们“要杀气腾腾”。在长达两个多小时的斗争会上，爸爸不断遭到野蛮的谩骂和扭打。爸爸的每次答辩，都被口号声打断，随之被人用小红书劈头打来，无法讲下去。我们看见爸爸在尽力反抗，不肯低下那倔强的头。他坚持党的原则，严守党的机密，并为许多好干部承担责任。会场上，突然喊起打倒十几个老干部的口号声，爸爸却纹丝不动。那些人揪着他质问为什么不喊口号？爸爸回答：“我负主要责任，要打倒，就打倒我一个人。”

接着，那些人把爸爸、妈妈押到会场一角，离开我们只有几步远，硬把他俩按下去向两幅巨型漫画上的红卫兵鞠躬。爸爸被打得鼻青脸肿，鞋被踩掉，光穿着袜子。就在这时，妈妈突然挣脱，一把紧紧抓住爸爸的手，爸爸不顾拳打脚踢，也紧紧拉着妈妈的手不放。他俩挣扎着挺着身子，手拉手互相对视。这是爸爸跟妈妈最后握手告别！从他们颤抖的双手，从他们深情的目光中，我们看到这两个坚强的共产党员在互相鼓励，我们看到了无限深厚的情谊。

在短短的一瞬间，他们传递了自己内心的信念。在近20年的革命斗争中，他们忙于工作，无暇叙说。但他们彼此理解，心心相印，一往情深。有什么语言能表达他们对祖国和人民的热爱，又有什么力量能使他们分开？他们风雨同舟，患难与共，就在这短短的几个月中，我们多少次看见他们一起去看大字报，但从来没有听到他们彼此间有一句怨言。而今，在这耻辱的“刑场”上，他们要诀别了，永远诀别了。有哪个儿女眼见父母在这样狂暴的蹂躏下握手告别，能不肝肠寸断呢？！几个坏人狠狠地掰开了他们的手，妈妈又奋力挣脱，扑过去抓住爸爸的衣角，死死不放……然而，暴力终于把他们分开了。那些人把一幅画着绞索、红卫兵的笔尖和拳头的漫画套在爸爸的头上。在这一片谩骂和围攻之中，谁能想到漫画的绞索套中竟是我们八亿人民合法选出的国家主席！

斗争会结束后，爸爸被押回办公室。他疲惫已极，余怒未息，立即按铃把机要秘书叫来。爸爸拿出《中华人民共和国宪法》，义正词严地抗议说：“我是中华人民共和国的主席，你们怎样对待我个人，这无关紧要，但我要捍卫国家主席的尊严。谁罢免了我国家主席？要审判，也要通过人民代表大会。你们这样做，是在侮辱我们的国家。我个人也是一个公民，为什么不让我讲话？宪法保障每一个公民的人身权利不受侵犯。破坏宪法的人是要受到法律的严厉制裁的。”爸爸要用自己的生命和鲜血，来维护国家的尊严，维护人民的神圣权利，为捍卫神圣的宪法作最后的斗争。尽管秘书当夜就写了汇报，但爸爸的抗议没有得到任何回答。8月7日，爸爸给毛主席写信。他严正抗议给他扣上反党反社会主义的帽子。书面向毛主席提出辞呈，并向毛主席写明：“我已失去自由。”

十四

经过这场非人的摧残，爸爸的腰伸不直了，打伤的右腿一瘸一拐地拖着，只能双手扶着走廊的窗台一步一步蹭着移动。为了不使我们难过，一见到我们老远在望着他，他就放开双手，强伸起腰，那豆大的汗珠直往下淌。爸爸每淌一滴汗，我们心上就淌一滴血啊！

妈妈仍关在后院，头破了，还被强迫劳动搬砖。一位站岗的哨兵看到妈妈背一大筐砖很吃力，就大声“训斥”说：“你不会一次少背几块嘛！”语气是凶狠的，却包含着极大的同情。就因为这一句话，这个哨兵立即被调走，复员回乡了。

尽管看到爸爸、妈妈惨遭折磨，心如刀绞，我们还是要站在走廊上隔窗远望着。能看见爸爸、妈妈，毕竟是心灵上的一种慰藉啊。可是，万恶的林彪、江青一伙连这一点也不容许，他们竟采取了更恶毒、凶狠的手段。

那是1967年9月13日上午10点，突然通知我们立即收拾行李，回各自学校接受审查批判。我们要求能在假日回家，回答说：“不行，你们给刘少奇、王光美通过风，报过信，必须好好检查罪行！”我们要求最后看一眼爸爸、妈妈，也被无理拒绝了。怎么办？我们就暗中商量无论如何也要拖到中午吃饭的时候，这样就能再见到爸爸一面了。我们一会儿说要找衣服，一会儿要找书，慢慢悠悠，来回磨蹭，尽量拖延时间。他们可能发觉了我们的用意，就把东西扔进卡车，硬是不准我们见最后一面。就这样，我们被赶出了中南海，赶出了我们的家。这里，我们曾度过幸福的童年；这里，也给我们留下了悲惨的记忆。我们并不留恋这里，我们只是不忍就这样撇下爸爸、妈妈。不能哭，不能喊，我们默默祝愿："保重呀，爸爸！保重呀，妈妈！我们走了，我们不得不离开你们……"谁知，这竟是我们和亲爱的爸爸的永别！

瑟瑟秋风，抽打着我们嫩稚的脸颊；滚滚车轮，碾轧着我们年轻的心……

对于这一天，我们并不是毫无思想准备的，但没想到来得这么快。我们站在空荡荡的车斗里，看着三个小行李卷。爸爸的嘱咐，又在我们耳边回响："年轻人要勇敢地走自己的路，许许多多的革命前辈就是从无数的坎坷中锻炼出来的。""要记住：爸爸是人民的儿子，你们一定要做人民的好儿女。爸爸是个无产者，你们也一定要做个无产者。"爸爸的叮咛一字一句地镌刻在我们心头。我们铭记着爸爸的嘱咐，离开家，走到人民之中。

当时我们并不知道，同天下午小小和阿姨也被赶出中南海；晚上妈妈被正式逮捕入狱。这，就是我们生离死别的一天。

过了几天，爸爸托警卫员转告我们："让孩子们与我和妈妈划清界限。"这句话使我们难受极了，也使我们想起年初爸爸对我们说的一句话："我欢迎你们严厉地批判，也允许你们跟我划清界限，但是一定要说真话。你们要相信爸爸、妈妈没有欺骗你们。"那时我们也很激动，我们深信自己的爸爸、妈妈是好人，没有"造反"离家。现在虽然被迫活活拆散，天各一方，但我们的心是紧紧连在一起的。爸爸懂得我们的心。是啊，爸爸是想用"划清界限"来保护我们，鼓励我们在人民中间顽强地活下去。

我们走了，爸爸，我们离开您了！在我们面前是飓风骤雨，危浪险涛，颠沛流离。十几年来，我们走过批斗和辱骂的夹道，我们在监狱中埋葬过自己最可宝贵的青春时光。闪亮的镣铐卡在我们的骨头上，无法叫我们屈服，却留下永久的疤痕；日夜的围攻使我们愤然剪开手指，让鲜血去流淌，点点滴滴，汇成不屈的血书。

活下去，为了将来把这一切告诉人民。我们肩负着爸爸、妈妈的希望和重托，也带着有朝一日能看到真理战胜邪恶的渴望，一定要活下去，勇敢地闯出一条路……

十五

上小学的第一天，对于所有的孩子来说，是多么高兴的一天呀！然而，上学，对于小小来说意味着什么呢？

清早，小小斜挎着新书包，跟同院较大一点的孩子兴致勃勃地去上学，刚进校门，就引起一阵混乱。街上值勤的解放军闻声赶来，看见人群中有一个小女孩抱头蹲着。他把她抱起来。过了好一会儿，小小那充满恐惧和呆滞的目光才转了过来："叔叔，我没有反对毛主席呀！"说完，她哭了起来……

回忆那些令人心碎的日子，丝毫不是要责怪那些群众。当年围打小小的那些孩子们也是被毒害的无辜者。林彪、江青、康生、陈伯达一伙在最革命的口号下，煽动黑暗、野蛮的仇杀，采取了反动的株连九族的政策。这场"史无前例"的"大革命"，实际上是对全国人民"史无前例"的"大愚弄"，是封建法西斯的"大恐怖"。

那时，小平叔叔、彭真叔叔、乌兰夫叔叔、林枫叔叔、薄一波叔叔、杨尚昆叔叔、罗瑞卿叔叔的孩子们，都因父母被关押，成了无家可归的"黑崽子"，东躲西藏，为了生存而搏斗着。社会的压力，生活的磨难，经济的拮据，使我们紧紧靠在一起。我们之中最大的20岁，最小的才几岁。孩子们患难与共，彼此提携着涉过激流。没吃的了，源源和彭真叔叔的儿子去卖血，可是没有证明，医院不收。难道"黑帮子女"的血都是黑的？多少寒冷的夜晚，为了躲避查抄，我们从窗户翻上五层楼顶，在漫长的黑暗中，大家在一起想念爸爸、妈妈，久久地等待着天明。每次遇难，大家总是首先把我们保护起来，都说："你们家是秤砣，谁被抓起来也不能让你们出事。"孩子们的友爱，更激起那些迫害狂的毒心。不久，我们之中有的被抓，有的被斗，有的被赶出北京……

平平从监狱出来后被驱逐到山东，源源在山西雁北，亭亭和小小也在他们魔掌之下。春寒料峭，我们拉着犁走在没膝的黄河淤泥中；酷暑烈日，我们用汗水浇灌干枯的禾苗。我们曾咬着牙劳动，拼命劳动。我们也曾钻在书堆里几天、几个月，摒弃周围的一切。我们放之山水，吮吸着祖国的乳汁；我们开怀豪饮，在十月胜利的欢乐中忘情。爸爸，正像您所说的："只要你们好好工作，好好学习，人民会信任你们，和你们在一起的。"人民做了我们的再生父母。晨光熹微，我们发现单薄的被子上盖着大衣，温暖了我们的心；中秋月下，农民把几个月饼和鸡蛋塞在我们手里，同我们一起思念着异地的亲人。

正是在人民的关怀中，我们感到人民对爸爸潜在内心深处的真诚的热爱。从没署名的信封中，我们抽出曾被埋藏多年的爸爸的画像；从匿名的电话里，传出激动铿锵的声音："我们怀念刘主席！"一位老红军拍着我们的肩膀："你们要是你爸爸的好种，就要活下去。为了你爸爸，为了人民，刀搁在脖子上也别颤。"

爸爸，在人民的哺育爱护下，在人民对您默默的怀念中，在人民为您英勇的斗争中，我们长大成人了。爸爸，在我们自己的新生活中，您一直和我们在一起。不是吗？在劳动的欢乐中您和我们一起庆贺丰收；静静的深夜中，您来睡梦里看望我们；痛苦的酒醉后，您把我们紧紧抱起。在我们漫长的行程上，您每时每刻都在向我们呼喊："孩子，我在你们的身边，就在你们的身边。"

爸爸呀，人民的爱憎，点点滴滴洒在我们的心田，在我们年轻的心中灌满了仇恨，恨得刻骨；也激起了爱情，爱得炽热。十多年风狂雨猛，冲刷了我们幼稚的头脑，教给我们怎样去思想才正确，怎样去斗争才顽强。虽然我们也确曾感到过软弱、颓唐、疲惫不堪，但人民总是不断给我们增添着新的力量，激励我们去为生存、为祖国、为老一辈革命家、为爸爸、妈妈勇敢斗争。

要斗争，要找到爸爸、妈妈。我们被拆散的几个孩子，只有聚集起来才有力量。于是我们姐弟四人，不顾一切地靠拢团聚，亭亭成了我们之间的联系人。源源为了回北京，在老乡的帮助下，深夜逃出村子，白天在野地里躲避追捕，夜晚在崎岖的小道上赶路，兜里只有一把炒黄豆，走了三天三夜，才赶上火车……

平平听弟弟妹妹来信说可以见妈妈了，直奔火车站。几百里路恨不得一步跨到，赶到火车站火车刚启动。平平不顾一切地揪住车门。这时，冲上好几个人把平平拉下来，他们奉命不准平平回北京。“我要见妈妈！我要见妈妈呀……”平平拼命挣扎、呼喊，把火车站上所有的人都惊住了。火车开走了，平平晕倒了，被装进一辆吉普车往回拉。平平刚苏醒过来，就发疯似的往外跳，车上的人又拉又劝。“我要爸爸！我要妈妈呀！……”悲愤的哭声、喊声，震荡着黄河激浪，拍打着荒原……

十六

1972年，听说可以探望彭真叔叔了，我们的心里也燃起了希望之火，仿佛隔着铁窗看到了自己亲爱的爸爸、妈妈。我们用长满茧子的手给毛主席写信。8月16日，中央专案组来人向我们传达毛主席批示，说：“可以见见妈妈。”我们一再追问：“爸爸呢？我们还要见爸爸。”他们不敢说，就走了。

第二天，他们才又来传达毛主席批示的头一句：“父亲已死。”口头通知我们，爸爸已于1969年11月12日晨6时，因肺炎死于开封；他的骨灰由组织上保存，不能给我们。并且不让我们对外人说，如果有人问起，就说不知道。

听到爸爸不幸去世的消息，我们的心被撕碎了。多少年来，我们找爸爸，怀着一线希望拼命找，没料想爸爸已死去三年了。我们没有眼泪，只有切齿的仇恨。我们齐声追问：“为什么死于开封？为什么死于肺炎？什么人去抢救的？爸爸什么时候走的？当时是否已经病了？妈妈知道不知道？为什么不叫我们去？”专案组的人瞠目结舌，神色极为慌张，用颤抖的声音说：“我们只能说这些。”就在同一天，专案组把爸爸的死讯通知了狱中的妈妈。

8月18日，我们第一次去监狱见妈妈。五年啦，我们每时每刻都在盼望这一天，梦中千百回地呼喊着。头天晚上，我们激动得一夜没睡。深夜里小小梦游，抱着毛巾被跑出来叫着要见妈妈。可是，真见到妈妈的时候，她竟不认得，不会叫，木呆着。我们也都惊呆了：五年不见，妈妈已经瘦弱不堪，满头灰白头发，连腰也伸不直，穿着一身旧军装染的黑衣，神情麻木、迟钝……我们一下想起了在“九大”之后，林彪判了妈妈死刑，“立即执行”。毛主席在“判决书”上批示：刀下留人。多亏毛主席一句话，妈妈才活下来，今天能向人民控诉林彪、江青反革命集团的暴行。妈妈仔细端详着我们这些长大了的孩子，半晌才说了一句话：“没想到你们能活下来。”是啊，谁能想到我们会活下来呢，可活下来又是多么不容易呀！我们不愿讲80岁的外婆怎样惨死在狱中，也不敢提及爸爸早已离开人间，我们不忍提及我们每个人活下来所经历的苦难，我们尽拣好一点的话来安慰妈妈，讲林彪一家摔死的喜讯来鼓励妈妈，讲我们如何在人民的抚育下长大成人，让妈妈放心……五年的离别之情啊，像滔滔江河奔流不尽，身旁的看守、专案人员的怒目相视，也无法斩断这股情流。过去的一切爱、恨、恩、仇都融化在岁月的巨变之中，埋在心底里，今天才从母女们相视的目光中迸发出来。最后分别的时候到了，看守们强拉着妈妈回去，我们哭喊着："妈妈呀，可怜的妈妈呀！"妈妈回过头来，满面泪水，隔着窗户，向我们点着头……

回到我们的小窝，我们再也无法抑制自己，索性敞开感情的闸门，任这些年积郁在心头的悲愤喷泻出来，不顾一切地放声大哭："爸爸呀，您死得太惨了！……"

自有监视我们的人把这一切向上打了小报告，无非是说刘少奇的儿女们哭监，大闹宿舍。我们不怕！就是要让"四人帮"知道我们人还在，要斗争，我们要看到胜利的那一天！从这天起，我们就为新的使命而斗争：我们要弄清爸爸的死情，爸爸是为党受屈、为人民而死的，他是人民的儿子，他的骨灰也属于人民，我们绝不能让爸爸圣洁的骨灰落到"四人帮"的魔掌里。爸爸呀，我们就是拼掉性命，也要找到您的骨灰，夺回您的骨灰！

多年来我们访踪追影，到处打听。我们找爸爸身边的工作人员，但他们在爸爸去世时也都撤走了；我们托多少人到开封打听，甚至找到他最后被关押的地方，但也是人去室空。多少年，我们忍耐、等待，小心而又热切地找寻。一直到1976年，听说八宝山一室里有一个无名骨灰盒，我们想一定是爸爸的，便千方百计地混进去找。当我们看到那个万恶的"迫害狂"——康生的骨灰盒还摆在中央，仇恨之火呼地燃满胸膛。我们揭下盖在上面的党旗，见盒上早已满是唾沫和烧的烟痕，愤怒的人们正是用这种方式来发泄心头之恨呀！我们找到了那无名的骨灰盒，不管是不是爸爸的，反正都是被林彪、江青、康生、陈伯达一伙害死的无辜者，作为革命的后代，我们有责任安慰他的在天之灵。于是，源源认真地擦净骨灰盒，抓了一把骨灰，在国庆节前一天撒到了天安门前的金水河里，好让我们的爸爸和一切冤屈孤魂，明天能和人民群众一起欢度国庆，看到自己亲手创建的人民共和国27岁生日的盛况。

没过几天，举国欢腾了。爸爸啊！您看到我们党和人民一举粉碎"四人帮"了吗？人民胜利了！党胜利了！在那欢庆粉碎"四人帮”的日子里，您一定又加入了人民的队伍，您一定尝到了这人间的胜利美酒。爸爸，请您来和您的孩子、您的人民一起欢呼这伟大的胜利吧！

多少年呀，多少年，在几千个日日夜夜里我们忍受着时间的煎熬。经过千辛万苦，从许多有关人员那里，从当时的有关记录中，我们把一个片段、一个片段连在一起，成为一幕幕难忘的画面，清楚地看到了爸爸在最后那些日子里的悲惨遭遇……

十七

1967年9月13日，就在我们被迫离家后的当天，妈妈也被关进了监狱。起初，爸爸并不知道这突然发生的一切。他仍然佝偻着身子，手扶着走廊的窗台，拖着打伤的腿，一步一步地蹭着，想看到自己的孩子们；又蹭到妈妈曾被关押的后院墙根，想听到里面的动静。然而，什么也没看到，什么也没听到，每次都是失望地蹭回来。周围的一切是那么寂静。一天夜里，家里连夜筑起一堵高墙，再也不许爸爸出门到后院墙根了。接着，几个战士又奉命来搜查爸爸的房间，并要他把皮带解下来。爸爸厉声抗议，话音未落，就被按倒在地，强行把皮带抽去。爸爸发火了，气得浑身打颤，半天爬不起来。

爸爸完全像囚犯一样！不，比囚犯还不如。

之后，迟群跑来，代表“中央”给爸爸的警卫战士训话：“你们×中队负责警卫的人里黑帮出得最多，刘少奇就在这儿。你们中毒最深，要肃清流毒。你们现在的任务已经根本变了，不是警卫，而是看管刘少奇。”他还恶狠狠地加了一句：“要好好地看管，不能留情。”原来爸爸身边的工作人员都被骂为“地道的保皇兵”，下了他们的枪，没收了证件。“看守”爸爸的战士，也加了双哨，层层监视，谁要是有一点“留情”，就要立即被批斗、关押或送回农村老家。这哪是在社会主义国家，在党中央的心脏——中南海？这里，林彪、“四人帮”制造了一片封建法西斯的恐怖！爸爸就是在这种非人的环境中，孤苦伶仃地挣扎着。他要坚持活下去，活到胜利的一天……

当知道妈妈和孩子们都已被迫离家，只剩下自己孑然一身之后，爸爸精神上受到很大打击。再加上不给足够的安眠药，强迫改变生活习惯，每天只能睡两三个小时，有时彻夜不眠。这种折磨使得爸爸成天神志恍惚，常常陷入沉思而忘掉一切。他的手臂曾在革命战争年代受过伤，经过扭打，如今又发作了，穿一件衣服往往需要一两个小时；到饭厅吃饭，短短的30米距离，竟要“走”上50分钟，甚至两个小时。前后跟着的看守战士谁也不敢上去扶一把。最后根本不能走动了，只能由工作人员把饭打来吃。工作人员去饭堂打饭，被人骂作“保皇兵”，因此也不肯每餐去打饭，只好打一次饭，吃几顿。爸爸满口只剩七颗残存的牙齿，嚼不动窝头、粗饭，又长期患有胃病，加上经常吃剩菜馊饭，常拉肚子，身体更虚弱了。手颤抖得不听使唤，饭送不到嘴里，弄得满脸满身都是。

这一切，使得爸爸身体愈来愈坏，经常生病。病得太厉害了，大夫护士也不敢好好看。每次看病前先开一阵批判斗争会，一边检查病情还得一边大骂：“中国的赫鲁晓夫！”有的用听诊器狠狠敲打，用注射器使劲乱捅。看病就跟上刑一样。有一次，爸爸实在忍受不了，抗议道：“你们给我看病是假，我的病你们越看越重。”接着，他们又把爸爸服用多年的维生素和治糖尿病的药D860也停了。

一个年近70岁的老人，怎么经受得起这种精神和肉体的折磨？爸爸的身体日益恶化，有时神志不清。可是，那些负责监视看守的人却说：“此人狡猾，不能排除有意这样做的可能。为严防意外，监护工作要相应采取一些措施。”

1968年仲夏的一个晚上，爸爸发起高烧。大夫来敷衍了一下就走了。第二天转成肺炎，引起多种并发症，随时有死的危险。上面得知后，立即派医护人员来抢救。为什么故意把爸爸折磨病了以后，又要抢救呢？当时中办的负责人对医护、工作人员说：“现在快要开刘少奇的会了，不能让他死了，要让他活着看到被开除出党，给九大留活靶子！”谁都知道，对像爸爸这样一个为共产主义事业奋斗了一辈子，经过几十年枪林弹雨、白色恐怖、出生入死的考验，威武不屈、富贵不淫、贫贱不移的共产党员，最大的摧残、最沉重的打击，莫过于“活着看到被开除出党”了。会诊医生提出离开监护环境住院治疗，被拒绝了；医生请求摘掉卧室内挂满的标语、口号，以使病人精神不受刺激，也被拒绝了。他们就是要让爸爸这样活受罪，活受折磨。这以后，爸爸虽然没有瘫痪，却再也无力起身活动，每天在严密的监视中躺在床上。他身边没有一个亲人，没有人给他换洗衣服，没有人扶他起床大小便。因为不活动，双腿的肌肉渐渐萎缩了。他的胳膊和腿由于常打针被扎烂了。护士记录上写着：“全身没有一条好血管。”

在室内刺眼的灯光下，爸爸呀，您可曾想到：您的妻子正被关押在阴暗、密闭的牢房里，直不起腰，毛发脱落，咯血，被林彪一伙判了死刑；您的长子刘允斌已惨死一年多了；长女刘爱琴被关在“牛棚”里，遭着毒打；次子刘允若在监狱里患着脊椎结核，被折磨得死去活来；19岁的平平被关进单人牢房；刚从监狱里出来的17岁的源源，正艰难地行走在雁北的漫天风沙中；年龄更小的亭亭独自承受着巨大的政治压力，苦苦争斗；您心爱的小小处处遭歧视，正忍受着痛苦和凌辱。

爸爸呀，您可曾想到多少老帅、中央委员、多少党的好干部，没有死在长征路上、抗日烽火里、解放战争中和白色恐怖下，却倒在这史无前例的“大革命”中，倒在他们解放的土地上。又有多少无辜者惨死在“打倒一切”“全面内战”的血泊里。

祖国被一伙丑类践踏着。爸爸也许早有预料，早就为避免这一场浩劫斗争过：他反对搞极左、“残酷斗争、无情打击”那一套；他曾明确地反对“重点是整党内走资本主义道路的当权派”这个提法；他早就针对“一句等于一万句”的口号，提出“要以毛泽东思想的方法学习毛主席著作”；在大整“彭罗陆杨”时，爸爸刚出国访问回来，就说“难以置信”；爸爸主张实事求是，“在真理面前人人平等”……但是，没有真理又哪来的平等呢？爸爸怎么也没有想到会有今天，维护真理的人会遭到如此打击；也没有想到，真理会遭到如此歪曲和践踏，不仅没有平等，还如此野蛮。那些在国家困难时期“袖手旁观”的人，一等经济好转，人民吃几天饱饭，就跑出来争权夺利，篡党篡国，在党和人民中制造仇杀，把人民含辛茹苦建设起来的成果葬送得净尽。国家遭难，而“整人狂”们却青云直上，弹冠相庆。林彪、江青、康生、陈伯达一伙在前门宣称同“资本主义”恶魔作战，却从后花园里召回封建主义的亡灵顶礼膜拜，妄图倒转历史车轮，把中国推向黑暗的深渊。

爸爸面对着林彪、江青一伙篡夺党和国家的权力，残酷迫害党的各级干部、知识分子和广大人民群众的残酷现实，10月5日大哭了两次。他为革命奋斗了半个世纪，面对任何敌人、恐怖，面对任何流血、牺牲，面对任何委屈、误解，他从来没有大声痛哭过。今天，他再也克制不住自己了，什么力量也无法阻挡他失声痛哭！他哭得是那么伤心。他把对祖国、对民族、对党、对事业、对家庭、对自己的所有的情感，一个真正的人的全部情感，从这决开的心堤里喷涌出来……

紧接着，爸爸由于植物神经紊乱，引起不能下咽食物，只能靠鼻饲维持快要枯竭的生命。由于病痛和窒息的痛苦，他常常紧攥着拳头，或者伸出十指乱抓、乱撕，一旦抓住东西就死死不放。工作人员和医护人员看着他那种难受情景，实在不忍心，就把两个硬塑料瓶子让爸爸捏在手里，到爸爸死的时候，两个塑料瓶已经完全变形，攥成了两个小“葫芦”。

十八

1968年11月24日，是爸爸70岁的生日。爸爸从来不让我们为他祝寿，他总是在这一天特别加倍工作，引以为最大的欣慰和欢乐。可是，他怎么也没有想到这一年的生日——

据说这天早上，爸爸听到八届十二中全会把他“永远开除出党”的决议。十二中全会开过整整24天了，单单在生日这一天让他听到。爸爸气愤已极，浑身颤抖，立时大汗淋漓，呼吸急促，大口呕吐，血压陡然升高到260／130，体温升到40℃。但他一声不哼，只有那一双干涩的、快要绽裂的眼睛，喷射出怒火……

秋风凄厉，枯木凋零。茕然一身的爸爸，独自承受着这最沉重的打击。

从入党那一天起，爸爸就把自己的一切献给了党。整整半个世纪，他致力于党的建设和发展，出生入死，艰苦奋战；为了党，他呕心沥血，兢兢业业；为了党，他把个人的安危荣辱置之度外；为了党，他光明磊落，坚持原则；为了党，他承担了最大的屈辱和误解……他相信有一天党会为他说明真相、洗清冤屈、澄清是非，可他万万没有想到会被“永远开除出党”！

在党纪国法已经荡然无存，真理和谬误、正义和邪恶完全颠倒的时候，“欲加之罪，何患无词”！可是，这“词”是什么，爸爸至死不明白。从什么时候开始立案审查不知道，直到八届十二中全会、“九大”作出决议，从来没有人找爸爸谈过一句话，了解过一个字。既不让看有关材料，又不让说明申诉；既不让爸爸知道开他的会，又没让爸爸在开除党籍的决议上签字。直到爸爸去世，他们从没有把有关决议正式通知过爸爸。他们躲在阴暗的角落，背着爸爸搞突然袭击。在党的最庄严的代表大会上，林彪、江青一伙竟抛出一个全部是栽赃、诬陷、用“逼供信”编造的假材料，欺骗全党，愚弄全国人民。谁要是提出一点不同意见，就要招致灭顶之灾。朱爹爹在八届十二中全会后，因说过“刘少奇打不倒”，被认为“不识时务”；中央委员陈少敏妈妈也是因为不相信为党奋斗几十年的爸爸是什么“叛徒、内奸、工贼”，立即惨遭迫害；张志新烈士勇敢地站出来为爸爸辩护而被残酷杀害。在那封建法西斯专制统治下，哪里有真理可言，正义可谈，冤屈可伸呢？！这不仅是对爸爸一个人，也是对全体中国共产党党员、全体中华人民共和国公民肆意践踏和蹂躏，是我们党和国家的奇耻大辱。

从此以后，爸爸一句话不说了，连治病和生活用语也一句不说了，表示无言的抗议。敬爱的周伯伯动员了北京医院的两个护士来护理爸爸，可是这两位熟练而细心的护士也无能为力啊。

突然一天，爸爸叫起过去的卫士小贾的名字。看守把小贾找来，小贾问有什么事，爸爸只朝他微微一笑，小贾又问了一遍，爸爸仍不说话，闭上了眼睛。过了几天，爸爸又同样叫来以前的卫士小于，也是微微一笑，闭上眼睛不说话。啊——这是爸爸向他们作最后告别了。在他最后的日子里，他身边没有妻子儿女，没有一个亲人，只有这两个在身边工作过几年的青年卫士。他们勤勤恳恳地工作，真诚地热爱爸爸。爸爸熟悉他们，喜欢他们，关心他们，像对待自己的子女一样。爸爸常说：“不管是谁的孩子，在我这里，我就要把他们当做革命的后代来教育。”他这样说，也这样做了。如今，在这生命的最后时刻，爸爸向他们告别，不，是在向中国人民和青年一代告别！他知道留给我们青年一代的是什么，是曲折而光明的前途；是备受伤害而仍不屈不挠的心灵；是优秀而崇高的品质；是鲜明而又深沉的爱和恨。他深信我们青年一代一定会奋勇斗争，夺回真理，把我们的祖国建设得繁荣富强起来。爸爸呀，您为党和人民搏斗、操劳了一辈子了，您太劳累了，休息一下吧，您的遗愿自有我们青年一代来完成。

十九

1969年10月17日，根据林彪“一号手令”，将爸爸送往开封。爸爸鼻子里插着鼻饲管，喉咙里通着吸痰器，身上扎着输液管。医生护士都认为：“随时都可能发生突然死亡。”当时中办的负责人来到爸爸房门口瞧了一眼，亲自叫人通知爸爸转移。护士只好用棉签蘸上紫药水，在一张报纸上写了几个大字：“中央决定把你转移到另一个地方。”爸爸转过脸不看。护士又把这张纸拿到另一边，让爸爸看，爸爸又把脸扭了过去。爸爸原卫士长老李同志上前对着他的耳朵，心情沉重地把纸上的字念了一遍，爸爸闭着眼睛，一言不发。

晚上7点多钟，爸爸赤着身子，被人用被子一裹放上担架，由专案组的人监护，让护士和原卫士长老李同志陪着，乘飞机飞往开封。林彪在河南的那个死党亲自把爸爸关进一个特别监狱。这里围墙高大，电网密布，戒备森严。

这正是初寒的天气，爸爸在担架上因为没有穿衣服，一着凉肺炎又复发了，高烧39℃，呕吐厉害。而林彪在河南的死党却声称：“一切均好，病情无异常变化。”到11月5日，爸爸又一次高烧，抢救两天以后才降到37.2℃。当时在爸爸身边的人都说，他特别配合治疗。爸爸虽然不说话，但他的神志还清醒，他仍然想活下去，想亲眼看到林彪、江青一伙的下场。

就在爸爸退烧的第二天，11月8日，专案组下令：凡北京陪同来的人，立即撤回北京，一个也不准留，连北京带来的药也不准留。临走之前，专案组的人特意到火化场看了看，但又说："千万不要死在我们手里。"然后向当地负责人员训话说："要激发对刘少奇的仇恨，保留活证据。"

原卫士长老李叔叔一回到北京，就要向当时中办的负责人汇报情况。他得到的回答是："不用了，先休息一天。"可是深夜两点，电话铃催醒了老李："他昨天已经死了，你必须再赶去。"李叔叔惊得一句话也说不出来，连忙取了一些衣物匆匆赶往机场。

13日凌晨，老李叔叔到开封，直奔爸爸的身旁。爸爸躺在地下室的地板上，身上盖着一个白床单。一尺多长的白发蓬乱着，嘴和鼻子已经变形了，下颌一片淤血……

老李叔叔急切地询问了解，原来——

11月10日晚发高烧，试体温表，五个小时后才取出。体温39.7℃，"当时不能确诊是肺炎"，但却按肺炎治疗，不让送医院抢救。到11日深夜，嘴唇发紫，两瞳光反应消失，体温40.1℃。第二天6点40分，才发出病危通报；5分钟后，6点45分心脏停止跳动。两分钟后，值班医生、护士赶到现场。两个小时后，"抢救"人员才赶到……

老李叔叔偷偷抹去夺眶而出的泪水，给爸爸剪去一尺长的白发，刮去长而稀疏的胡子，穿上衣服和鞋子。深夜12点，六七个人把爸爸的遗体抬上一辆吉普车，小腿和脚伸露在车外，拉到了火化场。

火化场早已得到通知，说有一名"烈性传染病人"要半夜火化，只准留下两个工人。二十多个军人把小小的火化场全部戒严。由中办专案组的人在火化单上填写——姓名：刘卫黄；职业：无业；死因：病死。并冒充死者的儿子刘源签了名……爸爸曾对我们说过："我活着是个无产者，死的时候也要是个无产者。"可我们怎么也不曾想到，竟"无产"到这个地步：他为革命事业奋斗了一辈子，死时却成了“无业”；他把自己的一切都无私地献给了人民，死时却没有一个亲人在身边，没有哀乐，没有哭声；他为党披肝沥胆，死时却没有鲜花，没有党旗……他死时，只有那一尺长的白发属于自己，还有的就是那林彪、江青、康生和陈伯达一伙强加在他身上的奇耻大辱。

火化后，专案组宣布纪律，要用党籍和脑袋担保，谁也不准透露出来，并举行酒宴宣布：“我们圆满完成了任务。”

林彪、江青一伙自以为干得神鬼不晓，人民毫无所闻；他们自以为“胜利”地清除了他们篡党篡国的最大障碍。但是，党是公正的，人民是公正的。对于任何人来说，历史自有公论，而那些莫须有的罪名，终于公正地落到那些炮制者自己的身上。历史是无情的，民心是不可违背的，真理之光是永远不会泯灭的。为人民英勇献身的爸爸，将永远受到人民的怀念和尊敬。

我们和亲爱的爸爸分别至今，已经13年了。这是什么样的13年呀？！我们这个幸福的家庭再也不能团圆了，四位骨肉先后惨死，六个亲人坐过监狱。在我们一家人的遭遇之上，是亿万人民的苦难，是我们祖国的满目疮痍。党的十一届五中全会为爸爸平反，不仅是为爸爸个人，而且是为了使党和人民永远记取这个沉痛的教训，用一切努力来维护、巩固、完善社会主义民主和社会主义法制，使类似爸爸和其他许多党内外同志的冤案永远不致重演，使我们党和国家永不变色。我们的祖国受够了难，人民吃够了苦，再也不要人为地制造动乱，只需要安定团结、一心一意搞好祖国的社会主义现代化啊！

自从妈妈去年回到了我们身边，我们多么幸福，多么亲昵。就在这幸福的笑声中，我们看见爸爸就在我们面前，他正在奋力挣扎，去挣脱那无情的血网，多么想回到人民的中间，多么想回到妻子儿女身边。爸爸，十年了，您的灵魂一直在这样斗争着，一直在我们心中呼喊。爸爸，您安息吧，我们就在您的身边。爸爸，您看看，党和人民终于打破了这血网，洗清了您身上的污渍；您看看，这是全国人民写来的千万封信，大家有这么多话要说给您听！您看呐，成千上万的青年抱着鲜花向您拥来；您看呐，大地回春，冰雪融化了。祖国的千山万岭回响着人民呼唤您的声音，您忍辱含愤的英灵终可得到安慰了吧！

爸爸呀，您那不安的灵魂快快回到您雪白的骨灰里来吧！让我们按照您在任国家主席时的托付，按照您在最艰难时的遗嘱，把您的骨灰撒到祖国的大海里，撒到世界的大洋上，融化在解冻的春水之中，您一生的奋斗和心血已变成世界上最为宝贵的财富，永存在世间。

爸爸呀，亲爱的爸爸，您曾为中国人民的解放，出生入死，鞠躬尽瘁；人民并没有忘记您，也为了您的解放而英勇奋斗，付出了巨大的牺牲。爸爸呀，您曾为了我们党而抛弃了个人的一切；党没有遗弃您，为了您的昭雪，奋力呐喊，不惜一切代价。今天党和人民又把那应得的光荣还给了您，对于您来说，至高无上的光荣称号就是——一个优秀的共产党员，中国人民的好儿子。

作者注：本文是应《工人日报》、《中国青年》杂志之约而作。1980年4月完稿于北京。

三　机要秘书的回忆

刘振德

一个既没有被罢免又没有辞职的现任国家主席、中央政治局常委从此就像囚犯一样，失去了人身自由。今天被这一派批斗，明天被那一派质问，今天这一派来警告他，明天那一派又来下最后通牒；必须每天几点出来看大字报，必须对大字报作出答复，必须自己做饭，必须自己打扫卫生，必须自己洗衣服，必须……还有许多必须。

在首都纪念「三八」国际劳动妇女节的茶话会上，宋庆龄副委员长会见刘少奇夫人王光美时亲切交谈。

“我还接不上头”

少奇同志和光美同志1966年3月25日至4月20日访问巴基斯坦、阿富汗和缅甸后，于4月下旬回到北京。我也于5月初结束了在河北农村的四清工作回来了。

当时，我满脑子装的都是关于四清的问题，急切地想向少奇同志汇报和请教，于是稍事休息后就上班了。

我走进光美同志办公室，同她互相问候几句后，就提出向少奇同志汇报的要求。这时光美同志先关了少奇同志办公室的门，怕因说话声干扰了他，然后神色异样地低声说：“少奇同志现在顾不上‘四清’的事了。在我们出访期间，党内发生了一些问题，有的事情他也接不上头。出访前他病了一场，没有看什么文件，我也是因出访被临时叫回来的，许多文件也没有看……我们出访刚回来就匆匆赶到杭州，毛主席在杭州会议上讲了许多很重要的问题，现在少奇同志正在主持中央政治局扩大会议。这样吧，咱们先把最近机要室送给少奇同志的所有文件，特别是有关文化革命的文件，找出来看一看，选一选，以便使少奇同志能多了解点情况。”

当我从农村回来第一次给少奇同志送文件时，他看见我时只举了一下手，表示知道我回来了，又继续埋头看文件。往日久别重逢后的热情一点也没有了。

后来，从这次政治局扩大会议的简报上，我看到了少奇同志的一段讲话：“在我们这次讨论发言中，对文化革命问题讲得比较少。对这个问题，我们过去是糊涂的，很不理解，很不认真，很不得力，包括我在内。最近，我对文化革命的材料看得很少。生了一场病，出了一次国，很多材料没有看，我还接不上头……”

当我看到《五一六通知》中说：“《二月提纲》反对把社会主义革命进行到底，反对以毛泽东同志为首的党中央的文化革命路线，打击无产阶级左派，包庇资产阶级右派，为资产阶级复辟做舆论准备……”这段话时，感到了问题的严重性，便不解地问：“光美同志，《二月提纲》是怎么回事？”“那时我还在河北农村，详细过程不了解。听说是以彭真同志为首的中央文革小组起草的，是针对今年春天学术批判中的一些问题搞的一个汇报提纲。”光美回答说。

“少奇同志看过没有？”我又问。

“是少奇同志主持中央政治局会议通过，请示毛主席同意后印发全党执行的。没想到变化这么大。这里有些文件，你拿去看看吧。”她心情沉重地说。

天哪，这还了得，彭真、罗瑞卿、陆定一、杨尚昆等同志都被扣上反党、反社会主义、反毛泽东思想的帽子；毛主席批评“北京市委是针插不进、水泼不进的独立王国”“中宣部是阎王殿，要打倒阎王、解放小鬼”……这些都是我万万没有想到的啊。

在翻阅文件过程中，我发现所谓彭、罗、陆、杨的“反党问题”都与林彪有关，都因为给林彪提过意见，而且有些揭发材料来源就是出自林彪之口。

那么，林彪所攻击的这些人到底是怎么反对毛主席的，我把所有文件翻了几遍，也没有看到他们反对毛主席的任何言论。难道就凭江青一句“谁反对林副主席谁就是反对毛主席”的话，这些对林彪有意见的人，都成了反对毛主席的人？难道是林彪为成为毛主席的接班人，必须先整倒这些对他有意见的人？我惊讶得不敢再往下想了。

5月下旬，我收到一份简报，说，田家英在宣传毛泽东思想的问题上也是同林彪唱对台戏的。他有五个不同意：不同意林彪说的毛泽东思想已发展到最高峰的顶峰论；不同意林彪说的学习毛主席著作，要活学活用，立竿见影；不同意断章取义地学习毛主席语录，认为只背语录是把毛泽东思想庸俗化的做法；不同意说毛泽东思想是当代最活的马克思主义，难道马克思主义还分活的死的？

我把这份简报送给光美同志看，她惊讶地说："毛主席对田家英可是很信任的呀，他是主席的一个得力秘书，是个很有才学的人。"又说："林彪的那些提法，有意见的不是个别人，不少人有气，据说在中央的会议上就有争论。"

很快，在机要室和秘书室的大楼内贴出了许多批判田家英的大字报和大标语，说他一贯右倾，在庐山会议时就站在彭德怀、张闻天一边了，在三年困难时期更是牢骚满腹等等。

8月5日，毛主席的"炮打司令部"的大字报发表后，江青马上把田家英同刘少奇挂上了钩，说他虽给毛主席当秘书，但却是刘邓资产阶级司令部的人……

在批判田家英的同时，中央办公厅的新领导给机要室的主任、副主任等也扣上了"三反分子"帽子，把1959年经少奇同志处理过的所谓非法录音问题，也变成"窃听事件"重新抖搂出来。又给杨尚昆扣了一大堆帽子，而且株连的人也越来越多。一大批不为名不为利、忠心耿耿为党工作了几十年的老机要老秘书，被赶到了"学习班"和"五七干校"。

来势凶猛的"文化大革命"，一开始就带着血雨腥风！

紧急选派工作组

经毛主席批准，陈伯达率领文革工作组于1966年5月31日夺了人民日报社的领导权。次日，《人民日报》发表社论，号召群众起来“横扫一切牛鬼蛇神”。晚上，中央人民广播电台向全国广播了北京大学聂元梓等人攻击北大党委和北京市委的大字报；第二天，《人民日报》全文刊登了那张大字报，还发表了评论员文章。

6月2日下午3点多，少奇同志按铃叫我。我进到他办公室后，他和往常一样，坐在茶几旁翻看着当天的报纸。

“报上不是登了大字报吗？”他说。

“是呀。”我答。

“以后有关这方面的文件要及时送我看。”他提高声音说。

“好。”我回答后就退出来了。

工夫不大，光美同志来到我们办公室。她进门就问：“看到过中央关于审批广播那张大字报的传阅文件吗？”

“没有呀！”我答道。

她说：“这么大的事，少奇同志说他不知道，他说中央开会没有说过。”

“我还以为这是中央开会定了的。”我用常规的方法去推测。

我顺便问她：“少奇同志刚才说有关这方面的文件要及时送他看，是不是指这张大字报的事？”

她说：“主要是那张大字报发表后各方面的反应。这几天各大报纸都在连续发表社论，文化大革命来势很猛，凡是这方面的材料及时送他看就是了。”

聂元梓的大字报发表后没几天，中共中央决定改组北京市委，北京新市委决定改组北京大学党委。

几天之后，中组部、中宣部、教育部、团中央等部门陆续送来了请示报告和大量情况简报，内容都是那张大字报和两篇社论发表后在各大专院校和社会上引起的强烈反响。

少奇同志在中组部的一份报告上批示：“学校的党组织对运动要加以引导，不能放任自流，领导人要深入到学生中去，了解情况，观察动态，及时报告。”

但形势的发展却远远超出了少奇同志的想象。陈伯达掌握中央的舆论工具后，大肆煽动造反和夺权。各学校的大字报铺天盖地而来，有的上街游行，有的开声讨会，形势十分紧张。

在此情况下，刘少奇、邓小平同志主持召开了中央常委扩大会，拟定了八条指示，其中有：大字报不要上街；不要示威游行；不要搞大规模声讨会；不要包围“黑帮”住宅；内外有别，注意保密等。但所有这些限制都已控制不住局势了。

这时，许多学校的学生包括大多数领导都纷纷要求党中央、国务院和北京市委立即派工作组去领导运动。

少奇同志的几个孩子回到家里，也说他们所在的学校“开锅了”“乱套了”，问少奇同志：“什么时候派工作组去？这样光是学生在那里乱哄哄，什么问题也解决不了，大家也学习不下去。”

“在社会主义条件下，搞目前这样的运动，我没有经验，我们党用这种方式整风，过去也没遇到过，要观察几天再说。”少奇同志平静地回答着儿女们。

此后不久，中央一些部门又以特急文件请示中央怎么办。少奇同志压力很大。他对我说：“我准备去向毛主席汇报当前的运动情况，你问一下中央办公厅，看毛主席是不是还在杭州。”

我问清楚后，第二天少奇和小平同志就乘飞机去了杭州。

光美同志回来后对我说：“少奇同志本来想请毛主席回京主持工作、领导运动，毛主席说他暂时还不准备回来，请少奇同志和小平同志相机处理运动中的问题。”

在此期间，局势再次告急。所有学校的领导人都受到了冲击。被批斗的人越来越多。有的学校设立什么“斗鬼台”，校领导和一些教师、学生被打伤、打死和自杀的事不断发生。许多受害者家属纷纷给党中央写信，要求赶快派人下去调查。有的人在信中说：“他（她）受到了不能忍受的人格侮辱，这种事在封建社会也属罕见，士可杀不可辱呀！”有的人在自杀前留下条子说，这是多么痛苦的时刻。有的人问这是文化革命，还是革文化的命？打击知识分子，国家不会得到好处的。但愿这不是党中央的政策。

少奇同志从杭州回来后，废寝忘食地看了许多材料，听了几个部门的汇报，然后列出一个参加常委扩大会议的名单，由我逐个通知到他的会议室开会。名单中除了在京的中央主要领导人（周总理当时不在北京）外，还有中央主要部门的领导人。开会时，到会人多时就在怀仁堂开，人少时就在少奇同志的会议室开。会议的中心议题就是讨论派工作组的问题。

会议期间，我还不断收到各省市发来的特急电报，有的我就直接送到会议室交给少奇同志，他拿到就看。一次，我将陕西省委发来的关于西安交大告急的电报送给少奇同志后，他立即向大家念了全文。

派工作组，是经过中央常委扩大会议反复讨论决定下来的。因为情况十分紧急，中央和各地的一些部门昼夜不停地选拔干部，临时组成工作组，迅速进入各大中学校。少奇同志将派工作组之事，电告了在杭州的毛主席，而且还作了公开报道。

后来传说，刘、邓派工作组是背着毛主席搞的，毛主席回到北京才知道的。这是不符合事实的，也是别有用心的。

6月18日，北大发生了40多名干部、教师和学生被乱打乱斗的恶性事件。北大工作组及时进行了处理。少奇同志看了这个简报后批示："北大工作组处理乱斗现象的办法是正确的、及时的。各单位如果发生这种现象，都可参照北大的办法处理。"并以中央的名义把简报和批语转发全国。后来，江青诬蔑转发简报这件事是"镇压学生运动"的。这样一来，正确的变成了错误的，非法的乱打乱斗行为就成了合法的革命行为了。这些都为后来更加残酷的斗争开了绿灯。

毛泽东批评派遣工作组

7月中旬的一天，少奇同志召集北京师范大学第一附属中学的工作组成员和学生代表来到他的会议室开会。大家汇报后，少奇同志谈了他的设想。他说：“过去中央千方百计寻找一条途径，以纠正各级干部中正在滋长起来的官僚主义作风和脱离群众的现象。社会主义教育运动是一次尝试，希望文化大革命成为一次更好的机会……”

他还说：“现在下面要求中央规定一些政策界限，以便有所遵循。我看这个事要做，但有的规定不宜过早，要根据运动发展的情况而定。有的现在就是明确的，如北大工作组的那几条，还有中央的那个八条。凡打人、骂人、侮辱人、搞逼供信的做法，必须坚决制止……”

由于工作组的选派工作很仓促，临时组成的班子匆忙上阵，再加上上面的指导思想不一致，工作组的工作很难开展。他们大都是按照老框框，求稳怕乱，按部就班，这就和江青、陈伯达煽起的造反精神发生了冲突，于是他们就抓住工作组的一些缺点和错误，挑动一些人掀起了反对工作组的浪潮。

7月18日，警卫局通知说，毛主席已回到北京。我马上报告了少奇同志。

“立即要车，我向毛主席汇报去。”他急切地说。

但时间不长，少奇同志又乘车回来了。卫士告诉我：“主席休息了，何时去汇报等候通知。”

毛主席回京后的第7天，即7月24日，我先是接到中办机要室会议处的通知，后又接到毛主席的秘书徐业夫的电话通知，都是请少奇同志到毛主席那里去汇报的事。

少奇同志万万没有想到，他盼来的他等到的不是毛主席的支持，而是对他和邓小平的强烈不满。在这次汇报会和以后的会议上，毛主席连续严厉批评派工作组的问题。说他“回到北京后感到冷冷清清很难过”。“学校把大门都关起来了”。指责“工作组一不会斗，二不会改，起坏作用，阻碍运动”，“工作组捣了很多乱，要它干什么？”“统统驱逐之”。

林彪、江青、康生、陈伯达等人利用毛主席的讲话大做文章，继而兴风作浪，煽妖风点鬼火，把斗争矛头公开指向了刘少奇和邓小平。

7月29日，中共北京新市委在人民大会堂召开大专院校和中等学校师生“文化大革命”积极分子大会。少奇、总理、小平等同志在会上讲了话，北京市委书记李雪峰宣布大中学校放假半年闹革命的决定，宣布撤出所有工作组。

第二天，中办机要室给我一张到中直俱乐部听少奇同志在大会堂讲话录音的票。

我在听录音时，还作了简单的记录。

少奇同志说：“怎样进行无产阶级文化大革命，你们不大清楚，不大知道，你们问我怎么革，我老实回答你们，我也不晓得。我想中央其他许多同志、工作组的成员也不晓得……在新的条件下，在无产阶级专政的条件下进行革命，要重新学习，不仅你们要重新学习，而且我们也要重新学习，要在革命中学习革命。派工作组是中央决定、中央同意的。现在看来工作组这个形式并不适应当前无产阶级文化大革命的需要，中央决定撤出工作组……”

后来，毛主席又严厉指责派工作组是犯了方向、路线错误，“实际是站在资产阶级立场上，反对无产阶级革命”。

因此，以刘少奇、邓小平为首的派工作组的人成了资产阶级反动路线的制定者，下面各级领导大多也成了资产阶级反动路线的执行者。于是，检查的检查，被斗的被斗，下台的下台。

在此乱糟糟的形势下，毛主席号召中央领导和各省市的负责同志都要亲自参加一所大专院校的“文化大革命”运动，以便取得感性认识。少奇同志开会回来说：“毛主席叫我到群众中去，到学生中去，看看大字报，听听意见，做点思想政治工作，增加点对文化大革命的发言权。”说话时他心情比较轻松。

少奇同志叫我与北京市委李雪峰办公室联系，看去哪所院校合适。经商量选择了北京建筑工业学院。李雪峰、刘澜涛、谷牧等同志准备陪同。少奇同志又叫我问中央文革小组去不去人。他们商量后答复由戚本禹陪同去。

8月2日晚上，少奇同志在几位领导的陪同下来到了建工学院。学生和教职工以热烈的掌声欢迎少奇同志的到来，甚至有人还喊出了“刘主席万岁！”的口号。

少奇同志对师生们除了讲毛主席批评派工作组和工作组与学生之间发生某些矛盾之外，就是劝说各派之间经过讨论和辩论，分清是非后，要尽快联合起来。

戚本禹坐在少奇同志旁边还作了记录，对少奇同志的讲话并没提出任何异议。但毛主席的大字报发表后，他就对造反派说自己当时就认识到刘少奇在建工学院的讲话是打击造反派，支持保守派，搞合二而一。

也正是在少奇同志大讲各派要尽快联合起来的时候，林彪讲话了：“这次文化大革命就是要大搅大闹，弄个天翻地覆，闹得资产阶级睡不着觉，无产阶级也睡不着觉……”

少奇同志原准备把建工学院作为一个点搞下去。可是他刚进到学院，8月5日，毛主席就写了《炮打司令部——我的一张大字报》。他从建工学院回来，马上给李雪峰打电话，无可奈何地说：“我不能再到建工学院去了，看来我不配领导文化大革命。”难言之隐尽含其中。

从此，他除了接受批判、检查之外，再没有任何发言权了。就连在建工学院的讲话，也成为“大毒草”了。

林彪定调

毛主席的大字报的发表，可以说是“文化大革命”的转折点。从此，派工作组的问题就升格为“资产阶级司令部”的错误了，对刘少奇的攻击也开始不断加码升级。

8月7日，我收到毛主席的大字报的打印件，粗看一遍，觉得问题严重，便抄了一份留下，把打印件送给了正在看文件的少奇同志。

我拿着抄得难以辨认的毛主席的大字报，逐字逐句地琢磨起来。

这个大字报虽然没有指名道姓、没有提到工作组，但批评的却是以少奇同志为首的派工作组的人。大字报上纲如此之高，措词如此之尖刻激烈，使我毛骨悚然，非常吃惊。什么“围剿革命派、压制不同意见”，什么“实行白色恐怖”，什么“长资产阶级的威风，灭无产阶级的志气”，等等，我难以将它们同派工作组联系起来，更不敢将它们同少奇同志联系起来。

自己不理解只怨水平低。因为我对毛主席是非常崇拜的，难道毛主席还能有错？而少奇同志是与毛主席几十年来同甘苦共患难的亲密战友，我在他身边工作十几年来从未发现他对毛主席有丝毫不尊重的言行呀！我茫然，我困惑。

那些日子，我的脑子里老是萦绕着这个问题。我同其他同志议论，我翻阅有关的文件材料，总想找到答案，但却没有如愿。

毛主席说的“1962年的右倾”是指什么？

难道指的是少奇同志1962年在一次中央会议上在阐述调整计划的重要性后曾大声疾呼的“左了这么多年，让我们‘右’一下吧”？

难道指的是少奇同志在1962年5月谈政法工作时告诫全党不要“误我为敌，打击面过宽”，要正确处理两类不同性质的矛盾的讲话？

虽然少奇同志的观点和看法同毛主席的思想有些不一致，但毛主席都是肯定了的，而且当时，他也没有提出过批评呀。

“1964年的形‘左’实右的错误倾向”又是怎么回事呢？

突然，我在1965年的文件堆里，翻出一个没开头、没署名、不讲究任何文件格式、打印在一张白纸上的毛主席当年在外地同几位领导人的谈话摘录：

在谈到四清问题时，毛主席说：王光美在河北省搞四清，河北省领导不了，华北局也领导不了，是他（指刘少奇——作者注）亲自领导的。他有他的长处，我有我的弱点。他有一股子硬劲，我爱妥协。我说不行，他说行……他是第一副主席，瞒不住他……

这段话是什么意思？我更加糊涂了。

自从大字报出来后，少奇同志的生活习惯也有了一些变化。以前他除每天凌晨睡觉之前到院子里散步半小时以外，其它时间是不出来散步的。而近来，他却经常到院子里或在他的办公室门口那条狭窄的走廊里，独自低头默默地走来走去，或靠在躺椅上闭目沉思，本来就寡言少语的他，现在话更少了。

党的八届十一中全会通过的《关于无产阶级文化大革命的决定》，把运动又推向一个新的高潮。

也就是在这次全会上，少奇同志在中央常委的名次由第二位降到第八位，林彪跃居第二位，成为毛主席的接班人。而这些变动，我们工作人员和少奇同志的家属直到后来中央领导人在天安门城楼上接见来自全国各地的群众和红卫兵时才发现。当大家在电视上看到这个镜头时，气氛骤然凝固了……

难道这就是江青、戚本禹叫嚷的“不革命的靠边站”？我思忖着。

自从毛主席写信给清华大学附中红卫兵，肯定了他们“对反动派造反有理”并“表示热烈的支持”后，红卫兵运动风起云涌，很快遍及全国。

林彪、江青一伙利用年轻的红卫兵在全国到处鼓动“造反”，所谓揪斗“走资派”，搞乱地方各级党委，继而“踢开党委闹革命”。特别是在毛主席主持召开的中央工作会议上，林彪指名攻击刘少奇、邓小平执行的是“一条压制群众、反对革命的路线”，并说“这次文化大革命运动的错误路线主要是刘、邓发起的”之后，少奇同志的处境就更加困难了，他成了全党全民讨伐的对象了。

这次会议前，我收到中办机要室会议处发来的通知，要少奇同志去参加会议。但后来他们又打来紧急电话，说：“为了使少奇同志好好考虑问题，不要去参加会了。”就是在这次会上，林彪、陈伯达一唱一和，对少奇同志极尽造谣诬蔑之能事，在全国掀起批判所谓“资产阶级反动路线”的高潮。

少奇同志对这一切已无能为力了。但他不忍心看到从中央到地方一批又一批久经考验的老干部被安上“刘少奇代理人”等莫须有的罪名而被纷纷打倒，他逐渐意识到林彪、江青之流根本不是在进行严肃的党内斗争，而是在怀着不可告人的阴谋，进行一场“专打从中央到地方主持工作的一二把手的政变”。少奇同志深知自己已无力扭转目前这种局面，但他还是想通过自己承担一切责任的方式，使广大干部得以解脱，使运动尽早结束。

于是，他利用一切还能说话的机会，尽量把责任独揽下来。他坚持说：“错误与同志们无关，我一个人负责”，“这个错误的主要责任应该是由我来承担……第一位要负责任的，就是我。”……

于是，他不得不向毛主席作违心的检查。

“基本上写得很好，很严肃，特别后半段更好。”这是毛主席在少奇同志检查上的批语。

“不能怪你们，也不能全怪刘少奇同志和邓小平同志。他们有责任，中央也有责任……刘少奇是有功劳的，不能一笔抹杀……刘少奇、邓小平搞阳谋，不搞阴谋。”这是毛主席的话。

听到这些，我们工作人员是多么由衷地高兴啊。“听毛主席的口气，少奇同志没有路线问题了。”“对少奇同志的问题，毛主席是可以一锤定音的。”……大家议论纷纷。尤其是毛主席对少奇同志检查的批语和那几句评价，更使大家坚信，少奇同志可以过关了。

然而，我们天真的幻想，很快就被无情的事实撕得粉碎。发给我们的少奇同志的检查只字未提毛主席的批语，更没有传达毛主席的讲话。

这是为什么啊？困惑和疑虑重新笼罩在我的心头。

解答工作人员的提问

随着对少奇同志批判的迅速升级，我们工作人员的心情又紧张起来了。

有的同志问我：“是不是少奇同志又犯新错误了？”

“已经不工作了，还能犯什么错误？”我不清楚，但相信他不会再有新的错误。

有的同志又问：“是不是在中央会议上说了什么错话？”

我如实回答：“这次他就写了个检查，毛主席的批语中办负责人不是传达了嘛，没听说他还说了什么错话。”

“这到底是怎么回事，怎么越检查问题越严重了？”大家都想弄个清楚，便决定开个支部会，请少奇同志解答一下。

少奇同志大概已预料到我们请他开会的目的是什么，他坐下后，便说："前一段因为忙，没有机会听你们的意见，现在我希望你们坦率地同志式地给我提出意见。丢掉缺点错误不可惜，今后可以更好地工作。"他很平静。

"我们在你身边工作了这么多年，看到你总是废寝忘食地工作，大家对你很敬佩。你现在犯了错误，我们感到很难过。外面传说很多，许多事情我们都不清楚，想请你解答一下。"作为支部书记的我先来了个开场白。

"可以！"少奇同志回答得很坚决。

问："我们现在只知道你的错误是因为派工作组，派工作组怎么不请示毛主席？"

少奇同志点燃一支烟，答："请示也会犯错误，我没想到派工作组会犯错误。同意派工作组的同志们也没想到会犯错误。这是对当时形势的认识问题。"

问："你们在杭州开会，谈过派工作组的事吗？"

答："谈过。毛主席委托我和邓小平同志相机处理。毛主席说可以派也可以不派，看情况不要急急忙忙派工作组。因为我心中无数，感到很难领导运动，请求毛主席回来主持工作，毛主席说暂时还不准备回来。我回京后，看到形势发展很快，北大的大字报发表后，大中学校混乱起来了，广大干部和学生迫切要求派工作组去领导运动。在我主持的中央常委扩大会上，大家经过反复讨论，都认为派工作组的时机已经成熟了。我们把学校的形势看得严重了。"

问："你是中央副主席，在第一线工作，怎么说不知道文化大革命怎么个搞法？"

"这个问题在撤出工作组时，我就讲过了，不晓得就是不晓得。毛主席曾多次批评有人对文化大革命很不认识、很不理解、很不得力，就是批评我的。正是因为不理解，才派了工作组嘛。"

有位同志说：“中央发表的社论说，犯了路线错误的人，也还是人民内部矛盾。若坚持错误，矛盾就要起变化。我们希望你赶快改正错误，毛主席不是说改了就好吗？”

少奇同志沉思片刻，说：“你们的心情，我理解，但改正错误，首先需要弄清错误的根源，需要研究，需要给我时间，现在还没有看到一篇能说清楚为什么派工作组就是路线错误的文章，我将努力去认识。”

“毛主席在大字报中说的1962年的右倾是不是包括毛主席批评过的包产到户问题？我记得毛主席对这个问题提出过严厉的批评，说他革了一辈子命，革来个包产到户。”我不解地问。

“1962年5月中央工作会议后，陈云同志提出了农村包产到户的建议。当时毛主席不在北京。我同意了陈云的建议。毛主席回来后批评我不顶住。”少奇同志回答得很认真。

我又问：“你从第二位降到第八位，是不是就是对你犯错误的处理？”

答：“八届十一中全会，中央常委作了变动，我没有意见，再变动我也没有意见。我是四平八稳，求稳怕乱，所以没有资格领导文化大革命。历史将证明，这次文化大革命将产生深远的影响。”

就这样，在沉闷的一问一答中，时间已过了一个多小时。这时，光美同志说：“少奇同志很疲劳，今天是不是就谈到这里。”

最后有位同志说了句当时最流行的话：“希望少奇同志以后不要只拉车，不看路。”

看到少奇同志回答问题时痛苦的样子，我的心里很难受。我知道，少奇同志是强忍着内心的痛楚才回答大家的啊。而且有些问题他是欲言又止，因为有些话本不该在这样的场合说。特别是他最后那句话，我更感到奇怪。这是一句模棱两可的话，可以这么理解，也可以那么理解，少奇同志从来不说这样让人费解的话啊。他内心的矛盾和痛苦由此可见一斑。

我想起前些日子少奇同志的一次讲话：那是在红卫兵运动初期，他的几个孩子为了跟上形势，都在自己的学校里参加了红卫兵。有个孩子回到家里对我们说："现在社会上都在破'四旧'，查抄封、资、修的东西，我爸爸书房的那些书里头一定也有封、资、修的东西，怎么办？""那么多书一下子分不清楚，听说中办有一个统一部署，那就听人家的吧。"我不能阻止这些孩子，但又怕干扰少奇同志的工作，只好以此搪塞。

少奇同志听到孩子们说要跟同学去扫"四旧"、去抄家时，他忍耐不住了。他把几个孩子叫到一起，随手拿起《中华人民共和国宪法》，严肃地说："红卫兵抄家的行为是违法的。宪法报告是我作的，我是国家主席，要对宪法负责。别人去我已无能为力，你们是我的孩子，又在我的身边，我要管管你们。听说已经抄了许多人的家，其中有不少是民主人士的家。他们跟我们党同舟共济几十年了，是我们统战工作的重要成果，不能就此毁于一旦啊！毛主席也不会同意这样干的，你们要带头维护宪法的尊严，大家都应该遵守宪法！"

"既然抄家是违反宪法的，为什么中央不立即制止，中央文革小组还在鼓动学生去干？"一个孩子向少奇同志提出了问题。

少奇同志回答说："这么大的群众运动一下子不好约束，我想很快会得到纠正的。总而言之，你们不要去干违法的事！"

直到这时，少奇同志还是希望国家的根本大法——宪法能起到应有的作用。

董洁如被赶出中南海

中央《关于农村无产阶级文化大革命的指示》发表以后，相对平静的农村也开始动乱起来了。特别是搞过四清的地区，开始翻四清的案，甚至发生了许多报复行为。许多县、公社、大队的干部被轮番批斗，而且斗争的残酷性是难以描述的。

在这期间，许多农村的干部群众并不清楚少奇同志的处境，所以纷纷给少奇同志写信反映当地的情况，特别是光美同志搞过四清的地方，群众来信最多，一些四清积极分子叫苦连天。

不久，城市里的造反派也到农村去煽风点火，鼓动农村的青年人起来造反。农村的造反派也串连到城市，来揪斗参加过四清的机关干部。有的来到北京中南海西门口，大喊大叫要把王光美揪回去批斗，还要揪出她的后台刘少奇。就连允若和我在一起搞四清的地方，也要求把他揪去批斗，搞得我也胆战心惊的。

四清后留下做巩固四清成果的工作队员也来信说，那里已经形成了保四清派和翻四清案派。听说刘少奇已经受到毛主席的批评，因此保四清派的日子很难过，两派的斗争日趋尖锐和激烈。

后来，中央发了个文件，说四清的案不能翻，四清的成绩还是主要的，特别是执行了毛主席23条的地方，更不能翻案，于是围绕四清问题的派性斗争才有了缓和。我的心稍微放松了些。

但很快，我又紧张起来了。1967年1月，《人民日报》发表社论《把无产阶级文化大革命进行到底》，提出“1967年将是全国全面展开阶级斗争的一年”，“将是无产阶级联合其他革命群众，向党内一小撮走资本主义道路的当权派和社会上的牛鬼蛇神展开总攻击的一年”。首先上海刮起了夺取党、政、军大权的所谓“一月风暴”，随之，夺权之风刮遍全国，更加深了混乱的局面。

王力、戚本禹等人，为了配合夺权的“革命行动”，在中南海召开所谓活动积极分子会议，他们在会上对一些年轻人边训斥、边煽动：社会上的文化大革命搞得轰轰烈烈，已开始了大夺权，可是作为党中央、毛主席所在地的中南海，还是冷冷清清，死水一潭……这不是中南海的光荣，这是中南海的耻辱……刘少奇、邓小平就在你们的眼皮底下，为什么他们至今还在逍遥自在……

从此，中南海又热闹起来了。大字报铺天盖地而来。其中一张贴在大食堂门口的大字报率先开始对少奇同志进行恶毒攻击：

什么“刘少奇家就是资本家的庇护所”啦，什么“刘少奇的岳母董洁如是个大资产阶级出身的资产阶级分子”啦，什么“我们要求把董洁如立即赶出中南海”啦……

过了几天，造反派听说董洁如还在中南海里，便发出最后通牒，勒令她必须在三天之内，“滚出中南海”。无奈，中南海管理部门在北长街给老人找了一间平房。

在老人搬出中南海时，光美同志心情沉痛地对妈妈说：“你要准备忍受更大的委屈，要坚强地生活下去。”

此时少奇同志内心的痛苦是不言而喻的，但他一直保持沉默，没有发表任何意见。

随着对少奇同志迫害的升级，董洁如老人也遭到多次的批斗。她孤独一人居住，有时连饭都吃不上。她一生煤球炉火，就有人唆使小孩往她的炉子上泼水，还骂老人是“坏蛋”。我们听到这些也很难过。少奇同志的司机出于同情给她送过几次吃的东西，也被造反派说成是“和资产阶级划不清界限”，遭到批判。

不久，老人被捕入狱，在狱中受尽残酷折磨，于1972年7月含冤离世。当时，就连老人的儿子王光英也受到株连，康生、江青一伙指使造反派把他揪到天安门广场批斗之后，投入了监狱。

我同董洁如老人接触比较多。有时少奇和光美同志外出时，留在家里的我，便承担起照管老人的责任，我常陪她去看节目，更多的是给老人送点杂志、画报等读物。每次去时，老人总要同我聊聊天、谈谈家常，于是我对她有了较多的了解：

她生于1893年，毕业于天津女子师范学校，当过小学教员。北京解放后，她筹办了专门抚养婴儿的洁如托儿所，并自任所长。她先后被选为北京市第一、二、三届人民代表和第四届政协委员，北京市保育工作者协会副主任，按院托儿所名誉所长等。她的10个子女都是高级知识分子，而且其中的5个子女早就参加了革命工作。

老人被接到少奇同志家时已年近古稀。因为少奇同志的孩子多，她又有教育工作的经验，所以就承担起了教育外孙子女的任务。老人生活完全自理，少奇同志很尊重她。

老人虽然生长在一个资产阶级家庭里，但对旧中国的腐败有切身的感受，因此她积极支持子女们投身革命事业和从事对人民和国家有益的工作。抗战初期，她就同丈夫一起鼓励儿子王士光去了延安，并和天津地下党建立了联系，还利用她的家庭掩护我党地下工作者，保存地下党的文件，为解放区购买药品等。

1958年，老人将全部家产，连同自己开办的托儿所统统无偿交给了国家。在大炼钢铁时，她连自己睡床的钢架子也拆下来交给了中南海管理处。

老人为人谦虚和蔼，生活俭朴，我们工作人员都很敬重她。邓颖超大姐也曾看望过她几次。即使在那个疯狂的年代里，所有工作人员也从没有说过她一句坏话。大家都很同情她，暗暗替她难过，为她担忧。

康生与编辑出版《刘少奇选集》

那些日子，抄有关批判少奇同志的大字报成了我们的一项工作。

许多大字报在列举了大量“事实”批判刘少奇后，都异口同声地敦促我们工作人员“赶快起来揭发刘少奇的问题”，并拉纲上线：“这是关系到你们是站在毛主席革命路线上，还是站在刘少奇反动路线上的问题”，“你们要赶快选择”，“你们对刘少奇最清楚”……

在此情况下，我们思想上的压力越来越大。大家都感到灰溜溜的，甚至连到食堂吃饭都不愿去了，怕别人另眼相待，怕别人冷嘲热讽。尽管我们对少奇同志的处境很同情，但因他而使我们受到株连，心中总有说不出的委屈。

当时，我们把中南海的一切动向都同毛主席联系在一起，只想早日听到毛主席对少奇同志的态度，因为只有毛主席才能左右他的命运。但等来等去也没听到毛主席的声音。

于是，我们又以支部生活会的名义将少奇同志请到会议室，想从他的嘴里澄清大字报上提出的问题。

问：“大字报上说你不尊重毛主席？”

少奇同志听后没有马上解答。他缓慢地抽着烟，会议出现了短暂的冷场。

我们理解他的心情，对这些被断章取义、肆意歪曲了的东西，他无法回答。但他也不愿意拒绝大家的提问。

“这些事人家都贴到大街上了，已不是什么秘密了，我们不相信你会那样做，但你应该把真实情况告诉我们啊！”激动中带着乞求，一位同志终于忍耐不住冷场了。

少奇同志往烟缸里弹了弹烟灰，说："我和毛主席一起共事几十年，不论是在战争时期，还是在和平建设时期，都遇到过多次很复杂的国际国内形势，特别是在这十几年的社会主义革命和建设中，由于大家都缺少经验，在一些事情形成决议之前，总会有不同的意见，甚至争论。这种不同意见和争论是正常现象，不能说成是谁反对谁，也不能叫不尊重。尽管我们有意见，但最后还是按照毛主席的意见和民主集中制的原则去办事的。"

"大字报上说你在最近的中央会议上，顶撞毛主席，不让毛主席讲话。"一位同志追问道。

"我和毛主席共事几十年从没有争吵过，更没有不让人讲话的事。"少奇同志气愤中夹带着不耐烦。

问："大字报上说，你当国家主席是夺了毛主席的权。报纸上登你的照片是想同毛主席平起平坐，分庭抗礼，是贪天功为己有。"

少奇同志又沉默了一会儿，说："从当委员长到当国家主席，我都推辞过多次，好让别人当。但最后中央已经定了，我只好服从。在商量国家主席人选问题时，毛主席说，当国家主席有点名气，但是个苦差事，外事活动多，送往迎来，不自由，干扰读书和研究问题，他不当了。为了让毛主席专心研究问题，抓大事，大家同意了他的意见。这就是事情的经过，怎么能说是夺权呢？"

他吸了一口烟，又说："在报纸上登我的照片，当初我是不同意的。因为我们是党领导一切，毛主席是党的主席，登他的照片就可以了。但有人提出这里面有个对外的问题，当时毛主席也说不登不好，一定要登。有人曾提议登我的照片时是否可以比毛主席的照片小一点，毛主席马上说，为什么要小一些，一样大！这事就这样定下了。当时只有少数几个人知道。现在断章取义地传出来，不知道是何用意？"

问："大字报上说，你1949年春天到天津去宣扬要发展资本主义，鼓吹阶级斗争熄灭论，是和刚开过的七届二中全会唱对台戏，你去的时候，也没和毛主席打招呼。”

答：“当时我受中央的委托到天津进行了一段时间的调查研究，同许多干部、工人和工商界人士谈过话，我讲的就是二中全会的精神，绝不是唱对台戏。你们可以看看二中全会文件和我的讲话记录。

“当时我们的干部中有一种‘左’的倾向，对资本主义工商业有些过分的做法，对私营企业包括小商贩限制过多过死，想一下把他们消灭掉，把朋友误当敌人。天津刚解放，工商界和一些大大小小的私营企业及小商小贩，对我们党的政策还不了解，有的听信反动的宣传，他们很害怕，一怕没收他们的财产，二怕像在解放区斗地主一样斗他们。于是这些人人心惶惶，哪有心思做买卖，弄得市场一片混乱，物价飞速上涨。一些工厂停工待料，部分工人已经失业，许多工人面临失业。劳资关系很紧张。甚至有些人想抽出资金逃往香港。这对迅速恢复生产和发展生产很不利。而迅速恢复生产和发展生产正是我们接管城市以后的中心任务。所以我的多次讲话都是围绕这个中心讲的。

“我讲过民族资产阶级不是我们斗争的对象，对他们的政策是又联合又斗争。也讲过只联合不斗争，就要犯右倾错误；只斗争不联合，就要犯‘左’倾错误。还提出消灭城市的封建把头问题。我给干部讲，那些长期搞工商业的人有经营经验和管理方面的知识，我们可以向他们学习，也可以让他们去搞经营和管理工作。

“因为这些话大部分是在一些小型座谈会上即席讲的，不可能逐句逐字去推敲，后来觉得有些话不那么准确，有些话也可以不那么说。”

“你说过‘剥削有功’吗？”有人问。

答：“我是从一个历史的角度说的。”

看到大家惊讶和不解的样子，光美同志说：“现在年轻人一听要发展资本主义，就说是主张走资本主义道路。但要了解到讲话时的历史背景，就不难理解了。那时，我们党还允许民族资本家存在，允许雇工。我们的经济政策是：公私兼顾、劳资两利、城乡互助、内外交流。（少奇同志插话说：‘这是毛主席提出的16字方针。’）我还记得少奇同志对一些工商界的人士说，你们不仅要赶快恢复生产。还要发展生产。还鼓励他们多办工厂，办一个好，办两三个更好，如果说剥削有罪，他们一个工厂也不会开办了。”

少奇同志接着说：“表达不够恰当的话，我早在1954年就作了自我批评。我在天津的讲话，在其它一些城市也传达了，并没有造成坏的影响，也并没有因为我的讲话，使天津的形势变坏，而是好起来了。好在这事情都不难弄清楚。”

在被问到光美同志在桃园搞四清的经验问题时，少奇同志说：“那天，中央几个领导同志在大会堂讨论四清问题时，有人提到光美搞四清的经验很好。毛主席说那就请王光美同志来讲讲嘛，（少奇同志的司机站起来说，是我从大会堂回来把光美同志接去的。）她到大会堂讲了以后，大家认为这个经验可以推广。毛主席说，就请光美同志做四清的顾问吧。桃园经验在当时是比较好的，不是形‘左’实右的典型。

“后来我说过，不参加四清就没有领导四清的发言权。因为当时中央有个规定，除年老体弱者外，领导同志都要参加一期四清。我强调一下这个问题，目的是想促使大家积极参加四清运动。后来听说有人对我的讲话有意见。我想是我讲得绝对了一些。”

问：“大字报上说林彪在东北期间，你不支持他，而支持彭真，是不是这样？”

答：“有支持不够的时候，不能说不支持。林彪同志在东北工作期间，不是同我个人的关系。不论表扬他还是批评他，都是由中央书记处集体讨论决定的。对他有些批评也是正常的。总不能支持错误的东西吧。对他在东北期间工作的评价，中央清楚，毛主席也都知道。不晓得现在提出这样的问题是什么意思？”他也不理解。

问："大字报上说你在延安提出和平民主新阶段，是右倾投降主义？"

答："抗战胜利后，1946年1月我党同国民党达成停战协定。以后又召开了旧政治协商会议，通过了和平建国纲领等五项决议。在1月10日我党的停战会上，就有了和平民主新阶段的提法。2月1日，我根据中央讨论的意见写了一个关于和平民主新阶段的内部指示，说从此中国即走上了和平民主建设的新阶段。我提的和平民主新阶段同在此之前毛主席的提法是一致的，没有原则区别。后来只有高岗攻击过这个提法，毛主席批驳了他。"

问："大字报上说，在重新发表的《论共产党员的修养》中，你只提出做马列的好学生，既不提做毛主席的好学生，也没有提毛泽东思想。说你是明目张胆地反对毛主席，反对毛泽东思想，是同林副主席唱对台戏。这和毛主席在大字报中批评的1962年的'左'倾错误有关吗？"

少奇同志回答说："关于1962年发表那篇文章的一些过程，外面的人不知道。还是在1960年毛主席就曾建议编辑出版我的选集。当时我不同意。我说除了编辑出版毛主席的著作外，不要再编个人的选集了。我建议可以编辑出版中共中央文集。这种文集可以包括除毛主席以外的中央其他领导人的讲话和文章。后来毛主席又多次提出要出版我的选集的事。为此，中央书记处还作了决定，又组织了编辑小组，我只好同意。"

他说到这里转过头来问我："这事你知道吧？"

我答："知道。"

"我们在湖南蹲点时，编辑小组的同志还到长沙向少奇同志汇报了选目问题。"光美同志插了一句。

我补充说："机要室档案处的一个同志也去了，他是编辑小组的工作人员。"

光美同志又说："当时少奇同志表示，国家正处在困难时期，不能不把精力集中在研究和解决当前的问题上，没有时间去看自己的稿件。”

少奇同志说：“这件事一直拖到1962年。他们说可以先发表《论共产党员的修养》一篇，先是编辑小组的同志作了一些修改，我也作了一些修改，中央书记处也同意了。”（我插话说：“是在北戴河修改的。”）

“这篇文章是我在1939年写成的。即使修改，也不能离开当时的历史背景，去加一些当时还没有出现的事。”少奇同志继续说。

“你犯了错误。人家对我们这些工作人员都另眼看待了。”一位同志神情沮丧地说。

少奇同志说：“你们的处境和心情我理解，我犯了错误，你们感到很突然。我也没想到这次派工作组会犯路线错误，你们不要紧张，没有你们的事。别人另眼看待，甚至歧视你们，我看这是个暂时现象。”

说到这里他提议说：“今天我们休会好不好？”

大家看到他很疲劳的样子，都同意休会。

会后，我们把记录整理一下，起了个题目：刘少奇同志的答辩。然后写在几十张纸上贴了出去。但很快被撕了，并贴上了批驳我们的大字报，说我们被刘少奇利用了，是为刘少奇放毒。

因为有的造反派已把少奇同志当做敌人了，所以在批斗会上不论少奇同志说什么，都不被接受，不是说他狡辩，就是说他放毒，攻击无产阶级司令部。有一次，造反派还念了毛主席的语录：“凡是敌人反对的，我们就要拥护；凡是敌人拥护的，我们就要反对。”

会后，光美同志痛心地说：“我们不能说话了，说谁不好，谁就成了好人，说谁好，反而害了人家。既然剥夺了我们的发言权，还质问我们干什么？”

关于编辑出版《刘少奇选集》的事，我是知道的。从1961年到

1962年期间，康生曾多次到少奇同志处谈论此事。而且每次见了我们都是不厌其烦地讲出版少奇同志的选集如何如何重要，少奇同志对中国党的建设的贡献如何如何大，说毛主席早就提出来了，一直拖到现在，编辑小组的同志很着急，等等。

但在“文革”中，康生却对造反派说：毛主席要我主持编辑出版刘少奇的选集，可选来选去却没有使我满意的，我很失望，一直对这个工作抱消极态度，所以拖了好几年……

康生还造谣说：我在钓鱼台主持写一至九评文章时，刘少奇对我的送审稿采取消极态度，总是拖拖拉拉，催几次也不退给我。

据我所知，少奇同志对他的稿件无论阅读和修改都是很认真的，根本不存在拖拖拉拉的问题。为把少奇同志置于死地，他什么手段都使得出来，像这样的例子还有许多。

康生这个翻手为云、覆手为雨、看风使舵、阴险奸诈的投机分子，虽然早已被钉在了历史的耻辱柱上，但他在“文革”中的“卓越”表演，却给我留下了非常深刻的印象。

一封匿名信

1966年12月中旬，中南海的造反派在怀仁堂对面贴出一张大字报，说：“江青在清华大学给造反派讲了，刘少奇的错误性质已经定了，他是三反分子。对他的处理只是时间问题。处理快了怕老百姓的思想一下转不过来，需要一步一步进行。”

果然，没过几天，清华大学的蒯大富就煽动几千名学生上街游行，喊出了“打倒刘少奇”的口号。紧接着，林彪、江青又策划了全国各地的游行。至此，“打倒刘少奇”的口号响彻了全国。在刘少奇名字上打上×或把名字颠倒过来的大字报出现在中南海里，表示刘少奇的错误已经定性了。

自从社会上喊出“打倒刘少奇”的口号后，一些群众冒着危险给我们来信，表示对少奇同志的同情和关心，也表示了对“文革”的强烈不满：“毛主席被奸臣包围了”；“千古奇冤、民族大难”；“我们对您非常同情，您不理解，我们更不能理解”……一封封信中包含着人民群众的心声。

有一天，我收到一卷小报，外面是丑化党和国家领导人的“百丑图”，就是把一大批老干部描绘成为刘少奇吹喇叭抬轿子的人，里面夹着一封信，信中除了说些同情刘少奇，骂林彪、江青之流的话外，还说：“我们还年轻，将来为您翻案！”在这个岁月里，敢说这样的话，需要多大的胆量和勇气啊！他们的这种精神大大激励和鼓舞了我。当时我暗问自己：难道你还不如其他群众更了解少奇同志，更坚信少奇同志？

这些信件都是以匿名信的形式寄来的，有的署名一群人，有的署名雷锋，有的署名群众，有的署名红卫兵……初期，寄给少奇同志的信件还可以完整的收到。到了后来，我们就收不到什么信件了，即便是收到，也都是被开了封的、没有什么内容的信件。

我们将收到的信件都及时送给了光美同志，她从中有选择地给少奇同志看。如那张“百丑图”就在少奇同志的茶几上放了好长时间。

我们工作人员和少奇同志的孩子们有时也从外面带回一些造反派搞的小报和其它材料，这些几乎成为少奇同志惟一的信息来源，所以他看得非常认真仔细，有的甚至看许多遍，从字里行间捕捉一些东西。后来，少奇同志在回答造反派的质问时，就引用了小报上许多对他造谣诬蔑的话，一一予以驳斥。

中央文革小组的人不知怎么知道了这件事，他们责成中央办公厅的领导人来追查为少奇同志提供小报的人，并说：“这是给刘少奇通风报信，提供炮弹。”

当时，造反派抄家成风，只要被中央文革小组点名有问题的人，随时都有被查抄的可能。因此，我非常担心送给少奇同志和光美同志的那些信件被抄。有一次，我去送给光美同志东西时，她说：“写这些信件的人是冒着很大风险的，要注意保护他们。”

“有的信件已被人拆开看过了，可见早已有人在注意这些了，我们可要小心呀！”我顺便提醒她。

从此，光美同志提高了警惕。她把所有对写信人不利的信件和材料，包括信封等，看后都随时撕碎投到马桶里冲走了。

所以，造反派来抄少奇同志的家时，除了几份红头文件外，一封于他们有用的信件也没抄到。

宋庆龄赠书

危难之中见真情。这句话我早就听说过，但真正理解了它的含义，还是在1966年的岁末。

那时，少奇同志早已身处逆境，许多平时同少奇同志要好的人怕受株连已躲得远远的。而就在恶浪滚滚、人心惶惶的时候，中华人民共和国副主席宋庆龄同志派秘书给少奇和光美同志送来了刚出版的《宋庆龄选集》，信皮上是她亲笔写的“敬爱的刘主席、王光美同志收”，选集的扉页上也赫然写着：请刘主席、光美同志审阅指正。同时，她还给少奇同志的几个孩子送来了贺年卡、日记本和糖果等。总之，一切都同往常一样，似乎少奇同志什么事也没有发生。

刚开始，我想是不是因为信息不灵，宋庆龄同志还不知道少奇同志“犯了错误”，不了解少奇同志的处境。

后来，我明白了，宋庆龄同志这样做的用意，正是表达了她对林彪、江青一伙迫害国家主席——少奇同志的强烈抗议。试想，同在北京城，“文化大革命”如火如荼，搅得所有人都不得安宁，难道住在后海的宋庆龄同志能不清楚中南海所发生的一切吗？

光美同志收到宋庆龄同志送来的东西，顿时热泪滚滚，她边擦眼泪边用颤抖的声音说："如果宋副主席知道我们现在的处境，会是什么样的心情啊！"此情此景，我被他们之间深厚的情谊感动了。

我也激动地说："听说宋副主席也受到了一些冲击。红卫兵要剪她的头发，说这是'封资修'的象征。宋副主席批评了那些不懂事的孩子，并指着自己的发髻理直气壮地说'这是中华民族的传统'。据说周总理知道后，不仅批评了那些造宋副主席反的人，还责令警卫部门必须保护好宋副主席。"

"宋庆龄同志对中国人民的革命事业贡献很大。每到历史的关键时刻，她总是站在我们党的一边，全力支持我们党的事业。她对我们党无限钦佩，无限热爱。她对世界和平事业也做出了巨大贡献，在国内国外都有很高的威望。她在50年代就向少奇同志提出加入中国共产党的要求。后来经中央讨论，认为让她暂时留在党外对革命起的作用会更大些。"光美同志以敬佩的口气赞扬着宋庆龄同志。

我在少奇同志身边工作时，曾多次感受到少奇、光美同志同宋庆龄同志之间那无私的真挚的深厚的革命情谊，是共同的理想把他们紧紧联系在一起的。

少奇同志对宋庆龄同志十分尊重，宋庆龄同志对少奇同志也非常敬佩。他们除了政治上彼此关心外，在生活上彼此也很关心。

少奇同志经常就国际国内的重大问题去同她交换意见。宋庆龄在上海居住时，少奇同志只要到南方去，总要设法去看望她。

不论在上海，还是在北京，少奇、光美同志去看望宋庆龄同志之前，总要叫我们先打电话联系一下，看宋庆龄同志什么时候方便。如果是请宋庆龄同志参加国务活动，也要先询问她的身体状况和本人的意愿。

少奇、光美同志知道宋庆龄同志很爱孩子，所以常让孩子们自己动手做些小礼物给宋庆龄同志送去。特别是逢年过节，孩子们发挥各自的特长，有做贺年卡的，有画画的，有送信札的。孩子们到了宋妈妈家里，唱歌、跳舞、做游戏，欢声笑语荡漾在这座古色古香的深宅大院里，使宋妈妈得到了慰藉和温暖。

宋庆龄同志经常给少奇同志的孩子们送些有纪念意义的小礼物。特别是三年困难时期，她经常给孩子们送些糖果来。那时，孩子们能吃到几块糖果简直高兴得不得了。有时在送些东西时，她还要特意说明，这是从某地带回来的，那是某某人送的。

光美同志有一次从宋庆龄同志那里回来，对我们说："少奇同志对宋副主席说，你给我们送东西，我们没有东西送你，多不礼貌。宋副主席笑着说，我看到孩子们送来的那些小礼物，就是我最高兴最喜欢的东西了。"

还有一次，光美同志探望宋庆龄同志回来，满面笑容地对我说："今天的谈话真有趣，宋副主席说不好普通话，怕少奇同志听不懂，少奇同志说湖南话，也怕宋副主席听不懂。怎么办？还是宋副主席想了个妙招，她说英语，由我这个说普通话的人当翻译，少奇同志偶尔也说几句俄语，这样三人对话，越谈兴致越高。既交流了感情，又沟通了思想，还重温了外语，真是一次难得的谈话。"

"还是在建国初期，少奇同志就对我说过，宋庆龄是一位伟大的女性，她坚持孙中山的三大政策，不畏强暴，同全家人都断绝了关系。为坚持自己的信念，支持正义的事业，她刚正不阿、爱憎分明。她是中国妇女的骄傲，也是中华民族的骄傲。"光美同志又说。

正是由于他们之间存有这种伟大的友谊，所以，在少奇同志身陷逆境之时，宋庆龄同志才不畏风险，用自己的实际行动安慰少奇同志，关心少奇同志。

这是人世间最可宝贵的真挚感情！

江青造谣

江青是兴风作浪的“好手”。这是已被历史证明了的。

毛主席的大字报发表后，江青到处讲：“认识人要有一个过程。我对刘少奇的认识也有个过程。我是1964年才认识他的。我向他汇报文艺界的那些污七八糟的事时，他却不表态。”

江青所说的“汇报”，是在1964年冬的一天下午。她来电话问：“少奇同志在不在？我要向他汇报个问题。”我报告少奇同志后，他说：“请她现在就来吧。她没有来过，你在门口迎一下。”

我在门口等了一会儿，穿着斗篷式棉猴儿的江青来了。

我把她引到了少奇同志办公室。少奇同志热情地同她握手，并关心地说：“房子里热，把棉衣脱了吧。”

江青微笑着说：“时间不长，我怕风，不脱了。”这时公务员给她送来一杯热气腾腾的茶水。我们就出来了。

江青向少奇同志讲的什么，我当时不知道。

但从江青说的时间来推算，肯定就是那次了，因为在1964年里，江青就只向少奇同志汇报过这一次工作。而仅仅就这一次，她还要作为大棒，砸向少奇同志。

1967年初，中南海贴出一张标题是“我们要造临时工制度的反”的大字报。文中引用江青的话说，在我们社会主义国家里，竟然出现了临时工、合同工。这是刘少奇推行修正主义路线的恶果。他是背着毛主席干的，是明目张胆地复辟，是地地道道的资本主义用工制度……现在就是要同修正主义对着干。被解雇的要立即请回来；被扣了工资的要补发；遭到资产阶级反动路线迫害的要恢复名誉、赔偿损失……

我看到这张大字报，立即想到这是针对少奇同志在广西的一次讲话来的。

那是1964年秋，我随少奇同志来到了广西。他在广西壮族自治区干部会议上讲到要实行固定工和临时工、合同工并存的劳动用工制度时说："我们现在只有一种用工制度，就是固定工制度。他们有劳动保险，招来了不能退，要退很困难。我看以后劳动制度要改变一下，要尽量用临时工、合同工……过去上海、无锡等地方都是这样。我们在革命胜利后反而把季节工改成了固定工，这件事做得很蠢呀！……合同工做了多年后，只要干得好，也可以当厂长。为什么合同工就不能当厂长？教育一下一样当。现在我们许多县委书记、省委书记原来都是农民。我们军队里的许多将军原来也是农民……要少增加固定工，要大量使用临时工……"

听了少奇同志的讲话后，那里的干部都说很开窍。少奇同志说："到云南再讲一讲。"但刚到昆明，就接到北京打来的电话，"请少奇同志速回北京"，并说"有人有不同意见"。第二天，我们就同少奇同志乘飞机回到了北京。

当时，我不知道对少奇同志的讲话有不同意见是指什么问题，看了这张大字报，我才弄明白。

江青攻击少奇同志关于用工制度的讲话的话传开以后，马上引起了新的混乱。一是许多人上街游行，要砸烂临时工制度；二是有临时工的单位被迫把临时工转成了正式工；三是有些单位忙于为被处理过的临时工恢复名誉和补偿损失；四是给原为临时工现已转正的工人增加福利。有的地方和单位因资金不足和缺乏物品，解决不了实际问题，这些人就继续闹事。

而江青之流反过来又给这些人扣上了刮经济妖风的帽子，并说："这股经济妖风的后台就是刘少奇。"

少奇同志看到报纸上的有关报道后，气愤地说："真是岂有此理！去年8月份我就不工作了，现在怎么又成了刮经济妖风的后台？"

造反派的骗局

为了把少奇同志早日置于死地，造反派使用了许多卑鄙的手段。抓平平当人质，便是其中的一例。

1967年1月6日下午，卫士组接到一个自称是北京医科大学附属第二医院的人打来的电话：刘少奇的女儿刘平平在从学校回家的路上被汽车轧断了腿，需要马上截肢，家长必须到我们医院来签字，手术台都准备好了。

大家都被这个消息惊呆了。有的叫赶快告诉光美同志去签字，不然孩子会更痛苦。有的说先不要告诉她，因为她和少奇同志出中南海很不方便。请源源和亭亭先到医院去看看，如果确实需要动手术，他们也可以代家长签字。

源源和亭亭走后，我们都在值班室里等着，唉声叹气的有之，说祸不单行的有之，大家从心眼里心疼这个活泼可爱的孩子，才十几岁就遭此不幸，以后可怎么生活啊！要是少奇和光美同志知道了，他们的痛苦该有多大啊！

这时，医院又以催促的口气打来电话，说王光美不来签字，就要耽误刘平平的抢救了。

因为源源和亭亭没有回来，我们以为真的出了事，就告诉了光美同志，她听后也惊呆了，连句话也说不出来了，双眼噙着泪水直瞪瞪地看着少奇同志。少奇同志抑止住内心的痛苦，立即站起来，说："马上要车，我到医院去。"

光美同志忙说："周总理不让我们出中南海！"

"你不去我去，我是家长，这么小的孩子，因为我挨批挨斗，又遭到这么大的不幸！"少奇同志坚定的口气中夹带着无比的愤怒。

少奇同志坚决要去医院，卫士组马上通知中央警卫局和北京市公安局，告诉他们刘主席马上要到北京医科大学附属第二医院去。由于时间紧迫，没说去干什么，他们还以为刘主席要住院了。

卫士组的人和郝苗都随少奇和光美同志去了医院，我独自坐在卫士值班室里守着电话。

原来，这是清华大学的造反派制造的一个骗局。

他们想扣平平做人质，目的是抓光美同志到清华去作检查。源源和亭亭去后，也被他们扣了起来。但是，这些伪装成穿着白大褂的医生和护士的人并没有想到光美同志的身后站着刘少奇，他们都怔住了，惊慌得不知所措。源源看到爸爸、妈妈来了，就跑过去喊了一声："他们要抓妈妈！"光美同志立刻明白了一切，便奋不顾身地迎上前去，并说："那好，除了我，你们都走。"这时造反派中有人喊："把刘少奇也扣下！"卫士们和公安人员怕出问题立刻簇拥着少奇同志上了车。

光美同志气愤地对造反派说："我抗议你们制造的这种骗局。"

造反派回答说："抓你是江青的指示，办法是我们想的。"

少奇同志回来一下车，看到我在值班室的门口站着，便朝我走了过来。

"平平怎么样？"我急切地问。

少奇同志微笑着说："是红卫兵的骗局。他们真能想办法，为了抓光美便把平平、源源、亭亭都当人质扣了起来。"说着就坐在值班室的凳子上。

"只要平平没出事就好。"我安慰他。

少奇同志点着香烟，抽了一口，说："是呀，小孩子受我的株连，实在不应该。"

我说："我们也都受到了株连。"

"我犯错误，跟你们没有关系。"他还是这句老话。

正说着，平平气喘吁吁地回来了。因为造反派在医院抓到了光美同志，学校也就放了平平。平平一见到爸爸，就扑到爸爸怀里委屈地放声大哭起来。她边哭边说："学校的造反派要我作检查，否则不让我回家。我给他们讲道理，他们就说革命不是请客吃饭，不是绘画绣花，不能那样雅致、那样温良恭俭让。"

少奇同志问："他们打你了吗？"

"没有。"平平回答。

"你没有出事就好，不要哭了。他们把你留下，是做人质，说你遭车祸了。我刚从医院回来，他们把你妈妈从医院抓走了。"少奇同志平静地安慰着女儿。平平听说妈妈被抓了，哭得就更厉害了。

少奇同志拉着平平的手，边安慰着女儿边向他的办公室走去。

"文革"开始后，平平虽然只有十几岁，但她思想很活跃。在大串联时，她向郝苗叔叔要了粮票和路费，自己背起挎包就往南方去了。串联回来后，造反派让她揭发爸爸，并要她同爸爸划清界限，她理直气壮地说："谁是谁非还没搞清楚，同谁划清界限呢？"

有一次，她在爸爸的书房里大声叫喊："他们说，毛主席发动的文化大革命是对马列主义的大发展，我要看看马恩列斯的书，要搞清楚在什么地方发展了马列主义。"我说："人家说发展了，就发展了嘛，要听毛主席的话，要跟上形势。"她把头一扭，不满意地说："毛主席说，凡事要问个为什么。我爸爸也跟我们说过遇事要用自己的脑子多思考，不要人云亦云，随波逐流，不要盲从。反正现在是停课闹革命，我要把马列著作都看看，要搞清楚究竟怎么发展了马列主义。"

平平的执著和韧劲，我很赞成，但又为她捏着一把汗，惟恐这不怕虎的初生牛犊惹出什么麻烦来。

“我是毛泽东选集编辑委员会的主任”

造反派可以毫无顾忌地到少奇同志的住处肆意对没有被罢免的国家主席进行污辱、批斗，是进入1967年以后的事。

那年的1月12日晚8点多钟，我在办公室值班。忽然听见怀仁堂南面有喊口号的声音，而且声音越来越大。不一会儿，我已完全听清楚了，喊的是“打倒刘少奇！”我断定这是中南海的造反派在集会游行，但不知道他们要干什么。随着口号声越来越近，我的精神开始紧张了，心里琢磨他们是来开批斗会的，还是要将少奇同志揪到什么地方去？不论来干什么，我这个当秘书的总是很担心，生怕这伙人闹出什么乱子来。

当造反派来到福禄居（少奇同志1964年以后的住处）大门口时，哨兵挡住了他们。“我们要到刘少奇的院子里去贴大字报！”造反派蛮横无理地叫嚷着。哨兵也不示弱：“我们的任务是保卫中央领导人，没有上级的命令，不能放你们进去！”造反派哪里听得进这些，他们边嚷嚷边往里闯，但被警卫战士拦住了。这时有人骂了一声“保皇狗”，有人上前撕战士的领章。双方就这样厮打起来。门口的吵闹惊动了附近营房里的战士，他们很快跑了过来。眼看一场短兵相接的战斗就要升级了，我赶快跑回办公室打电话报告了警卫局李树槐副局长，这时卫士组也请示了警卫局。我们得到的答复是：把大门打开让他们进去。哨兵便不再阻拦了。

当时我想，作出这样的决定绝非警卫局或办公厅所为。后来听说是康生、江青同意的，说中央文革小组完全支持造反派的行动，他们的大方向是正确的。

从此以后，国家主席的住处，包括办公室、寝室，都成了对造反派开放的场所。一个既没有被罢免、又没有辞职的现任国家主席、中央政治局常委从此就像囚犯一样，失去了人身自由。今天被这一派批斗，明天被那一派质问，今天这一派来警告他，明天那一派又来下最后通牒；必须每天几点出来看大字报，必须对大字报作出答复，必须自己做饭，必须自己打扫卫生，必须自己洗衣服，必须……还有许多必须。

少奇同志虽然没有按照造反派的要求去做，但他还是每天晚上坚持出来看大字报。看大字报成了他信息来源的唯一途径。从这些五花八门的大字报中，他看到了许多内部消息，也看清了许多红得发紫的暴发户们的丑恶表演。当然，他最关心的还是许多老干部的命运，还是党和国家的命运。有时，他会在某张大字报前驻足许久，他那炯炯有神的目光，由疑虑到不满到愤怒。我仿佛感到了他的血在沸腾，他的心在哭泣。我仿佛感觉到了他那平静的举止中，包含着一座时刻都有可能爆发、时刻都有可能燃烧的火山。为了自己挚爱的祖国、人民，为了自己毕生奋斗的事业，他总不能老是这样沉默吧，他更不会在沉默中消失！

每当此时，我总想大喊一声：不要折磨他了，这个志比钢坚的人是永远不会屈服的，他那颗高昂的头颅是永远不会向谬误妥协的！

过了没几天，造反派突然冲进少奇同志家的院子里，一部分人贴着大字报，一部分人在大喊大叫："刘少奇出来回答问题！"

少奇同志听到叫喊声，就走出办公室。他刚站在门口，就被造反派围了起来，他们连推带拽地把他弄到院子里。造反派先惊天动地喊了一阵口号："打倒刘少奇！""誓死同中国的赫鲁晓夫血战到底，誓死保卫毛主席！""谁反对毛主席，就打倒谁！""谁敢动毛主席的一根毫毛就砸烂谁的狗头！"最后是四个伟大和万岁、万岁、万万岁！

然后就开始了质问：

"你为什么反对毛主席？"

少奇同志回答："我过去不反，现在不反，将来也不反。"

"你带毛主席语录没有？"

少奇同志从口袋里拿了出来。

"第一页是什么？"

少奇同志翻开认真地念了一遍。

"不要念，你给背。"造反派发难。

"要我背，背不出来。你们可以问我毛主席的哪一篇文章是什么内容，毛主席当时为什么要写这篇文章。我是毛泽东选集编辑委员会主任。毛主席的每篇文章我都看过多次。学习毛主席著作，要领会它的精神实质，我不赞成背个别词句的学习方法。"

少奇同志的这番话，又招来了麻烦。造反派有人喊："你口口声声说不反对毛主席，可是你明目张胆地反对背毛主席语录，明目张胆地和林副主席唱对台戏。"

少奇同志还是不急不躁地回答说："学习毛主席著作，我们要了解当时的历史背景，毛主席是针对什么写的，在当时起到了什么作用，在理论上有什么新的创见，这些才是毛泽东思想的精髓。"

"你现在没有资格给我们讲理论，不是你教训我们的时候了。背诵语录是林副主席提倡的。"

这时，又有人喊："谁反对林副主席就打倒谁！"这群乌合之众乱哄哄闹了一阵就散去了。

第二天，我到食堂吃饭时，听到有人说："昨天到刘少奇家去的目的就是叫他背语录。冲一冲，轰一轰，造造声势，显示显示中南海的造反精神，证明中南海不是死水一潭。"

听到这些，我气得连饭都没吃下去。难道为了证明自己有造反精神，就要拿国家主席出气？这是什么逻辑？！

“我向毛主席提出两点要求”

社会上越来越混乱了，少奇同志也越来越不安了，他多么想让这场无为的大动乱早日结束啊。但被剥夺了一切权利的他只能看在眼里，急在心头，而无能为力。

1967年1月13日夜，毛主席的秘书徐业夫来电话说：“主席叫我去接刘少奇同志来大会堂谈一谈。我坐华沙牌小车去，你们就不要给他要车了。告诉你们门口的哨兵，不要挡我。”

我同他开玩笑说：“现在少奇同志的家，就像开了门的菜园子，谁都可以随便进出，更何况是你呀。”

为什么他要华沙牌车来接少奇同志？我不理解。但毛主席要找少奇同志谈话总是个好消息。我还是从心眼里感到高兴的。

我向少奇同志报告了徐业夫的电话内容，但他没有听懂，“你再说一遍，我没有听懂。”他提高声音对我说。这时光美同志又将我的话重复了一遍。“那好。”少奇同志说着就站了起来。

徐业夫来后，先到了我们办公室。因为少奇同志搬到福禄居后，他还没来过。

我问他：“为什么你坐华沙车来接？”

“少奇同志的车子目标大，不安全。”

我领他到少奇同志办公室时，少奇同志已在门口等着。徐业夫说：“主席请你到他那里谈一谈，跟我一起坐车去吧。”少奇同志顺手装上香烟和火柴就出来了。光美同志跟在少奇同志身后，用手捋捋刚穿上的干净衣服，把上衣往下抻了抻，这样一直送少奇同志上了车。看得出，光美同志这样做，是为了掩饰内心的不安。

少奇同志走后，光美同志问我：“为什么叫徐业夫来接？”

我说：“刚才徐业夫说少奇同志的车子目标大，怕不安全。”“中央领导人是不是都换车了？”她又问。我说：“不知道。”我安慰她说：“不管坐什么车子，但愿这次能带来好消息。毛主席对少奇同志目前的处境可能还不大了解。”“不会不知道吧，会有人报告的，但怎么报告就不清楚了。”她心中无数。

第二天，当其他工作人员知道昨晚毛主席找少奇同志谈话时，都很关心，问我知道不知道谈了些什么？我说不知道。大家猜测，这次谈话可能对少奇同志的错误交了底。别看造反派叫喊得凶，毛主席要保他只要一句话就行了。

我也急切地想知道谈了些什么。我给光美同志送抄来的大字报内容和搜集到的一些小报、印刷品时，问她：“不知道毛主席同少奇同志谈了些什么？”

光美同志神情黯然地说：“少奇同志回来没有多说，只说他向毛主席提出两点要求：一是他承担这次路线错误的责任，尽快把受到冲击的广大干部解放出来工作，特别是许多老干部，他们是党和国家的宝贵财富；二是他请求辞去国家主席、中央常委等一切职务，携带妻子儿女去延安或者湖南老家种地，以便尽快结束文化大革命，使国家少受损失。前一段时间少奇同志就给毛主席写过一个东西，其中就有这些内容。少奇同志还说，毛主席见到他第一句话就问平平的腿好了没有，可见毛主席对我们这里的事还是很了解的。少奇同志告辞时，毛主席还送到门口，并要他保重身体。”

说到这里，她从抽屉里拿出一页纸，说：“毛主席建议少奇同志读几本书。有三本还没找到，咱们分头找找吧。”我接过来一看，一本叫《机械唯物主义》，作者是海格尔（法）；一本叫《机械人》，作者是狄德罗（法）；另一本是中国的《淮南子》。

我先在少奇同志的书房里找，但一本也没找到。我又到了中央办公厅的一个图书室找，正在那里值班的机要室档案处的小李同志也帮我找。但也只找到一本《淮南子》。

剩下的两本书，我想再到大图书馆去找找，光美同志说：“不用了，少奇同志说也可能书名不对。”

从此，少奇同志埋头读书，他想从书中吸收更多的知识。

但我却始终没有搞清楚，毛主席同少奇同志谈话的用意是什么。虽然我也知道从讲话的内容看，毛主席并没有打倒少奇同志的意思，但为什么毛主席就不能说句话，使这位老战友得到解放呢？

后来，我才明白，当时局势的发展就连毛主席本人也无法控制了。而林彪、江青之流在没有篡夺到党和国家最高领导权前，是绝不会鸣金收兵的，更不会对少奇同志刀下留情的！

“我永远不反毛主席”

林彪、江青一伙精心炮制的所谓批“二月逆流”，是把“打倒一切、全面内战”推向高潮的重要一步。此后，中南海里贴出了许多诬蔑朱德、陈云、陈毅、叶剑英、谭震林等老一辈无产阶级革命家的大字报。

少奇同志看到这些大字报后，心情非常烦躁和不安，整天不说几句话。光美同志告诉我：“少奇同志这几天吃不好饭，睡不着觉。”

有一天，少奇同志按了电铃把我叫去说：“你把这封信去送一下。”我一看信封上写着：周恩来总理。拿到办公室登记时，才发现没有封口，我抽出来一看上面写着：

周总理：

最近我看了一些大字报，感到忧虑和不安。中南海是党中央、毛主席的所在地，出现了一些极不严肃的大字报。他们把我当成敌人了，把一大批老同志也当做敌人了，怎么办？

刘少奇

我把这封信送到总理办公室时，值班秘书说总理正在同别人谈话。我便回来了。

第二天，总理办公室就送来了周总理的亲笔信：

少奇同志：

你要好好休息，克制自己，你的意见我已经报告了毛主席。

此致

敬礼！

周恩来

随后不久，江青一伙又指使中南海的造反派冲进了少奇同志的住处。他们先把少奇和光美同志赶到院子里，一部分人就在办公室和寝室里凡是能贴大字报和大标语的地方都贴上了。一部分人提着白灰粉桶，在少奇同志经常散步的院子里的大方砖上刷上了标语，还在少奇同志的名字上有的打×、有的倒写。从此少奇同志不论吃饭、睡觉、散步，也不论抬头、低头，只要一睁开眼睛，映入眼帘的全是污蔑他的大字报和大标语。

这是一个非常寒冷的夜晚。卫士们看到造反派要把少奇同志往院子里推时，连忙给他穿了件棉大衣，戴上了棉帽子。光美同志还没来得及穿大衣，就被推到院子里了。

院子里有几棵海棠树和几棵小松树，走廊里几只小电灯把微弱的光线透过稀疏的树枝射向院里，到处一片灰暗。但这并不影响造反派高涨的热情。他们肆无忌惮地围攻少奇和光美同志，质问一句，喊一阵子口号，如果少奇同志答复问题，他们就说“不老实、胡说、狡辩、放毒”，如果不答复问题，他们又说：“理屈词穷、负隅顽抗”，让人真是无所适从。

当喊“刘少奇必须向毛主席低头认罪”的口号时，就有人去强行按少奇同志的头，并把他的帽子打掉到地上。光美同志急忙弯腰拣起帽子，给少奇同志戴上。这时有人就喊：“打倒资产阶级保皇派王光美！”光美同志不慌不忙地说：“他感冒了你们就批斗不成了。”

他们又质问少奇同志为什么反对毛主席，少奇同志抑制住满腔的怒火，用不容置疑的口气说：“我已说过多次，对毛主席，我过去不反，现在不反，将来也不反。我永远不反毛主席！”

光美同志听到少奇同志的声音带着愤怒，怕造反派的围攻升级，便用恳求的口气说：“先让少奇同志回屋吧！少奇同志欢迎大家对他提出同志式的意见。”这时机警的卫士乘机把少奇同志拉进房内休息。光美同志话音未落，造反派便将围攻目标转向她：“你为什么到东南亚访问时要穿旗袍、高跟鞋，要戴项链？”光美同志斩钉截铁地回答：“我还没有认识到这是错误。”这下可激怒了造反派。他们在不断高喊“打倒资产阶级分子王光美”的口号时，有几个人从少奇同志会议室抬出一张独腿桌子（是放花盆的小圆桌，人上去稍不平衡就会摔下来——作者注），强迫光美同志站上去答复问题，理由是让后面的人看得见，其实是取笑她、侮辱她。

当有人喊“王光美搞的桃园经验就是‘形左实右’”时，她大声说：“搞四清是中央的政策，我讲四清的经验是毛主席批准的。”这下又招来了一阵口号声“不许放毒，不许胡说八道”。还有人喊道：“王光中、王光美、王光英、王光和四兄弟姐妹的名字排列起来，就是中、美、英合作，连他们的名字都是反动的，这是不折不扣的阶级斗争熄灭论，我们绝不能与帝国主义合作。”又是一阵口号声。这时有人喊“把桌子给她掀翻！”卫士们赶快站在桌子周围，将光美同志保护起来。

这天晚上我值班，既不能离开办公室，又怕造反派闹出乱子来。我怀着焦急和恐慌的心情来回在办公室门口走动着，注意着造反派的动向。在整个斗争会过程中，我仔细观察了造反派的状态，这些人的表情、神态和举止动作有很大区别，除少数几个人在少奇同志面前挥动着《毛主席语录》，张牙舞爪，用嘶哑的嗓子边叫喊边质问外，多数人则是站在周围，既不喊口号也不提问题。散会后，几个平时熟悉的人进了我的办公室，有的说："要知道这样胡闹，我就不来了。"有的说："让人家站在独腿桌上，摔下来怎么办？"有的说："我是特意来看刘主席的，到中南海工作几年了，还没亲眼见过刘主席呢。今天见了，此生不遗憾了。"后来听说，有几位来参加斗争会的人也被斗争了，并戴着各种"帽子"被送进了学习班。我猜想其中肯定有对我说过心里话的人。

此后一段时间，我因患感冒在家休息。一天，一名卫士来看我时说："中南海的一个造反派，昨天把少奇同志的电话撤了。""少奇同志没说什么？""他说：'没有毛主席和周总理的批示，任何人无权撤我的电话。'造反派可不听这一套，他们横眉竖眼说：'我们是造你的反，造反有理，不需要任何人批准。你是最大的走资派，已没有权力使用电话。'说着就蛮横无理地将线扯断把电话机拿走了。"我又问："警卫局是什么态度？""我们请示了警卫局，但没有人管这个事。""怎么没有撤我们的电话？""造反派说，你们的电话暂时还可以用，要把你们和刘少奇区别开来。"我无可奈何地说："撤电话可不是造反派敢干的事，连警卫局也管不了，看来问题越来越严重了。"那位卫士也忧心忡忡地说："我们都很害怕，都想早日离开这里。"

卫士走后，我前思后想，越来越感到紧张，不知道以后还会发生什么意想不到的事情。中央特别是毛主席对少奇同志究竟是什么态度呢？第二天，我来到中办机要室找到当时的负责人赖奎同志，我想以调动工作为幌子，试探一下他们的口气。

“作为机要秘书，我在少奇同志那里早就没事可干了，把我调走吧，到什么地方都可以。”我说。

赖奎回答：“你的行政关系和组织关系都在警卫局，这里只是一点业务关系。刘少奇的问题，中央还没定性，谁敢调动你的工作？”

我说：“把他的电话都撤了，还不是敌我矛盾？”

“什么，把电话都撤了？我还不知道。”他很惊讶，又说：“造反派早就喊打倒他了，不能以造反派的行为来定性，中央没有讨论，毛主席还没有表态。你先回去，关于调动的事，我们跟汪东兴同志商量一下再说吧。”

虽然没有得到准确的消息，但我心里总算踏实点了。

那段时间，局势相对缓和了一些。有一次少奇同志在怀仁堂前面看大字报。突然有人喊了声“打倒刘少奇”的口号，这时许多人都向喊口号的人看去，原来这位中南海里造反精神最强的女青年，想通过自己的呼喊，达到一呼百应的效果，在这里开辟一个批斗刘少奇的战场，但她万万没想到，那么多的人竟然没有一人响应，自己反而成了灰溜溜的孤家寡人。她更没想到，一会儿从怀仁堂东面来了几位警卫战士，他们看到少奇同志后，都拥到他的身边，争先恐后地向他敬礼。少奇和光美同志热情地同这些可爱的战士亲切握手。这激动的场面感染了周围的许多同志，他们也纷纷走过来同少奇和光美同志握手。

这非常时期不平凡的握手，表达了人们对身陷逆境的少奇同志的极大同情和理解，也表达了人们对林彪、江青之流陷害少奇同志和其他老一辈无产阶级革命家的无限愤慨和强烈不满。

“不要把我当成敌人”

少奇同志虽然还是中央政治局常委，还是中华人民共和国主席，但是随着对他批斗的不断升级，送给他的文件种类和数量逐渐减少，直到停止。先是停送中央领导人之间传阅的文件。这种文件过去每天少则几份，多则十几份；后是停送一切上报中央和中央发出的文件电报以及外交方面的文件电报；再后来除了只有几份公开张贴的布告、报纸和参考消息外，任何文件都停送了。

电话撤了，文件停送了，我的心情更加沉重起来了。我想，剥夺少奇同志工作权利和政治待遇的决定绝非一般人所作。没有工作可做，没有文件可看，不吃安眠药又睡不着觉。这对为党为人民为国家奋斗了半个世纪的少奇同志来说，更是痛苦之极、不堪忍受的。他只能在办公室里、院子里、走廊里这个狭小的天地里默默地踱步或坐在藤椅上沉思。这些对我们一般人来说，简直是难得的休闲机会，而对于过去除了吃饭、睡觉之外，每时每刻都在忘我工作的少奇同志来说这简直是在忍受痛苦的煎熬。

后来，我看到他把多年来审阅过的一柜子关于党的建设问题的资料拿出来，一页一页地翻着看，似乎想借此而不让时光虚度，似乎想从中间找到许多不解问题的答案。

林彪、江青一伙并不想让少奇同志有丝毫的喘气机会。

1967年3月，中共中央印发了所谓《薄一波、刘澜涛、安子文、杨献珍等61人的自首叛变材料》，而林彪乘机也大放厥词：“在党内有一条刘少奇叛徒集团的组织路线。”又制造了一起重大的冤假错案。

不久，北京各大报纸又发表了戚本禹的文章《爱国主义还是卖国主义》，捏造事实，对少奇同志进行了肆无忌惮的诬陷攻击。

从此，社会上又掀起了“打倒刘少奇”的高潮。

这些对我们的压力也越来越大了。迫于无奈，有人提议：“现在我们以造反派的名义就戚本禹文章中的问题去问少奇同志，然后写个简报，表示我们也起来造反了。”

于是，我们拿着《红旗》杂志第五期进了少奇同志的办公室。这时少奇同志在躺椅上坐着没有动，光美同志看到人多座位少，就说：“你们坐，我们站着。”这样，除了少奇同志，其他人都站着。

“我们是来请你答复问题的。”一同志说。

“可以答复你们的问题，也愿意接受你们的批评，但要同志式的，不要把我当成敌人，把我当成敌人，我们就没有共同语言了。”少奇同志说。

那个拿着《红旗》杂志的同志说：“戚本禹在他的文章中，列了你八条罪状。”刚一说到这里，少奇同志立即就激动起来。他气愤地说：“戚本禹的文章是栽赃！”说着就把他茶几上放的那份《红旗》杂志摔到地板上，说：“人不犯我，我不犯人；人若犯我，我必犯人。我什么时候，在什么地方说过《清宫秘史》是爱国主义的，他们什么时候，在什么地方，对我说过它是卖国主义的？我又什么时候说过要当红色买办？他们要是光明正大，可以来和我辩论嘛。不是讲大辩论吗？戚本禹为什么不来同我辩论？谁罢了我的国家主席职务？为什么要剥夺我的发言权？宪法成了废纸，党内斗争从来没有这么不严肃过。”如同火山爆发，他将心中的疑虑和愤慨都倒了出来，我看见他那双手的指头都有些颤抖。

光美同志也气愤地说：“用造谣、中伤、污蔑、栽赃的手段定人的罪，谁能接受呢？”

一位同志问：“有人说八大报告中有些话毛主席是不同意的，比如关于阶级斗争和国内矛盾问题的提法等。报告不是大会通过的吗，怎么毛主席不同意就通过啦？”

少奇同志顺手从茶几上拿起正在看的八大报告，语气比较平静地说："1956年的八大，我代表党中央向大会作了政治报告，是讲了国内阶级斗争的，如：限制和反限制的斗争就是国内阶级斗争的主要形式，它反映了我国国内主要的阶级矛盾——工人阶级和资产阶级之间的矛盾……进行'三反'、'五反'斗争，是因为有许多资产阶级分子进行有害于国计民生的非法活动，不能不坚决地加以制止。但在报告的另一处说，我国社会主义和资本主义谁胜谁负的问题，现在已经解决了。决议中也说：现在社会主义改造已经取得决定性的胜利，这就表明我国无产阶级同资产阶级之间的矛盾已经基本解决，我国国内的主要矛盾就是先进的社会制度同落后的社会生产力之间的矛盾。……决议通过后，第二天见报了。毛主席在天安门上对我讲那些提法不妥当，但已经来不及修改，所以至今未改。"

当问到"七大报告提出毛泽东思想，八大报告为什么没有提"时，少奇同志说："八大报告中写不写毛主席思想，在议论时意见也不统一。不主张写的人占多数，他们认为毛主席曾多次从宣传文章中删去这个提法，看来毛主席并不主张到处使用。另外，七大是第一次提出毛泽东思想，那时我们还没有取得全国胜利，全国人民对毛泽东思想还不熟悉。七大至八大，形势有了根本性的变化，毛泽东思想早已深入人心，不写进报告也不会影响学习和宣传毛泽东思想。事实上也是这样，我们不是都在宣传嘛，只不过没有像现在这样宣传就是了。"

当问到所谓"61人叛徒集团是怎么回事"时，少奇同志的声音虽然稍大了点但还是比较平静的，他说："1931年前后，在北方工作的一批干部，由于国民党的搜捕和叛徒的出卖，被捕入狱，一直关押在北平军人反省院。1936年我到北方局主持工作时，有人说，这些同志在被国民党逮捕前，工作很出色，被捕后在监狱里表现也很坚强，他们在狱中还成立了党支部，同国民党进行着英勇的斗争，并一直和我地下党保持着联系。他们的刑期大多数已坐满，但要履行个手续才能被释放。我想：要设法营救他们，如果日本人占领了北平就不好办了，很有可能会把这批人给杀掉。九一八事变以后，在沈阳狱中的共产党员不是就被全部杀害了吗。因此，我把这个情况写信报告了党中央，请中央决定。很快就得到中央的答复：同意这样办。”

说到这里，他又激动起来了，并怒气冲冲地站起来去拉他办公桌的抽屉，嘴里说着：“这个事我已向毛主席写了申诉。”

这时，光美同志急忙去拉住少奇同志的胳膊，说：“你是写给毛主席的，在这里拿出来也没有用。”他才扭过身子，靠在抽屉那里，但怒气未消，“这批人出狱是经过中央批准的，早有定论，几十年来也没有人提起这件事，现在说成是叛徒集团，简直岂有此理！”

“人家说毛主席不知道此事。当时是以中央名义答复的，还是以个人名义答复的？”有人又问。

少奇同志很不耐烦地大声说：“我不知道！我不知道！你们去问文革小组的人，去问戚本禹！”

光美同志忙解释：“当时毛主席不是总书记，可能不知道。”

后来，少奇同志在书面答复中，说是张闻天同志签的字，还提到当时的中共北方局组织部长柯庆施。

少奇同志稳定了一下情绪说：“这批人是我们党的宝贵财富。他们有的有城市工作经验，有的有白区工作经验，有的有建设根据地的经验。在后来几十年的实践中也证明他们在各个方面都做出了出色的成绩，绝大部分是我们党的骨干。王明路线时，白区的党组织遭到了毁灭性的破坏，许多好同志都牺牲了，难道这61位同志让国民党反动派都杀了我们就舒服了？现在把他们说成是叛徒集团，将来，我们党的历史怎么写？”这简直是血与泪的控诉啊！

大家觉得不能再问下去了，就把事先写在一张纸上的八个问题留下让他用书面形式予以答复。

第二天，我们就向中央办公厅写了个质问刘少奇的情况汇报。

我们学着造反派的口气说：我们勒令刘少奇必须在几天之内答复我们的问题。但没有讲少奇同志答辩的情况。很快中南海造反派就在简报上登出了我们的举动，说我们也开始造反了。

过了几天，少奇同志写出书面答复，我们抄成大字报贴了出去。但很快就被人撕了，并骂我们“这样做是为刘少奇开脱罪责”。

其实大家心里都很明白，我们的所作所为，不过是迫于形势，演戏给别人看的。但是即使这样，我的心中都感到非常愧疚，我常常责备自己，为什么还要在那样的场合下给少奇同志心灵的伤口上再撒一把盐？几十年来，我常常在心里乞求着少奇同志的原谅。

“把我的骨灰撒到大海里”

在中央派出工作组期间，少奇同志曾派光美同志到清华大学参加了一段时间的运动。所以撤出工作组后，清华的造反派头头蒯大富就扬言要揪斗王光美，说她在清华执行的是“资产阶级反动路线”。这个消息被少奇同志的一个孩子听到后回来就讲了。少奇同志听后，气愤地说：“我有错误我承担，工作组是中央派的，为什么要让人家代我受过？要批要斗要检查我可以去。”

在蒯大富等人的煽动下，要求王光美到清华作检查的压力越来越大。起初，周总理是不同意王光美去作检查的，他说：“工作组是中央派的，光美是个执行者，不必去检查。”后来，康生、江青伙同清华的造反派一起向周总理施加压力，声称：“王光美不去作检查，学生就要来揪。”

1967年4月的一天，我们收到中央办公厅的一封信，说中央常委同意王光美同志到清华作一次检查。在此情况下，少奇同志没有再说什么。

在去清华作检查的前几个小时，光美同志在少奇同志的会议室里同来揪她去清华的人发生了激烈的争吵。造反派要她去作检查时必须穿上她随少奇同志出访印尼等国时穿过的衣服，而光美同志坚持不穿。她气愤地说："要我去作检查，为什么要我穿出访的衣服？""你出访时穿戴的东西，就是资产阶级的东西，就是搞资本主义复辟。这次去作检查也必须包括这些内容。康老（康生——作者注）说，你不听江青的指示，搞两面三刀，江青不同意你出访穿这些衣服。"造反派振振有词。

光美同志听到这里更气愤了："这个问题，我不得不向你们说明。我出国前到上海专门看望过江青，还真问过她出访时穿什么衣服、戴什么首饰的问题。我告诉她说：少奇同志跟外交部的同志说过，自己有能穿的衣服，就不要再做新的了。江青说，我们是大国，你又是国家主席的夫人，穿戴得不能那么寒酸、吝啬，要多做几套好衣服。她可没有说过不同意我穿什么。我去作检查也只能穿我在那里参加运动穿的衣服。"

这次要光美同志去作检查，也是蒯大富等人制造的一个骗局，他们骗了周总理，也骗了党中央。

光美同志到清华后，在十几万人面前，蒯大富等人强迫她穿上旗袍、高跟鞋，给她戴上用乒乓球串起来的"项链"，并对她进行惨无人道的拳打脚踢，用卑鄙无耻下流的语言污辱她，谩骂她。

光美同志回来后，向少奇同志倾诉了满腔的愤恨和冤屈："他们打人骂人、侮辱人都干了。他们批斗我，为什么还要彭真、薄一波、陆定一、蒋南翔等老同志去陪斗，这哪里是政治斗争，分明是在侮辱我们的党、我们的国家啊！"她终于决定给毛主席写封信。

少奇同志一直没有做声，他两眼发直，神情黯然，静静地听着光美同志的诉说。据卫士说，那天晚上，少奇同志连一口饭都没吃。

自从光美同志受辱清华园后，少奇同志的心情更加沉重起来，而且时而显得烦躁不安。有时郝苗把饭摆好，叫他去吃，他像没听见似的，不说话，也不去吃。一次，郝苗给他煮了两个鸡蛋，他发脾气非说是生的。郝苗知道他心情不好，剥开蛋壳，耐心地说："跟平常一样，不生。"过了一会儿，他像突然间明白了什么，对郝苗说："那我错了，向你道歉。"

一天中午，我从大食堂吃完饭回办公室时，从少奇同志的饭厅门口路过，听到他和光美同志正同孩子们说话。我进到办公室后，听到少奇同志的说话声越来越高，我侧耳断断续续地听到："为什么我犯错误，让人家那么多干部代我受过……是谁批准的？为什么不准别人给文革小组的人提意见，一提意见就把人家当反革命抓起来（指的是1966年8月间一批青少年成立了联合行动委员会，简称'联动'，因贴出了炮轰江青的大字报，被当做反革命抓了起来——作者注）。他们就一贯正确吗？……我没有反对过毛主席，反对毛主席的是他们……有人想逼我自杀，我绝不会自杀，除非党需要我去死……我自杀了他们就更高兴了。我死后，你们要把我的骨灰撒到大海里。我要看着全世界实现共产主义！这就是我给你们的遗嘱！"咣啷一声，随着摔筷子的声音，他站起身来走出了饭厅。

这时，一位值班的卫士来到我的办公室，说："怎么老人家发脾气了，你听到了吗？""我听到一些，因为他的声音时而高时而低，所以也没听全，好像还是因为清华批斗会的事。"我说。

后来，我向光美同志问起此事，她说："从1956年中央领导人签名同意死后火化后，少奇同志就给我们说过，将来他死了，要把他的骨灰撒到大海里，像恩格斯一样。他说，大海连着四大洋，他要看着全世界实现共产主义社会。因为这件事关系到家属，所以他从中央开会回来，就郑重其事地给我讲了。那天吃饭时，谈到目前的一些现象，他的心情非常激动，又向全家人强调了这件事。"

江青之流在从精神上折磨少奇同志的同时，又开始从生活上折磨他了。

1967年5月的一个夜晚，为少奇同志当了18年厨师的郝苗同志被抓走了。这件事在工作人员中引起了震惊和恐慌。我问警卫局的一位副局长："为什么要抓郝苗？"他表情神秘地悄悄对我说："这是江青指示公安部抓的。江青说郝苗有特务嫌疑。解放前，他在北京一家饭店工作时同国民党的高级官员有关系。1946年在军调部当厨师时，王光美认识了他。中央一进城就把他要来了。他和罗荣桓处的一个工作人员联系密切，有盗窃军事情报的嫌疑。少奇的孩子外出串联时，是他给他们提供了粮票和生活费，有支持他们外逃的嫌疑。"

我越听精神越紧张，这个嫌疑，那个嫌疑，一大堆的嫌疑，说不定有一天这些嫌疑也会被安到我的头上，欲加之罪何患无词。

不久，在江青的指使下，少奇同志的另一位厨师老冯也因"莫须有"的理由被调走了。

那时，尽管名义上说，少奇同志的生活待遇不变，但厨师调走后，我们只能从大食堂给少奇同志打饭吃，有什么吃什么，这又是什么样的标准呀！

郝苗是生长在北京郊区农村的一个贫苦农民的孩子。因生活所迫，他14岁就到北京一家饭店学徒，吃尽了苦头才学得一手好手艺。中央进城后，经过党组织的反复审查才把他调到少奇同志身边的。他辛辛苦苦地为少奇同志服务，怎么成了特务嫌疑？就这样，郝苗在秦城监狱关了8年。

调郝苗到少奇同志家来，是吴振英经手办理的，而此时他也成了"黑帮"分子，也被剥夺了说话的权利。所以对郝苗审查来审查去，却没有任何人找吴振英写过一份证明材料。

这一切，少奇同志心里肯定很清楚，光美同志受辱于清华园，郝苗被抓走，冯师傅被调出，这分明是在用钝刀子割他那颗滴血的心啊，他能不痛苦，他能不咆哮，他能不怒吼吗？然而这些都无法使他解脱，反而更加重了心灵的痛苦！

造反派向他疯狂进攻

围困中南海，是“文革”中的一大“奇迹”。1967年6—8月间，北京建筑工业学院的“八一战斗团”，在中央文革小组的煽动下，来到中南海西门外安营扎寨，设立了“揪刘前线总指挥部”，扬言要把刘少奇揪到建工学院去批判斗争。接着北京的上千个造反派组织和外地来京串联的造反派组织也蜂拥而来。一时间几万人把中南海围得水泄不通。

他们在中南海周围搭起帐篷、席棚、草棚、木屋，各自插上自己的旗帜，用高音喇叭对着中南海内日夜叫喊。有些人还试图冲进中南海去，但都被警卫战士们挡回去了。

7月4日晚，中央办公厅主任汪东兴通知少奇同志说：“因为你在建工学院的几次讲话有错误，那里的两派都要你作出检查。因此党中央的意见，要你向该院的‘新八一战斗团’写个检查。”

既然是中央的意见，少奇同志当然不能拒绝。但因为身体欠佳，他只写了一半，就叫光美同志执笔代写。她写完由少奇同志勉强抄清后交给了我。一是要我提提意见，二是叫我送给汪东兴。

我看后对检查的内容提不出什么意见，但看到开头和结尾处有些不合时宜。开头四个伟大顺序不对，结尾毛主席后只写了一个万岁。我提出后，光美同志说：“是呀，我们现在像小孩学舌一样，不知道该怎么说话了，确实是跟不上形势了。”

虽然，他们尽了最大努力想跟上形势，而且是违心地作了几次检查。但检查送去之后，还是遭到造反派的臭骂，说“刘少奇是假检查、真反扑”，“不是检查，是反革命的挑战书”，并就他的检查在全国展开了大批判。

其实，少奇同志在建工学院不过是开了两次座谈会，断断续续发了几次言。就算是有错误，说错什么，检查什么，在什么范围内犯的错误，在什么范围内检查，这本来是合乎情理的。但造反派竟说他在检查中根本不提几十年来一贯反对毛主席、反对林副主席的罪行，根本不检查他是如何勾结党内另一个最大的“走资派”邓小平疯狂反对“文化大革命”的。

“文革”初期，少奇同志有求稳怕乱的思想，所以在建工学院的几次讲话中，他总是强调要团结起来，生怕挑起派性。他说：“不能笼统地说，哪一派好，哪一派坏。”在他看来，支持这一派，那一派就要遭受打击，支持新的班子，旧班子的同志就要被批斗。“都在一个学院里，不管分成几派，有多少不同意见，总还是属于人民内部矛盾。要从团结的愿望出发，经过讨论和辩论，分清是非，团结起来，不要打派仗了。”这话错在哪儿？可造反派却以此为证，给他扣上了“合二而一”的大帽子。

他说：“不要怕人家造党委和工作组的反”，“不要怕坏人上台，蛇完全出了洞才能打得着”。造反派就说他“支持造反，是为了引蛇出洞，为了抓游鱼”。

他在几次讲话中都引用了马克思的话：“无产阶级只有解放全人类，才能最后解放自己。”造反派从这句话中挑不出毛病，但从他的解释中却找到了把柄。他在解释全人类包括哪些人时说：“包括工人、农民及其他劳动人民、学生、知识分子，这是人类的绝大多数。同时也包括那些没有被处死的地、富、反、坏、右、资本家，及已被处死者的家属、子女等，我们都要改造他们，而要改造这些人，需要做很多工作。”这些话在通常情况下也并不算错。但在吹毛求疵者眼中，这无疑又是大毒草了。造反派自然会利用这株“大毒草”向他猛烈进攻的。

国家主席被抄家、软禁

抄家，是造反派的拿手戏，也是造反派把老干部们置于死地的最恶毒的一招。

然而，在抄家成风的那个年代里，谁会想到，造反派们竟然敢抄中共中央政治局常委、共和国主席的家！

那是1967年7月18日晚，造反派把少奇同志揪到中南海职工食堂，把光美同志揪到中南海西楼大厅，分别进行批斗。家里只剩下我和一个卫士。

“为什么今天突然把他们揪到外面分开批斗？”正当我们疑惑不解时，大门口闯进来了五个三四十岁的男子，有的穿着军装，有的穿着便衣。看来他们对少奇同志的房间很熟悉，进来后就兵分两路，一路直奔少奇同志的办公室，一路直奔机要秘书的办公室。其中一位可能是带队的人，横眉竖眼地问我：“你是刘少奇的机要秘书？”“是。”我答。“今晚我们来检查一下刘少奇的文件，希望你能与我们配合。”

面对这突如其来的情况，我并没有惊慌失措。我说：“你们事先也没有给我打招呼，我的上级也没有给我说，我也不认识你们，也不知道你们要检查什么，怎么个配合法？”

“很简单，你把上锁的地方都给我们打开就行了。认识不认识无关紧要，我们是中央文革小组派来的，一切由我们负责。”

“刘少奇的办公室、寝室、会客室和所有的书柜，我从来没有看到有上锁的地方。”我带着轻蔑的口气回答他们。

“你的办公室，我们也要检查。”另一个人说着就拉开了我的办公桌抽屉。他顺手拿出了我们的工作日记，这些本子上记录的都是少奇同志每天的工作情况，还拿出了我们跟少奇同志外出时的一些工作记录本。

他们对这些材料很感兴趣，随便翻看了几页，就马上装到他们的大包里。他们又拿出我个人的学习材料和笔记本翻看，我说："这是我平时学习和听传达时的记录本，是我私人的东西，与刘少奇无关。"他们哪能容得我的分辩。"这是你的办公室，不是你的家，现在很难分清是你的还是刘少奇的，将来如果对我们无用就还给你。"说着也装到大包里。当然，这一去便石沉大海了。

他们把各个办公室的抽屉翻完之后，眼睛就盯上了保险柜。

"请你把保险柜给我们打开。"温和的命令。

"保险柜可不能随便打开，那里面都是党和国家的核心机密。每件文件都是我签收的，我得绝对负责任。你们是中央文革的，我不是不相信你们，这是个手续问题。"机要秘书的强烈责任感，促使我丝毫不能让步。

"照你这么说，我们就不能打开看了？"话语中带着恐吓。

"其实也很简单，一个是警卫局的领导汪东兴，一个是机要室的领导赖奎，他们二位来一个就行，只要他们任何一人签字，我立刻就将保险柜里的文件交给你们。没有他们的签字，将来他们向我要文件怎么办？"我谅他们也请不来这二位，而且我相信，就是请来了，谁敢签这个字？所以来了这么一招。

"我们既然能来检查刘少奇的东西，所有文件我们都敢负责。"他们步步紧逼我。

我也毫不退让："我已经说过了，我不敢不相信你们，只要我的一个领导人在场签字就行。"

就这样，我和造反派在保险柜旁僵持了一阵子。他们看到我是软硬不吃，可能感到无计可施了，便拿上已捆好的东西向少奇同志的办公室走去。我马上锁住门也跟了过去。

这时，先到少奇同志办公室的那几个人，已把办公桌上和抽屉里的东西捆了起来。这些东西都是少奇同志多年来开会、约人谈话、外出调查所用的记录本，还有一些文章稿件和信件。至于机要部门发的一些重要文件当然都在我们的保险柜里，他们是根本见不到的。

他们拿着捆好的东西，向办公室的四周走了走、看了看。这里除了四张单人沙发、一张藤椅、一个茶几、一个书架外，再没别的东西了。少奇同志的办公室里、寝室里从来没有放过保险柜，更没有什么密室。

他们到少奇同志的寝室里所看到的也只有两个单人地铺和一个衣服架子。他们打开床头柜，映入眼帘的是几盒前门烟、几包火柴和几片安眠药。

从卫生间出来，他们又来到另一间屋里，那里有两个衣柜，里面放着少奇和光美同志的几套衣服和鞋袜之类的东西，这是他们的全部私人财产了。其中有少奇同志从延安穿来的布面老羊皮大衣和光美同志40年代上大学时穿的衣服。这是他们精心保存下来的纪念品。

他们又到少奇同志的会议室兼书房和旁边的小饭厅走马观花地看了一下，才离开这座小院。

抄家的人走后，我独自一人站在国家主席的办公室里，目睹被翻箱倒柜折腾得满地狼藉的情形，无言的怒火直冲脑门。抄国家主席的家是谁作出的决定？一个为党为人民勤勤恳恳忘我奋斗了半个世纪的国家最高领导人，为什么连自己的政治生命都保不住？为什么造反派敢于这样对他横眉冷对？公理何在？宪法的威力何在？……

直到少奇同志在卫士的搀扶下进了院子，我才从愤怒的情绪中清醒过来。少奇同志咳嗽了两声，便进了他的房间。

后来，我才知道，这次分两处同时开批斗会，就是为了抄家。是康生、江青、陈伯达、戚本禹等人精心策划的。一名卫士含着眼泪告诉我，少奇同志在被批斗的近两个小时里，受到了侮辱和折磨。因为天气酷热，他的衣服全湿透了。他想擦擦汗，但刚掏出手绢就被人打掉了，只能任凭豆大的汗珠滚滚滴到地上。造反派还不断地按他的头，搞喷气式。他向念批判稿的人提出：“我耳朵背，听不清批判的是什么内容，让我将批判稿带回家看看，弄清楚提的是什么意见，以便今后改正错误。”但这个合情合理的要求也被造反派拒绝了，并说：“你是要花招，是装聋卖哑。”然后用一阵“打倒刘少奇”的口号声回答了他。

从这天晚上以后，造反派就强行把少奇和光美同志隔离开了。他们把光美同志隔离到后小院的一间房子里。少奇同志虽然还住在原来的房里，但门口加了一个持枪的哨兵。从此，他们夫妻咫尺天涯，就连他们的子女们也都不能接近父母。我们这些工作人员进出也都要受到盘问和监视。

少奇同志头几天不知道光美同志的下落。这对他无疑是个沉重的打击，他心急如焚，几天沉默不语，饭量大减。后来他从一个孩子那里得知光美同志就在后院时，精神状态才有了好转。

自从他们被隔离开后，每天只给少奇同志一份报纸和一份参考资料，光美同志则什么也没有。

有一天，少奇同志拿着他看过的报纸和参考资料请求一位卫士说：“请你把这些送给光美看看好吗？她看了以后再退给我。”卫士照办了，并告诉光美同志这是少奇同志给她的。

就这样在传看报纸和参考资料的过程中，少奇同志了解到光美同志还没有被抓走。虽然都失去了自由，也无法见面，但相互间却也能得到一点安慰。

在我看来，少奇和光美同志既是夫妻，也是同志和战友。

光美同志在少奇同志身边做秘书工作近20年，从工作、生活到家务，对少奇同志的帮助都是很大的。少奇同志能摆脱许多琐事，一心一意地为党工作，这和光美同志多年任劳任怨的辛勤操劳是分不开的。少奇同志对身边工作人员要求很严格，对光美同志也不例外。工作人员若出了什么差错，他对光美同志的批评比批评我们更严厉。而光美同志也能以身作则，为工作人员起好表率作用。她是

40年代的大学生，1948年就到少奇同志身边工作了，1953年定了工资级别后再没动过。她每次都把提级名额让给别人。他们真正做到了工作上要求高标准，生活上要求低标准。

就是在少奇同志受到不公正的批判、斗争和残酷迫害的情况下，光美同志也毫不动摇地站在少奇同志的一边。他们彼此理解，心心相印；他们风雨同舟，患难与共；他们共同经受着狂风恶浪的考验。有什么比这人世间真情升华的革命情操更珍贵呢?

后来看守们知道了光美同志看的东西是少奇同志传过去的，先是仔细进行检查，怕他们之间利用报纸和参考资料传递什么信息，然后向上报告了这件事。据说江青还追查是谁替他们在中间传送的，说这是帮助他们搞攻守同盟，还把那个卫士也调走了。

从此，门口的哨兵对进出的工作人员监视得就更加严格了。连大夫去送安眠药，也要跟进去看一看。少奇同志吃饭时也要派人站在饭桌旁监视着；有时给个水果，但却不给水果刀……残酷的政治迫害和精神折磨，使少奇同志的身体状况越来越差。

一次，卫士小贾告诉我：“首长骨瘦如柴，每次帮他洗澡时，我都不忍心看着他，都忍不住要掉眼泪……”那天晚上，我和小贾都难以抑制心中的痛楚，低声抽泣了很长时间。我们虽然还享受着“革命同志”的待遇，可我们却不能放声痛哭!

我在内心里为少奇同志担忧，为少奇同志抱不平，但我却无法安慰他，也不敢更多地去接近他。那段日子里，我真是度日如年。有时，我站在办公室的窗前，静静地听着少奇同志房间传出的声响；有时，我用目光追逐着灯光下少奇同志在房内低着头慢慢移动着的身影，真是心如刀绞，悲痛欲绝。

我多么渴望敬爱的少奇同志能以不屈不挠的顽强毅力度过这段人间地狱般的生活，将来再为党为人民重新工作啊!

我多么盼望陷害忠良、祸国殃民的林彪、江青、康生之流早日被押上历史的审判台啊!

四　最后一次见父亲

刘爱琴

急剧变化的岁月啊！八届十一中全会召开了，「十六条」公布了，毛主席和中央领导开始在天安门城楼检阅文化革命大军了，「红卫兵」第一次出现在中国的城镇乡村。人们惊奇地从报纸上发现，身为党的副主席、国家主席的父亲，忽然排在了第八位。

1965年9月，刘少奇、周恩来、朱德等在人民大会堂举办国宴，盛情欢迎西哈努克亲王和夫人。

这是一场政治风暴到来的前夕。

1966年6月1日，报上发表了《横扫一切牛鬼蛇神》的社论。2日，又公布了北京的一张大字报。一时浓云聚拢，电闪雷鸣，“文化大革命”开始了。草原气候多变幻，内蒙古被迅速卷进这场风暴中，大字报、大标语潮水般涌来，揭发和批判的活动勃然兴起。

作为一个新党员，我也和大多数人一样，怀着一片赤诚，在运动一开始便没有任何犹豫地积极参加了进去。那时的口号是反修防修，这谁不愿意？谁愿意走回头路？我感到精神振奋，决心在运动中锻炼自己，改造自己。

6月末的一天，单位里有几个人来，交给我一份揭发材料，要我去北京想办法交给党中央和毛主席。

我告诉他们：“我不一定能见到毛主席。”

他们说：“见不到毛主席，就交给刘主席好了。”

能为“文化大革命”贡献自己的一份力量，我感到由衷的荣幸和自豪。况且来找我的人中，就有我们支部的负责人，这算是组织派我去的。1966年6月30日，我带着这样一个紧急任务，乘车赶到北京。

当晚8点钟，我见到了父亲。

父亲仍如往常一样，严肃，镇定，从容，精神饱满。他看了我带去的材料，然后从许多方面对材料的内容作了深刻的分析。

我当场要求父亲对我们揭发批判某些领导人这件事表个态。父亲说：“如果他们有错误，那是可以批评的，可以贴大字报；但不要登报，登报就会受到中央的批评，就要犯错误。”他还说：“斗不要斗多了，争取改正。现在斗就顶牛了，容易打人。有些事不交待，可以慢慢再检讨。”

我对父亲说，现在我们满腔热情，只是不知究竟怎么搞才好。父亲说：“将来文化大革命，中央会有安排的。”

当我告诉父亲，我们那里已经出现两派间的激烈矛盾和斗争，有人做出了某些不适当的行动时，父亲沉吟良久，用很坚定的语气说：“任何人都可以贴大字报，不要有限制；但不能泄密，不能动武装，档案不能动，工厂机器不许破坏，否则就是反对革命的行动。双方都不能动武装！”

谈到我个人，父亲说：“你个人参加运动是好的，要参加到群众中去，在斗争中锻炼；但是不要搞自己的小圈子。不能抱个人目的，否则就要垮台的。”

我把父亲的话一字一句记到本子上，到谈完，已经是10点钟了。

第二天早饭时，我们又说到了个人怎样对待“文化大革命”的问题。父亲除强调了头晚所谈外，又补充一句说：“你不要有侥幸心理。”

对父亲的话，我当时是不是都理解了？我以为是理解了的，要积极参加运动嘛，这还不明确！我想：我一定会像父亲说的那样去做，我们那里的干部群众也一定会像父亲说的那样做。

这天是党的生日，父亲很忙，我也没有跟他告别，就匆匆地回内蒙古去了。

——这就是我和父亲最后的一次见面，它太简短、太匆促了，使我至今回想起来，犹悔恨万分，痛心疾首。

我回去立即向同志们传达了父亲的谈话，大家都感到党中央支持了我们，所以要下定决心与反党反社会主义的“黑帮”斗争到底。我们煞费苦心地搜集领导干部们的“黑材料”，把大字报一批又一批地贴出去，开了一次又一次的批斗会，愤怒声讨“黑帮”们的“滔天罪行”。学生，职工，干部，市民……整个社会组成一股不可阻挡的洪流，呼啸着，滚滚向前。我一颗单纯的心，为这从未有过的轰轰烈烈的景象而喜悦而欢呼，这场运动不仅是由伟大领袖毛主席亲自发动和领导，而且也得到我父亲的衷心拥护和坚决支持呀。

然而，两派斗争的阵势叫人眼花缭乱。开始，我跟着所谓“保守”派跑，因为我觉得自己所熟悉的这些“保守”派人物并不坏，我也看不惯所谓“造反”派们对干部进行围攻甚至虐待的行为。父亲曾嘱咐不让这么干。这时有人警告我：你得注意，不要右倾！

8月2日，我们挤在会议室里听录音，那是周恩来总理、邓小平总书记和我父亲在首都大中专院校学生文化革命积极分子大会上的讲话。

对父亲的讲话，我作了记录，大约是说：党中央热烈支持北京大中专院校革命师生员工进行无产阶级文化大革命，文化大革命是党中央的总方针，坚决把无产阶级文化大革命进行到底！至于怎么进行，你们不知道，就问我们，我们也不知道，其他党中央委员也不知道。就是要搞革命，怎么搞主要靠你们各校师生员工，在革命的实践中学会革命。他还号召广大师生：在运动中要读毛主席的书，更多地掌握毛泽东思想。

能在遥远的内蒙古高原听到父亲那坚定、清晰的声音，我好像又回到了父亲的身边。自己暗暗向父亲表示决心：过去女儿对政治运动不够关心，现在不同了，女儿作为一个共产党员，一定要首先响应党的号召，到革命的实践中去学习革命。但有个问题从我心头闪过，我很纳闷儿，既然发动了“文化大革命”，为什么连党的中央委员会也不知道怎么搞法呢？

急剧变化的岁月啊！八届十一中全会召开了，“十六条”公布了，毛主席和中央领导开始在天安门城楼检阅文化革命大军了，“红卫兵”第一次出现在中国的城镇乡村。人们惊奇地从报纸上发现，身为党的副主席、国家主席的父亲，忽然排在了第八位。

五　刘少奇与「文革」初期的工作组

黄　峥

「文化大革命」初期，党中央曾研究决定派工作组到一些单位去领导运动，后来被指责为「镇压群众和破坏『文化大革命』」。工作组事件成为刘少奇下台的直接导火线。

1966年3月，刘少奇在巴基斯坦访问。这是他最后一次出访。

"文化大革命"初期，党中央曾研究决定派工作组到一些单位领导运动，后来被指责是镇压群众，破坏"文化大革命"。工作组事件成为刘少奇下台的直接导火线。近几年，一些论著和文学作品对派工作组的过程以及刘少奇同工作组的关系等问题，往往叙述不清，引用的史料也不够准确，本文拟将这方面的真实情况作些说明。

一

派工作组的决策过程，没有留下原始的文字记载。根据现有的资料和当事人的回忆，大致经过如下：

1966年5月29日，刘少奇、周恩来、邓小平及有关领导同志开碰头会研究，决定由中央文革小组组长陈伯达率工作组去人民日报社，由河北省委书记处书记张承先率工作组去北京大学。据参加这次碰头会的刘志坚回忆，在几个中央领导同志商定后，周恩来还当场到隔壁房间用电话向正在杭州的毛泽东请示，获得同意。5月30日，刘少奇、周恩来、邓小平联名致信毛泽东，书面请示派工作组去人民日报社一事："拟组织临时工作组，在陈伯达同志直接领导下，到报馆掌握报纸的每天版面，同时指导新华社和广播电台的对外新闻。"这封请示信是刘少奇起草的。毛泽东在信上批示："同意这样做。"陈伯达等于当日进驻人民日报社。

6月1日，以张承先为组长的工作组，于当晚10点多钟进驻北京大学。这一消息于6月3日由新华社向全国播发。电讯稿是周恩来起草的。工作组原来是以华北局名义派出的，电讯稿中改称“中共新改组的北京市委决定”。毛泽东看了这条电讯稿并表示同意。

6月3日，刘少奇主持中央政治局常委扩大会，汇报和讨论北京地区“文化大革命”情况。北京新市委第一书记李雪峰提出运动中要“注意内外有别”等八点意见，并提出：“有的学校领导瘫痪了，领导不起来，就派工作组进去领导。团中央、组织部组织人力帮助。”会议同意了李雪峰的意见。6月3日、4日，北京新市委开始向一些学校派出工作组。

自从工作组进驻北京大学的消息在报纸上公布后，北京许多学校的师生成群结队涌到中共中央、国务院、北京市委所在地，要求派工作组。各学校的领导机构这时事实上已陷于瘫痪，无法行使领导职能。鉴于无政府状态急剧蔓延，混乱局面日趋严重，从6月5日起，北京市委加快了派工作组的步伐。

6月6日，中央书记处开会，决定向中央宣传部派出工作组。

从6月5日至6月中旬，以北京新市委的名义向北京地区的绝大多数大专院校和部分中学先后派出了工作组。大学工作组的成员从中共中央、国务院有关部委抽调，中学的由团中央抽调。全国大部分省市和一些中央、国家机关部委也纷纷仿效北京的做法，陆续向本地区、本系统的一些“问题”比较多的单位派出了工作组。在此期间，鉴于文艺战线“问题严重”，由新上任的文化部副部长萧望东（原南京军区第二政委）主持，向国务院文化系统派出了由军队干部组成的工作组。其中从总政治部抽调300多名干部参加工作组，是经林彪同意的。这期间毛泽东虽然在外地，但中央经常向他汇报工作，并不断有各种动态材料报送给他，派工作组的情况他是知道的。中央文革小组更是一清二楚。当时，谁都没有指出派工作组有什么不对。

二

工作组进校后，受到了大多数师生员工的欢迎，但也遇到少数“造反派”的反对。由于“文化大革命”本身的不合理性和中央领导层对待运动的认识不一致，注定了工作组必然要犯错误。加上江青、陈伯达、康生一伙居心叵测，从中捣鬼，导致群众在如何对待工作组的问题上分成了两派。一些学校发生赶工作组的现象。本已混乱的局面呈现更加错综复杂之势。

刘少奇、周恩来、邓小平等于6月9日去杭州向毛泽东汇报运动情况，并在毛泽东主持下讨论了“文化大革命”问题。讨论中没有专门议论派不派工作组的问题，更没有形成明确的意见。只是毛泽东在议论时说：“派工作组太快了并不好，没有准备。不如让他乱一下，混战一场，情况清楚了再派。”但这时工作组基本上都已经派出。

毛泽东这样讲了之后，刘少奇是努力紧跟的。6月14日，刘少奇在北京主持中央政治局常委扩大会讨论运动情况。他在会上讲道：“（中学）工作组是团中央去的，有的是好的，能与学生三同，同吃同住同工作。不好的应该撤回。”他甚至说：“工作组派下去被人赶回，证明他不行嘛！乱就好嘛！”

刘少奇对他认为比较好的工作组，也就是能够有效地对运动实施领导的工作组，是坚定支持的。在他看来，这么大的运动没有党的领导是不可想象的，既然那些学校的领导瘫痪了，那就只有派工作组去接替，以维持正常的秩序。

6月18日上午9时至11时，北京大学几个系的一些学生，将40多位干部、教师拉出来批斗，并采取了脸上抹黑、戴高帽子、罚跪等行动。工作组发觉后迅速予以制止，扭转了局势。刘少奇对北大工作组的做法表示满意。6月20日，他将驻北京大学工作组关于这次事件处理情况的《北京大学文化革命简报（第九号）》转发全国。刘少奇在为中共中央起草的批语中说：“中央认为北大工作组处理乱斗现象的办法，是正确的，及时的。各单位如果发生这种现象，都可参照北大的办法处理。”

为便于及时了解情况，掌握局面，6月19日刘少奇要夫人王光美去清华大学，作为驻清华大学工作组的顾问，帮助指导运动。

6月20日和7月11日，刘少奇两次召集驻北京师范大学一附中的工作组成员汇报座谈，同他们一起分析运动中出现的各种情况，解决问题。

6月21日，刘少奇在他主持的政治局常委扩大会上提出：“这一场斗争咱们都没有经验，工作组也没有经验。”“有的学校赶工作组，向工作组夺权，要夺档案、枪支、广播这些权。不准随便提出夺权。”“夺权斗争，有的是坏人要我们撤走工作组。不好的工作组也可以撤走，但是不要党的领导、中断党的领导是不好的。”

6月30日，刘少奇、邓小平致信毛泽东，要求发出《中共中央、国务院关于工业交通企业和基本建设单位如何开展文化大革命运动的通知》。《通知》中强调这些单位的运动要由工作队领导。这一通知于7月2日经毛泽东批准后下发。

三

大约在6月20日以后，刘少奇、邓小平等中央领导同志同中央文革小组之间在工作组问题上的分歧加深，社会上赶工作组的现象也增多了。

6月20日，文革小组向中央提出一个书面建议，其中说："建议全国大中学校、机关单位在适当时候成立文化革命小组，领导文化革命运动。""在最必要的地方，最必要的时候，可以由上级派工作组。"这一建议曲折间接地表达了他们取消工作组的意见。

7月13日、19日、22日，陈伯达在参加政治局常委召集的汇报会时，三次对工作组问题提出非议。例如他在7月19日的会上说："工作组不会比学生高明，工作组都自称是党中央、毛主席派去的，有的整学生。"

在这几次会上，刘少奇、邓小平也对工作组有所批评，但不同意马上就撤出所有的工作组。在7月13日的会上，刘少奇说："现在的工作队要进行教育，他们不懂政策，不学政策。不好的工作队要进行整顿、清理。"邓小平说："要先把学生组织起来，清理当权派，然后再撤销工作组、工作队。"在7月19日的会上，刘少奇说："工作组有好的，有坏的，他们在第一线，有他们的辛苦，要求不能过高。现在是如何帮助他们，教育他们，总结工作经验。"邓小平说："有的机关和学校，不派工作组可以；有的要夺权的，就要派工作组。工作组主要是起行政和党委的领导作用，因此是否统盘考虑，对工作组要正确估计。我们对这样的运动没有经验，他们也没有经验。坏的工作组可以先撤，好的工作组可以留，代替党委工作。"在7月22日的会上，刘少奇说："多数工作组是好的，还是教育帮助，改正错误。赶工作组，有的不应该赶。"邓小平说："要教会工作组做工作……有的学校没有工作队恐怕不行。"当时参加会议的大多数同志都不同意立即撤出所有的工作组，陈伯达的意见被否决。后来江青在八届十一中全会一次小组会发言中讲道："（7月）22号晚上胡克实同志汇报说已经走上正轨了。这次汇报会雪峰同志参加了。我们的组长、顾问没有发言权，讲一句话就被打断。"江青的说法从反面印证了当时中央大多数领导同志对中央文革小组陈伯达、康生的批评和抵制。

对陈伯达的意见被否决的情况，刘少奇8月1日在中共八届十一中全会上作了这样的解释："陈伯达同志早就提了不派工作组或者撤出工作组，提了三次……第一次提出来没有多讨论。第二次陈伯达书面提出两条，讨论时，多数同志还是要工作组，我也发言要工作组，认为工作组有方便之处，要去就去，要撤就撤。当时我曾考虑，这样大的运动，北京各院校部分组织已经瘫痪了，怕中断了党的领导不好。第三次，伯达同志又提出这个问题，又讨论了一次，多数同志还是不主张撤。我仍是以前的观点，我认为这一方法较机动，没有下决心撤，要看一看。同时，主席快回来了，回来再请示决定。"

四

7月18日，毛泽东从武汉回到北京。情况随即发生变化。有些文章曾说毛泽东回京后只偏听偏信江青等人的汇报，导致作出撤销工作组的决定。事实上毛泽东既听取了陈伯达、康生等中央文革小组成员的汇报，也听取了刘少奇等常委同志的汇报。而江青20日才从上海回北京，当然，她回京后也向毛泽东陈述了意见。

毛泽东在听取汇报和看了中央文革小组提供的一些材料后，对运动的进展情况表示不满。他认为北京的"文化大革命"搞得冷冷清清，学生运动受到压制，但他最初并没有提出撤工作组。直到7月23日，中共中央批转总政治部《关于抽调军队干部支援地方文化大革命的请示》时，其中还提出："采取抽调干部参加地方四清的办法组织工作队，支援地方文化大革命。"毛泽东对此仍表示同意。

7月24日、25日，毛泽东先后找一些人谈话，再次对前一段的运动情况提出批评，明确提出要撤销工作组。参加24日谈话的主要是中央文革小组成员，25日又增加了来北京出席中共八届十一中全会预备会议的各中央局书记。毛泽东在听取了江青等人的汇报后说："把工作组一撤，把黑帮停职反省就完了，这样可以搞得快一点。有这么一段，运动冷冷清清，就是6月20号左右以后，有许多地方搞得冷冷清清。根本撤出来，另外派几个人去当观察员。张承先这些人能不能搞好？能搞好就搞，不能搞就撤出来。""工作组一不会斗二不会改，只会起阻碍运动的作用。""许多工作组（当然不是一切工作组），包括张承先的工作组，都是阻碍运动的，都要把它撤出来。"

7月26日，召开政治局常委扩大会议，陶铸传达了毛泽东两次谈话的内容。会议最后决定撤销工作组。第二天由中央文革小组起草撤销工作组的决定，毛泽东亲自作了修改。7月28日，由中共北京市委正式发出《关于撤销各大专院校工作组的决定》，文件中注明这一决定"也适用于中等学校"。

7月29日，北京市在人民大会堂召开有一万人参加的全市大专院校和中等学校文化革命积极分子大会。李雪峰在会上宣读了北京市委关于撤销工作组的决定。刘少奇、周恩来、邓小平都说明派工作组是中共中央决定的，代表中央承担了责任。刘少奇说："派工作组是中央决定、中央同意的。现在发现，工作组这个方式不适合于当前无产阶级文化大革命运动的需要，中央决定撤退工作组。""工作队员过去这一段时间的工作是在你们学校里面做的，他们犯了错误或者做了好事，是在你们学校里面做的，成千上万的人看到了，你们都清楚。当然，各学校工作组的工作，不会是一样的，或不完全一样的，正如邓小平同志刚才说的，工作组有好的，比较好的，或犯有严重错误的。"

大会之后，北京和全国各地都相继撤销了工作组。由于各学校的党委已经瘫痪，工作组撤走，原先设想的"文化革命委员会"之类的机构也因为群众分裂成两派而成立不起来，或不能发挥多大作用，使造反派更加肆无忌惮，学校完全处于无政府状态，并迅速蔓延到社会。

工作组撤销了，工作组的问题却还没有完。稍后，毛泽东对工作组提出更为严厉的批评，认为工作组犯了方向、路线错误。8月1日他在中共八届十一中全会上插话说：“工作组不管怎么样是做了坏事，一不能斗，二不能批，三不能改……起了一个镇压群众、阻碍群众的作用，起了个坏作用。一般说，就是百分之九十以上的工作组干尽了坏事。”江青、陈伯达、康生等在这一期间连续到各学校煽风点火，鼓动造工作组的反。很多工作组成员遭揪斗。以后，工作组又被作为“资产阶级反动路线”的具体体现和刘少奇的一大罪状，受到了长时间的批判。

综上所述，可以得出如下几点看法：1. 派工作组在当时形势下是正确的。“文化大革命”是在一哄而起的情况下开始的。在所谓“斗黑帮”的口号下，大学、中学的领导干部立即成为冲击、批斗的对象，学校党组织和行政领导相继陷于瘫痪，校园秩序一片混乱，局势面临失控。在这种情况下，派工作组是维持党的领导和社会秩序所必须采取的措施。后来工作组撤销之后，果然很快出现打倒一切、天下大乱的局面。这也从反面证明了当时派工作组的正确性。2. 派工作组在组织上是符合党的集体领导制度的。“文化大革命”初期，毛泽东不在北京，刘少奇受毛泽东委托主持中央日常工作。派工作组是在刘少奇主持的中央政治局常委扩大会议上讨论决定的，向北京大学、人民日报社派工作组是报告毛泽东同意的。向其他大中学校派工作组，毛泽东也是知道的，不存在所谓“背着毛主席擅自决定”的问题。3. 派工作组在方式上是沿用了党过去的经验。在党的历史上，曾多次采用派工作队的方法发动群众，开展政治运动。从1963年开始的社会主义教育运动，就普遍采用了派工作队的做法。“文化大革命”开始时，全国许多地方的社会主义教育运动正在进行，向大中学校派工作组的做法自然也就顺理成章采用了。1968年夏，为了控制日益恶化的内乱局面，中共中央根据毛泽东的指示，向全国大中学校派驻由工人、解放军指战员组成的“毛泽东思想宣传队”。这时的“工宣队”“军宣队”，实际上就是工作组，不过换了个名称而已。可见，“文化大革命”初期中央在刘少奇主持下采取派工作组的办法稳定局势、领导运动，是很自然很正常的事情。

六 「打倒刘邓」的反革命口号是怎样出笼的？

郑 理

江青、康生、陈伯达、戚本禹决定，由戚本禹组织中南海的「造反派」召开「批斗刘少奇」大会，进行抄家并对刘少奇进行人身迫害；接着又策划了声势浩大的群众组织围困中南海，向党中央施加压力……

1966年7月，刘少奇出席首都人民支持越南人民抗美救国斗争大会。此时，「文化大革命」刚刚开始。

人们决不会忘记，国家主席刘少奇在十年浩劫中遭受了怎样的迫害，更不会忘记1966年12月25日打倒刘少奇、邓小平的大字标语第一次出现在北京街头的情景。就在这一天，昙花一现的人物蒯大富在天安门广场疯狂地进行反革命演说："舍得一身剐，敢把皇帝拉下马，不打倒刘少奇誓不罢休……"

善良的人们怎么会想到，这只是林彪、江青一伙阴谋打倒当时身为国家主席和政治局常委的刘少奇同志的一个序幕，而这个序幕又是经过居于幕后的"大人物"——张春桥精心策划的。

特别法庭第一审判庭开庭，对指使蒯大富在北京公开煽动"打倒刘邓"阴谋活动的主犯张春桥进行法庭调查，在押的蒯大富出庭作证，使真相大白于天下。

一

1966年12月，祖国的天空，乌云滚滚；祖国的大地，伤痕斑斑。林彪、江青一伙加紧了篡夺党和国家最高领导权的步伐。

12月18日下午1点30分，从清华大学西门驶出一辆黑色小轿车，风驰电掣闯过一串红灯，直奔中南海。

车上坐着的是显赫一时的蒯大富。此刻张春桥正在中南海等着接见他。

差几分钟不到2点，蒯大富乘坐的小汽车驶进中南海西门。张春桥二话没说，把他领进一间屋的套间里，随手关上了房门。

这是一次秘密接见，房间里只有他们两个人。

按照张春桥的需要，蒯大富首先汇报了他去上海串连的情况和清华运动的情况。张春桥除了偶尔插句问话，就眯着他那三角眼，不时地点点头。张春桥肚子里尽是鬼点子，没等蒯大富把话说完，就把军大衣往后一甩，向前探着身子，一字一句地向蒯大富交待说：“从全国来讲，资产阶级反动路线必然相当猖獗，现在还是要深入批判资产阶级反动路线。中央那一两个提出资产阶级反动路线的人，至今仍不投降。”“你们革命小将应该联合起来，发扬彻底革命精神，痛打落水狗，把他们搞臭，不要半途而废……”

蒯大富心领神会，他心里十分明白，张春桥所指的他们，无疑就是刘少奇、邓小平同志。搞臭他们，就是要用一切手段，诬蔑刘少奇、邓小平同志，进而打倒他们。所以，蒯大富听到这里频频点头说：“请首长放心，我，我保证照，照办……”

这次秘密接见，从下午2点持续到下午4点。

二

张春桥之所以把这样机密而又重大的任务交给蒯大富，不是无缘无故的，因为蒯大富具备了他所需要的反革命条件。

当时独揽清华大学一切权力的蒯大富，原是化工系学生。此人权欲熏心，“文化大革命”开始不久，他就贴出了“一鸣惊人”的夺权大字报。公开声明：他眼里盯着权，心里想着权，手里要抓权，迟早要夺权。他对林彪“有权就有一切”的谬论颇有研究，从他自身的体会中很得意地总结出“36条夺权经”。他有一套善于钻营的本事，打砸抢抄抓，样样皆通；他张口革命，闭口造反，这一套深得江青、张春桥的赏识，因而康生、陈伯达给他贴上了“坚定左派”的标签。1966年9月24日，蒯大富在中央文革某些人的支持下，拉起了山头，篡夺了清华大学的领导权。紧接着，他又混上了首都红卫兵第三司令部司令的头衔。陈伯达公开表态说，一司、二司是保守派，只有三司才是真正的造反派，蒯大富起了中央文革“铁拳头”的重要作用。从此，“蒯司令”的大名满天飞。

这一切，就是张春桥利用蒯大富公开跳出来反对刘少奇、邓小平同志的原因。

三

下午4点，蒯大富接受了张春桥交给他的“特殊使命”，迅速离开中南海，驱车直奔清华园。紧接着，蒯大富进行了一系列的反对刘少奇和邓小平同志的罪恶活动。

当晚，蒯大富结合自己的“深刻”理解，向“井冈山红卫兵”的头头们作了紧急传达，并作了具体部署；19日，按照张春桥的旨意，蒯大富打着大联合的旗号，将清华园其他两个群众组织吞并，并主持召开了“向资产阶级反动路线总攻击誓师大会”，公开叫嚷：“彻底砸烂以刘邓为首的资产阶级反革命司令部！”20日，在清华园航空馆召集他的总部头头开会，蒯大富全盘托出了23日把“打倒刘邓”的行动推向全北京市的计划。他的行动计划引起了会场一阵混乱，有人提出：“刘少奇是国家主席、政治局常委，从来没人敢把反对刘少奇的大字报贴到大街上，反对刘少奇我坚决不同意！”“张春桥代表中央文革，打倒刘邓绝不是他个人的意见……”蒯大富急了，“腾”地从沙发上站起来，一手撑腰，一手拍着胸脯说，“首长把如此重大的任务亲自交给我们，这是中央文革对我老蒯，也是对我们大家的极大信任！由首长直接指点我们，险风恶浪也敢闯，怕什么！我们应该玩命地紧跟……”有跺脚的，有摔东西的，大伙互不相让，争论不休。不容别人争辩的霸道司令蒯大富，还是强行通过了他的行动计划，所不同的是将行动日期由23日推迟到25日。这就是1967年1月1日的《清华井冈山》小报鼓吹的“井冈山兵团12月25日大行动”。

四

12月25日，寒风刺骨，天气昏暗，沙尘弥漫着的天空，太阳像个苍白的斑点。由张春桥指使蒯大富干的耸人听闻的反革命大行动就在这一天开始了。上午，蒯大富带领着5000余人摇旗呐喊着从清华大学来到天安门广场。然后，他们又在蒯大富的指挥下分成五路，由广播车嘶喊着开道，分别到王府井、西单、北京站、菜市口等处演讲，散发传单，张贴大字报、大标语，进行反革命宣传，对刘少奇、邓小平同志竭尽诬陷、谩骂之能事。霎时间，把北京城搞得乌烟瘴气。“打倒刘少奇！”“打倒邓小平！”“和刘邓血战到底！”的巨幅大标语，铺天盖地而来，贴上了天安门城墙，贴满了大街小巷。同时还宣布声明：“（一）强烈要求王光美回清华作检查；（二）薄一波必须在1966年12月29日以前回清华交待反革命罪行；（三）王任重必须在1966年12月31日以前回清华还账。”

这个反革命行动持续了整整一天。

打倒国家主席刘少奇，就像晴天霹雳一样，震惊了北京城，震惊了全国，震惊了全世界。广大群众对蒯大富的行动表现出极端的不满。他们气愤地说：“这些乌龟王八蛋是存心要把我们这个好端端的国家搞垮啊！是谁支持蒯大富这么干的？！”

蒯大富的罪恶行动受到了首都人民的谴责！

序幕由蒯大富拉开了，进一步迫害刘少奇同志的行动就一个接着一个地开始了。

五

12月30日下午5点钟，得意忘形的江青伙同姚文元等窜到了清华园，对蒯大富的行动很满意，表示坚决支持，并在西操场召开的群众大会上气势汹汹地说："1967年要在各条战线发动全面的进攻！"

1月4日，康生在人民大会堂小礼堂将一卷铅印的刘少奇同志的讲话材料单独交给蒯大富，并叮嘱说："回去后要组织批判。"此后不久，陈伯达拍着蒯大富的肩膀，阴阳怪气地说："行百里而半九十。"意思是鼓励蒯大富拿出更大的反革命勇气，充当他们的马前卒。

蒯大富在江青、张春桥、康生、陈伯达的支持下，反动气焰越来越嚣张。1967年1月6日，他将王光美同志劫持到清华园。周总理闻知后，立即打电话批评了蒯大富，并很激动地命令他尽快送回王光美同志。蒯大富无视周总理指示。周总理不得不派秘书前往清华坐催蒯大富。

蒯大富醉翁之意不在于劫持王光美，而在于打倒刘少奇。

继后，江青、康生、陈伯达、戚本禹决定，由戚本禹组织中南海的"造反派"召开了"批斗刘少奇"大会，同时进行抄家，对刘少奇进行人身迫害。接着又策划了声势浩大的群众组织围困中南海，即所谓"揪刘火线"，向党中央施加压力……

是阴谋必然败露，是罪犯谁也难逃。现在，江青、陈伯达、张春桥等反革命集团的10名主犯，已被押上了历史的审判台。

在这场光明与黑暗的尖锐斗争中，我们的党经受了考验，我们的人民受到了教育。那些在斗争中坚持真理的老一辈无产阶级革命家，更加受到人民的爱戴。刘少奇同志虽然已经离开我们了，但他那令人难忘的光辉形象，永远活在我们心中。他的革命精神，正在鼓舞着我们为实现四个现代化而努力奋斗！

1980年11月

七 国家主席刘少奇的厄运

王年一

中外为之瞩目的是，《红旗》杂志第五期上公然发表了戚本禹的长文《爱国主义还是卖国主义？——评反动影片〈清宫秘史〉》。戚本禹文章的最大特色，是以「权威」的姿态第一次在中央报刊上批判所谓「党内最大的走资本主义道路的当权派」，宣称「一定要把党内最大的走资本主义道路的当权派拉下马，让他靠边站」。

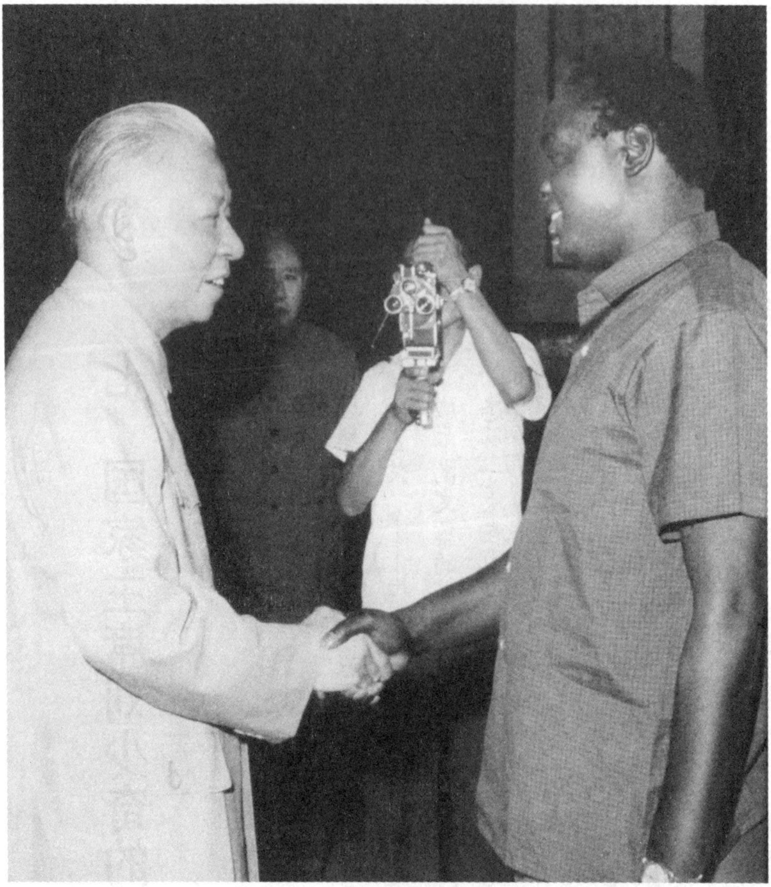

1966年8月5日，刘少奇欢迎赞比亚工商部长钦巴率领的访华友好代表团。这是他最后一次会见外宾。

1966年12月18日成立“王光美专案组”，目标至少部分地是对着刘少奇的。《红旗》杂志1967年第1期发表了经毛泽东审阅过的姚文元的长文《评反革命两面派周扬》，这篇文章有一条长注，其中说：“鼓吹《清宫秘史》的‘大人物’当中，就包括有在当前这场无产阶级文化大革命中提出资产阶级反动路线的人，他们反对毛泽东思想的反动资产阶级世界观，他们保护剥削阶级、仇恨革命的群众运动的本质，早在建国初期吹捧《清宫秘史》时就表现出来了。”这时就给刘少奇强加了“罪名”。1967年2月1日，经毛泽东审定的《红旗》杂志第3期社论《论无产阶级革命派的夺权斗争》指出：“谁是党内走资本主义道路的当权派的头面人物，革命群众已经看清楚了。”当时谁都知道，这是指的刘少奇。

由于种种原因，党内（包括党内上层）没有为刘少奇鸣不平的。这是值得深长思之的。倒是党外知名人士章士钊毅然上书。1967年3月初，章士钊对他的女儿章含之说：“这个运动再搞下去，国家要完了。不能打倒刘少奇！这些家伙（按：指江青一伙）要把中国毁掉。”“我要给毛主席写信，请他制止打倒刘少奇。毛刘分裂就会使国家分裂。”章士钊在给毛泽东的信中说，毛、刘团结乃共产党领导核心坚强的保证。假若刘少奇同志确实犯了错误，望毛、刘两位领导赤诚相待，好好谈谈，刘可作检讨，但切不可打倒刘少奇。3月10日，毛泽东回复如下：“行严先生：惠书敬悉。为大局计，彼此心同。个别人情况复杂，一时尚难肯定，尊计似宜缓行。敬问安吉！毛泽东3月10日”。

3月间，毛泽东派人把当时中央整理的有关刘少奇的材料送给章士钊阅读。章士钊看过之后，接连数日情绪低沉，对章含之说："刘少奇同志的这些'罪状'，纯系蓄意置他于死地。"从以上事实和以下事实可以断定，毛泽东在1967年3月间下定决心打倒刘少奇。

动员"打倒刘少奇"的两个会议

1967年2月26日至3月25日，由周恩来提议，经毛泽东批准，中央军委召开了军以上干部会议。4月间又召开了军委扩大会议。两次会议的主要议题本来是"三支两军"等问题，中央文革小组却把它变成了散布打倒刘少奇的种种谬论的会议。3月9日，康生在会上传达了毛泽东1966年5月同谢胡的谈话和1967年2月同卡博、巴卢库的谈话。两次谈话的主题是：文化大革命是两个阶级、两条道路、两条路线的尖锐斗争。是防止资本主义复辟、把社会主义革命进行到底的斗争。3月9日和10日，陈伯达在会上讲话，在一系列问题上污蔑刘少奇、邓小平、彭真，并传达了毛泽东关于批判《论共产党员的修养》的意见。3月10日，康生在会上讲话，又在一系列问题上污蔑刘少奇，着重颠倒黑白地批判了刘少奇的发展生产的主张。这些是戚本禹的《爱国主义还是卖国主义？》批判刘少奇"错误"的蓝本，也是九大政治报告批判刘少奇"错误"的雏形。3月20日，林彪在军以上干部会议上讲话。他从"左"的方面大讲特讲阶级和阶级斗争，把阶级斗争永恒化、绝对化，"论证"了"文化大革命"的必要和伟大；提出了对"文化大革命"的"总的看法"："损失是最小最小最小，而得到的成绩是最大最大最大"。（4月7日，中共中央、国务院、中央军委、中央文革根据毛泽东指示，发出关于播放林彪这个讲话录音的通知；4月24日，中共中央又印发了这个讲话。印发时删去了"带枪的刘邓路线比不带枪的刘邓路线更危险”等字样。）4月12日下午，陈伯达在军委扩大会议上讲话，4月13日康生在军委扩大会议上讲话，对刘少奇、邓小平的攻击、污蔑更为系统。康生在讲话中，还首次批判了所谓“生产力论”。江青4月12日上午在军委扩大会议上讲话，题为《为人民立新功》。张春桥4月14日下午在军委扩大会议上讲话，讲了“一月革命”和上海的情形。

3月28日，王力、关锋给毛泽东送去《“打击一大片，保护一小撮”是资产阶级反动路线的一个组成部分》（1966年6、7两月清华大学工作组在干部问题上执行资产阶级反动路线的情况调查）。毛泽东3月29日批示：“此件很好，可以公开发表，并予广播。还应调查一、二个学校，一、二个机关的情况。请先印发参加碰头会的同志及其他同志看一看。”清华工作组，成绩是主要的，也有缺点，但不是执行“打击一大片，保护一小撮”的“资反路线”。这个歪曲事实、无限上纲的调查报告，一箭双雕：既给刘少奇加了“罪名”，又可表明“无产阶级司令部”是反对“打击一大片，保护一小撮”的。这个报告在3月30日出版的《红旗》杂志第5期上发表。

“打倒刘少奇”的一篇长文

中外为之瞩目的是，《红旗》杂志第5期上公然发表了打倒国家主席刘少奇的文章。这就是戚本禹的长文《爱国主义还是卖国主义？——评反动影片〈清宫秘史〉》。这篇长文是毛泽东审阅并批准发表的。它是在“大联合”“三结合”问题上遇到极大困难，全面夺权受挫的背景下发表的。毛泽东1967年5月在一次谈话中回溯时说过，在“一月风暴”后，一再着急大联合的问题，大联合未能奏效。后来发现这个主观愿望不符合阶级斗争的客观规律，因而中央不再捏合，改为促，用大批判来促进大联合。所谓“大批判”，就是批判刘少奇。意图显然是这样的：使造反派目标集中到打倒刘少奇上来，通过批判刘少奇达到“大联合”的目的。戚本禹的文章的最大特色，是以“权威”的姿态第一次在中央报刊上批判所谓“党内最大的走资本主义道路的当权派”，宣称：“一定要把党内最大的走资本主义道路的当权派拉下马，让他靠边站。”这篇文章把“帝国主义、封建主义、反动资产阶级的代言人”“帝国主义买办”“帝国主义、封建主义反革命宣传的应声虫”等等罪名强加于刘少奇、陆定一、周扬和胡乔木。文末对刘少奇荒谬地提问八个“为什么”并给出了“答案”：

为什么你要在抗日战争爆发前夕，大肆宣扬活命哲学、投降哲学、叛徒哲学，指使别人自首变节，要他们投降国民党，叛变共产党，公开发表“反共启事”、宣誓“坚决反共”？

为什么你要在抗日战争胜利以后，提出“和平民主新阶段”的投降主义路线？

为什么你要在解放以后极力反对资本主义工商业的社会主义改造？反对农业合作化，大砍合作社？

为什么你要在社会主义三大改造完成以后，竭力宣扬阶级斗争熄灭论，积极主张阶级合作，取消阶级斗争？

为什么你要在三年困难时期，与国内外牛鬼蛇神遥相呼应，恶毒攻击三面红旗，鼓吹“三自一包”“三和一少”的修正主义路线？

为什么你要在1962年还重新出版过去那种不要革命，不要阶级斗争，不要夺取政权，不要无产阶级专政，反对马克思列宁主义，反对毛泽东思想，宣扬腐朽的资产阶级世界观，宣扬反动的资产阶级唯心主义哲学的、欺人之谈的大毒草《论修养》?

为什么你要在社会主义教育运动中提出和推行形“左”实右的机会主义路线，破坏社会主义教育运动?

为什么你要在无产阶级文化大革命中，勾结另一个党内最大的走资本主义道路的当权派，提出和推行资产阶级反动路线?

答案只有一个：你根本不是什么“老革命”！你是假革命、反革命，你就是睡在我们身边的赫鲁晓夫！

这篇文章的发表是极不正常的。第一，它在一系列问题上颠倒黑白，歪曲历史，无限上纲，陷人于罪。即以八个“为什么”而论：第一个问题，上文已经说过，根本不存在什么“大肆宣扬活命哲学、投降哲学、叛徒哲学……”的问题。第二个问题，“和平民主新阶段”是毛泽东、中共中央提出来的，总的说是正确的提法，内战正是国民党反动派挑起的。第三个问题，刘少奇并没有反对“三大改造”；“大砍合作社”是贯彻毛泽东1955年3月提出的“停、缩、发”方针，并无原则错误，又非刘少奇所为。第四个问题，刘少奇从来没有宣扬过“阶级斗争熄灭论”（他思想上不同意的是“以阶级斗争为纲”）。第五个问题，“与国内外牛鬼蛇神遥相呼应，恶毒攻击三面红旗”，纯系胡扯。在“三面红旗”上是有不同看法的，刘少奇站在正确方面。“修正主义路线”正是比较正确的路线。第六个问题，编辑出版《刘少奇选集》是毛泽东的提议，先出版若干篇是经中央批准的。第七个问题，刘少奇领导社教运动是有错误的，这是工作中的错误、集体的错误，他主持制定的《后十条》既经中央会议讨论通过，又经毛泽东审定。这个错误，归根结底是贯彻了八届十中全会关于阶级斗争的“左”倾理论（这个错误是“左”，而不是形“左”实右）。第八个问题，刘少奇在“文化大革命”

中没有提出和推行“资反路线”。由此可见，说刘少奇是“假革命”“反革命”“赫鲁晓夫”，是毫无根据的。刘少奇在看过《爱国主义还是卖国主义？》以后说：“党内斗争从来没有这么不严肃过。”事实正是这样。何以如此，值得深思。第二，在八大问题中，除第一个问题为新“问题”外，全是老“问题”。在“和平民主新阶段”问题上攻击刘少奇，始于高岗。第一个问题虽“新”，却不能成立。中共中央政治局常委、国家主席刘少奇怎么就成了“反革命”？第三，在戚文发表之前的3月28日，刘少奇就“给毛主席写了一封信，驳斥了这种造谣诽谤”；在戚文发表以后的4月7日，刘少奇又上送了关于“八大罪状”的答辩。刘少奇的驳斥均被置之不理，这能说是正常的吗？第四，不经中共中央、全国人民代表大会讨论决定，以一篇个人署名的文章打倒刘少奇，置党纪国法于不顾。如果刘少奇确有重大问题，何不由中共中央和全国人大来审查呢？——以上四点，只是我们现在的看法。在1967年4月，除极少数人外，全国没有异议。全国绝大多数人根本就不了解实际情况，这是没有异议的根本原因。《人民日报》4月1日刊登了戚文，全国造反派集会游行，热烈欢呼打倒了刘少奇。把刘少奇定为敌我矛盾性质的“党内最大的走资派”，就为后来更加任意地诬陷他，硬把他打成“叛徒、内奸、工贼”提供了条件。光是“走资派”还不一定打得倒，也需要强加以更大的罪名。从1967年5月18日起，“王光美专案组”就把“狠抓刘少奇自首变节问题”放在第一位了。指导思想是“左”的，“专案审查”大权实际上掌握在江青、康生、谢富治等人手里，“文化大革命”又搞得很糟，决定了刘少奇不会有好一点的命运。

打倒刘少奇绝不只是打倒一个人，这意味着要打倒许多人。《人民日报》4月8日社论《高举无产阶级的革命的批判旗帜》说：“十七年来，正是这个中国的赫鲁晓夫，在文学、史学、哲学、政治经济学、教育学、新闻学等各个领域，在党、政、军、工、农、商、学各界，扶植和保护了党内一小撮走资本主义道路当权派和一小撮资产阶级反动学术‘权威’，散布了大量的修正主义毒素。在关键时刻，这些牛鬼蛇神总要在他们的后台老板鼓动下，纷纷出笼，跳出来向党发动猖狂进攻。而党内一小撮大大小小的走资本主义道路当权派和一小撮形形色色的资产阶级反动学术‘权威’，正是这个中国的赫鲁晓夫推行反革命修正主义路线的基干力量。”这里说得清清楚楚，被打倒的许多“走资派”，都算是刘少奇的“代理人”。

“革命大批判”

打倒刘少奇不只是意味着打倒许多人，还要求“在思想上夺修正主义的权”。自戚本禹的文章发表之日起，开展了矛头对着“党内最大的一小撮走资派”和“反革命修正主义路线”的所谓“革命大批判”。

4月8日，《人民日报》发表重要社论《高举无产阶级的革命的批判旗帜》，号召开展这样的“革命大批判”。同日，《光明日报》发表重要社论《打倒中国的赫鲁晓夫》。4月11日，《解放军报》发表重要社论《为彻底批判党内最大的走资本主义道路的当权派而战斗》。4月20日，江青在北京市革命委员会成立和庆祝大会上说，“在当前无产阶级革命派联合夺权的这个阶段中，应该开展对党内最大的一小撮走资本主义道路的当权派的大批判运动。”5月8日，《人民日报》、《红旗》杂志发表《〈修养〉的要害是背叛无产阶级专政》。5月11日，中共中央通知：“5月8日，《红旗》杂志编辑部和《人民日报》编辑部发表的《〈修养〉的要害是背叛无产阶级专政》，是经过政治局常委扩大会议通过、并经我们伟大领袖毛主席亲自批准的重要文章。这篇文章击中了《修养》一书的要害，也击中了党内最大的走资本主义道路当权派的要害。”“希望各单位的革命同志，认真地组织学习和讨论，进一步深入地开展对党内最大的一小撮走资本主义道路当权派的大批判运动。”这篇批判文章混淆了是非，混淆了敌我。历史证明，刘少奇的《论共产党员的修养》是经过中共中央审定的马克思列宁主义、毛泽东思想的伟大著作。

从1967年4月起，报刊上发表的“批判文章”多如牛毛，触目皆是。重要的批判文章如：《为什么要着重批判“打击一大片，保护一小撮”这个资产阶级反动路线的组成部分》（1967年4月24日《人民日报》），《从政治上思想上彻底打倒党内一小撮走资本主义道路当权派》（1967年7月22日《人民日报》），《走社会主义道路，还是走资本主义道路？》（1967年8月15日《人民日报》），《从彭德怀的失败到中国赫鲁晓夫的破产》（《红旗》杂志1967年第13期），《两条根本对立的经济建设路线》（1967年8月25日《人民日报》），《揭开一个复辟资本主义的大阴谋》（1967年9月6日《解放军报》），《评陶铸的两本书》（姚文元作，1967年9月8日《人民日报》），《中国农村两条道路的斗争》（1967年11月23日《人民日报》），《把新闻战线的大革命进行到底》（1968年9月1日《人民日报》），《认真学习两条路线斗争的历史》（1968年11月25日《人民日报》）。

这次所谓“革命大批判”的特点是：第一，规模大，范围广。全国报刊连篇累牍地发表“批判文章”，各个领域、各个方面都有代表作，对刘少奇等人大肆攻击，目的是从政治上、思想上把刘少奇等人搞臭。江青1967年9月5日说：“现在对党内头号走资本主义道路当权派的大批判运动正在全国展开，各个战线上都在向他开火。要把他批倒、批臭、批深、批透。我曾经在一个场合讲过，要做到家喻户晓，使他臭得比当年苏联的托洛茨基还要臭。”第二，政治宣判，不容许讨论，不容许提出异议，不容许被批判者申辩。第三，若干“权威”的“批判文章”是江青等人组织、授意或在其影响下写成的。他们假“革命大批判”之名，行造谣、陷害之实。他们利用权力，利用中央报刊社论的名义发表“批判文章”，欺骗性极大。第四，以“左”倾思想批判正确的或比较正确的思想。“革命大批判”所批判的所谓“唯生产力论”“阶级斗争熄灭论”“福利主义”“三自一包”“三和一少”“利润挂帅”“物质刺激”“卖国主义”“洋奴哲学”“智育第一”“三名三高”“业务挂帅”“技术第一”等，都在不同程度上以“左”倾思想批判了正确的或比较正确的思想，混淆了是非，制造了混乱。第五，先定罪名，后拼凑材料。深文周纳，断章取义，随意引申，任意污蔑，歪曲历史，无限上纲。“革命大批判”践踏了社会主义民主和法制，传播和助长了“左”倾思想，推广了主观主义形而上学的否定一切的方法，影响深远。“革命大批判”是应该彻底否定的。它从反面说明了在建设什么样的社会主义和如何建设社会主义问题上的错误主张，没有也不可能促进“大联合”，反而加剧了群众之间的分歧。

1967年8月14日，中共中央发出《关于在报刊上点名批判问题的通知》。《通知》说：“为了把党内最大的一小撮走资本主义道路当权派批深批透，彻底肃清他们的流毒和影响，为了把这场革命的大批判更好地同各地区、各部门的斗批改结合起来，需要在中央报刊和地方报刊上公开点名批判一些中央部门、中央局和省、市委内的走资本主义道路当权派。”《通知》主要有三项内容：（一）已在中央报刊上点名批判的有彭真、彭德怀等七人，已在地方报刊上点名批判的有陶铸、王任重、李井泉、乌兰夫等十四人。“对于这些已经点名批判的修正主义分子，在中央报刊或地方报刊上还要继续深入地进行批判。”（二）在中央报刊上下一步拟予公开点名批判的“党内走资本主义道路当权派”有薄一波、吕正操、张闻天、张劲夫等十人。（三）在地方报刊上下一步拟予公开点名批判的“党内走资本主义道路当权派”有习仲勋、陈丕显、赵紫阳等二十四人。这个《通知》是完全错误的，混淆是非和混淆敌我，进一步煽起所谓“革命大批判”的“烈火”。

批斗王光美

“株连”是封建主义的。在“文化大革命”以前，株连的现象就已存在；在“文化大革命”中则极为普遍。因刘少奇错案造成22000余起错案，首先是株连到王光美。这里略说对王光美的一次批斗。

在打倒刘少奇以前，“无产阶级司令部”不同意开大会批斗王光美；在打倒刘少奇以后，批准了。1967年4月10日，清华大学举行了30万人的批斗会，批斗王光美，还有彭真、薄一波、陆定一、蒋南翔等300人“陪斗”。“盛况”空前，写下了“文化大革命”史上的“光辉”一页。在批斗会上，一伙人拳打脚踢，强迫王光美穿旗袍、戴用乒乓球串成的项链。王光美坚决抗议这种人格侮辱，她说：“毛主席指示，要文斗，不要武斗！”要她承认是“三反分子”，她义正词严地驳斥：“我从来没有反对过毛主席，永远不反。”

刘平平等在《胜利的鲜花献给您——怀念我们的爸爸刘少奇》中说：“妈妈在大会前，作了长时间的答辩。”事实上，王光美在会前、会后都作了答辩。“红代会清华大学井冈山兵团”的井冈山杂志社，1967年8月10日出了《井冈山》专刊，登了《三审王光美》。这是1967年4月10日在批斗会前和批斗会后“审”王光美的记录。全文太长，以下是摘录：

第一次审问

地点：清华中央主楼

时间：晨6点半左右

问：刘少奇为什么说《清宫秘史》是爱国主义的？

王：我从来没有听少奇同志讲过这个片子是爱国主义的。少奇同志肯定没有讲过。我相信毛主席，毛主席总会调查清楚的。

（同学要她穿上去印尼的衣服出去斗，王光美不干。）

问：这衣服一定要你穿上！

王：就不穿！

问：穿也得穿，不穿也得穿！

王：反正我不穿。

问：告诉你，今天是斗你。不老实，小心点！

王：我们好好谈谈好不好？

问：谁跟你谈？告诉你，今天是斗争你。

王：反正你们不能侵犯我人身自由。

问：（哄堂大笑）你是三反分子老婆、反动的资产阶级分子、阶级异己分子，别说大民主，小民主也不给，一点也不给，半点也不给。今天，是对你专政，没有你的自由。

王：这是绸子的，太冷了。

问："冻死苍蝇未足奇。"

王：如果我真反毛主席，那冻死就活该。

问：你就是反对毛主席。

王：我现在不反，将来也不反。

问：不行！都穿上。

王：你们没有这个权利。

问：我们就有这个权利！今天是斗争你，我们要怎么斗就怎么斗，没有你的自由。你那套真理面前人人平等的臭理论还是收起来吧。我们是革命群众，你是反革命臭婆娘，你混淆不了阶级阵线！

（时间到。捉鬼队员给王穿妖衣）

王：你们武斗，你们违反毛主席指示。

（众念：“革命不是请客吃饭……”）

王：谁反对毛主席指示就……（被打断）

（众念：“顽固分子，实际上是顽而不固……”）

王：你们用强制手段。

问：胡扯！是你侮辱我们。你穿上这套衣服去印尼与苏加诺吊膀子，丢尽了中国人民的脸。你侮辱了全中国人民。你还想倒打一耙。对你这个反动的资产阶级分子、清华园里的头号大扒手，对你就是要强制。

王：希望你们好好调查一下。

问：我问你，“打击一大片，保护一小撮”是谁干的？

王：真正的革命者是勇敢的，是勇于正视事实的。……反正“打击一大片，保护一小撮”肯定不是我，也不会是杨天放。谁是真革命的，谁干的谁自己承认。是谁说清华园是黑窝的，是谁说宁可怀疑九十九个也不放过一个黑帮……真正的革命者就要敢于站出来，谁干的谁自己承认。

问：你说，为什么打击基层干部，而何东昌倒在香山休养。刘冰、胡健在北京饭店，蒋南翔，同学提了多少回，你们就是不斗。

王：这我不知道，北京饭店是在开会。蒋南翔情况我是反映了。中央有同志批示（我不能说）不让拉回来斗。

问：派工作组的目的是什么？

王：同意派工作组是当时中央常委会决定的。当然毛主席不在，刘少奇要负主要责任。但真正他派的，只有我一个人。

问：就你这一个人就打多少革命群众成反革命？害了多少人？

王：我们没定一个反革命。

问：你赖不了“打击一大片，保护一小撮”的事实！

王：事实总是事实，应根据事实得出结论，这才是毛泽东思想。

问：不对。立场是主要的。你们站在反动的立场上就是看革命群众的阴暗面，反对文化大革命。我们看的事实，收集的事实就是和你不同。

王：现在有人推卸责任……如果是真正的革命左派应敢于承认事实。……怀疑一切是错误的，是谁提出的？

问：你们怀疑革命的一切，打击一切革命群众、干部。

王：反正“怀疑一切”不是我的思想，更不是刘少奇的思想，我们是反对“怀疑一切”的。

问：（气急、骂）大扒手、反动资产阶级分子，给中国人民丢脸，揭事实。（给苏加诺点烟）

王：我认为我没丢脸。那天是告别宴会，他坐在我旁边，我是女主人……应尊重印尼习惯。

问：你说，你把多少同学打成反革命，我们这里就有不少。

王：反正我们只批过，没有打成反革命。

问：谁让你反“假左派”的？

王：不是刘少奇。是工作组问我，是叶林、杨天放，他们说蒯写了一个夺权的标语，还有反映了与现在根本不同的片面情况，我就根据这些同意了。

问：刘少奇作了什么指示？

王：刘少奇对清华指示很少。

问：那你卖菜是谁让的？捞政治资本。

王：那是毛主席对刘少奇说：“王光美为什么过去四清时三同现在不三同啦？……”主席说：“可以参加劳动……这样可以

接受批评。”我听了很感动，就去劳动了。

问：那你老老实实劳动啊，为什么三个饭厅去卖菜。

王：走三个饭厅，不是因为接触不广吗？

问：你回答“打击一大片，保护一小撮”到底是谁推广的？

王：的确不是刘少奇。

问：蒯大富是谁定的反革命？

王：与刘少奇无关，也肯定没定反革命。

问：你交待，保蒋南翔是谁指示的？

王：蒋南翔性质未定的话是我讲的。但你们前后的话都不讲，只讲这句是断章取义。

问：同学们对蒋恨死了，你却说性质未定，不让斗。这不是保他是什么？你知道不知道？

王：我不知道。你们试试看，将来你们工作中不要犯错误。

问：你对批判《修养》怎么看？

王：这本书是唯心的，不谈阶级斗争，我同意报上发表的《红旗》评论员文章的几句话。至于反毛泽东思想，主观上我是不同意，是世界观没有改造好。

问：对戚本禹同志批《清宫秘史》的文章怎么看？

王：这部片子是彻头彻尾的卖国主义的，戚本禹同志批得很深很对。这部片子刘少奇没有说是爱国主义的。我和他一起看的，当时只看了一半，以后天亮了看不清了，他什么也没说。这是肯定的，他没说过。我和他一起看的，我知道肯定没说过。

问：照你这么说戚本禹同志在造谣了？

王：是不是有另外人假借刘少奇的名义说过这些话。

问：你觉得这文章写得对不对？这是毛主席看过的！

王：是吗？是主席看过的吗？我觉得还是从革命利益出发，从事实出发，如实向毛主席汇报情况。

问：戚本禹同志文章针对的是谁你清楚吗？

王：那他提的的确是刘少奇。

问：你对戚本禹同志提出的问题怎么看？

王：有的是刘少奇的责任，有的不是刘少奇讲的。

问：那么《红旗》上在造谣？刘不是走资本主义道路当权派？

王：相信毛主席，相信群众，过去就是相信不够才犯了错误。我在刘少奇身边工作了十几年，我觉得有出入，反正有许多不是刘少奇的事。说他是党内最大的走资本主义道路的当权派，我直接没感到这一点。

问：那叫叛徒集团自首是怎么说的？

王：这不是他指示的，是一个负责同志提建议他同意过的。

问：是谁？

王：我不说！

问：你包庇！快说。

王：（沉思一会）是柯庆施建议的，刘少奇同意了。

问：（气愤）不许你污蔑柯老！

王：反正我说话你们不相信，你们可以去调查好了。

问：王光美你说，你对刘少奇是党内最大的走资本主义道路的当权派怎么看？

王：我主观上还认识不到这个水平。反正在八届十一中全会以前主席许多事委托刘少奇、书记处处理，发生的事他要负责，但现在他靠边站了，不负责了，不当权了嘛。在反动路线时他是走过一段资本主义道路的。

问：就是反动路线这一点？

王：当然不止。凡是犯路线错误都走资本主义一段道路。

问：就按你的这种说法。你说说看刘少奇走过哪些资本主义道路？

王：山西老区互助组的批示，是错的，是他批的。合作社发展太快，他求稳，说要慢一些。1962年他对困难的估计过分。但“三自一包”“四大自由”谬论出来他是不赞成的，单干也是不赞成的。他那时许多关键时刻还是坚持社会主义的。

问：刘少奇宣扬“红色资本家”，说剥削好，也是主观上走社会主义道路吗？

王：刘少奇是讲了很多的错话，你们是指1950年他在天津的讲话，当时我也在，我知道的，有许多话是很错误的。当时天津有一种过“左”的情绪，不少人要消灭剥削阶级，是毛主席派他去纠偏的，他一些话是纠偏讲的，现在大字报上的话与他讲的有出入。

问：这么说，讲“工人就得剥削”是对的？

王：有些是错的。有的这样讲是对的，有的这样讲不好。这不能脱离环境。比如一个资本家与他座谈说剥削是罪恶，那开一个厂就大罪，再开一个厂罪就更大了。刘少奇说只要对国富民强有好处，开厂剥削，这样的剥削是需要的，工人也需要这样的剥削。这是特定条件下讲的，现在有人砍头去尾地讲这句话。

问：那鼓吹和平民主新阶段，散布对蒋介石的迷信是谁呢？

王：那不只他一个人。根据报纸上的报道，绝不是一个人责任，停战协定（决议）上写“和平、民主”很明显嘛。他现在把责任担起来，勇于承担责任。（众笑：这么他还是英雄了？）就是勇于承担责任嘛。

问：那你说，还有谁？

王：不用说了吧。

问：不行！迷信蒋介石的人要查出来。

王：我是中央工作人员，要保密。你们可以去查查报纸，有公开文章的！

问：那刘少奇贪污金皮带圈、金鞋拔呢？

王：金皮带圈、金鞋拔子是有这么回事。他做白区工作，随时有被逮捕危险，是应该身上带些东西的。

问："红色资本家"是谁提的？

王：不知道！反正不是刘少奇，他只说进步资本家。

问：你是否说过王光英这个大资本家好，还要拉他入党？

王：王光英不是大资本家，最多是中产阶级、民族资本家。他剥削是剥削，可是……你们可以调查一下，他是否可以起进步资本家的作用。他不愿当资本家，说资本家名声太臭，要求入党，党给他任务，让他做资本家的工作。

问：你现在对刘少奇到底怎么看？

王：说他一辈子反革命，不反资本主义，我没有充分材料。（同学要她戴上项链）

问：你说！江青同志叫你出国不要戴项链，你为什么非要戴上？

王：江青同志是要我不要戴别针，没说戴项链的事，但问题是一样的。

问：（逼）那你说《红旗》调查员的文章怎么样？

王：《红旗》调查员文章……（不语，同学吵、逼后，大声嘶叫）就是有很大的片面性！

问：好，记下来。

王：记就记，我说的，怕什么！"怀疑一切"肯定不是工作组搞的，更不是刘少奇搞的。清华，我们的问题肯定是右倾主义，是路线错误，我们是右倾不是形"左"实右。反正这"怀疑一切"肯定不是工作组搞的，我没有这个思想，刘少奇也没有这个思想。

问：那你说是谁？

王：反正有人。

问：无耻！蒙骗人家还夸耀。现在谁都看透你这个反动的资产阶级分子的本质了。

王：我不是反动的资产阶级分子，我是毛主席的共产党员。真理就是真理，可能是有资产阶级反动路线的影响。

问：你敢否定革命小将？

王：真正的爱护小将，应该是什么就说什么，不能歪曲事实来爱护革命小将……（被打断。众：你放毒！）如果你们摆事实讲道理，就让我把话讲完。毛主席说：坏话，好话，反对的话都要听，要让人把话讲完，你们要不摆事实不讲道理，那我就不讲了，你们斗吧！

问：我们就是要斗你这个反动的资产阶级分子，清华园的大扒手。

王：我不是，我是共产党员。

问：你不要给我们的党脸上抹黑了。干的丑事还少啦！桃园四清你干了些什么？

王：对四清材料你们了解了多少？你们都找什么人了解？你们下去五天，我待上一年了，比你们了解。你们要认真调查。

问：去你的。桃园经验臭透了。一会儿你听听。

王：桃园经验是好的，不是坏的。但有缺点有错误。

问：（大伙耻笑她）有功、有功。那么后十条看来也是好的，有缺点、有错误吧？

王：后十条是刘少奇改的。有些清规戒律，但精神是好的，是毛主席叫他修改的。

问：这么说后十条棒极了？

王：后十条有好的部分，但有形而上学，繁琐哲学，一些政策界限强调得过多，成清规戒律束缚了群众运动。（群众气极，给她“打扮”后照相。）

王：谢谢你们。你们不应该侮辱我。

问：刘少奇是镇压无产阶级文化大革命的罪魁祸首，你认为怎么样？

王：（避而不答）他是要负主要责任的。6、7月是他干的，但以后就不能归他。

问：归谁？你说！

王：他路线错误有影响，不能全归他，他有责任。

问：那蒯大富反革命很久翻不过来，谁负责？

王：蒯大富反革命不是刘少奇定的，刘少奇没跟我说过蒯大富是反革命。

问：他在《修养》中大骂有人要全党尊重他……是谁？

王：那是什么时候出版的？他不是骂主席，那指的是洛甫。

问：那1962年再版时为什么不修改，反而把斯大林都删了？

王：那不知道。他是坚决反修的。他改的地方有档案在。你们有条件就去查。毛主席说要出刘选，他不积极，后成立编辑委员会，要他修改出书，他看过一遍，有的是编辑委员会改的，他没注意，你们可以去查嘛。我知道，他是不反斯大林的，"九评"，"两论"，他都参加起草的。

问：戚本禹同志的文章你怎么看？

王：批这电影很对、该批。

问：不对，要害是揭开了"老革命"的画皮，暴露了假革命、反革命的本质。

王："言者无罪，闻者足戒"。

问：胡说！你顽固到底死路一条。我们就是要把刘少奇拉下马！

王：拉下马我同意，别人领导比他领导对党更有利。

问：王光美，你对戚本禹同志提的几个问题怎么看？（念戚本禹同志的文章最后的几个问题）

王：（1）没讲过。我不知道。（指老革命遇到新问题、疯狂进行资本主义复辟、猖狂反对毛主席三个问题）

（2）我等待毛主席讲话，等毛主席讲最后一句话。刘少奇并不是梦寐以求资本主义，他是想搞社会主义的，说猖狂复辟不是那样，愿意搞社会主义的。他特别谈了一些防修、反修、反资本主义复辟的问题，他经常想，但想不出办法，无办法没有水平，无魄力像毛主席这样搞文化大革命。他是考虑避免修正主义复辟的。我认为他最大的错误是没有提倡全党全民大学毛泽东思想，从他的地位、重要性、毛主席对他的信任来看，应很早就提出的，但他1966年才提出，这是他最大的错误。

（3）他没有反对过毛主席，更没有什么猖狂。他有违反毛泽东思想的地方，有不少是世界观问题。

（4）他没有大肆宣扬。他是想保存革命有生力量。当时白区损失极大，日本人又要进攻，因为一些人不知名，影响并不大，就让他们自首了。北京61个人，天津几十个人。至于自首书的措词，什么“坚决反共”，他不知道的。

（5）起草的文件，中央是看过的，当然他要检讨，但同一个文件他提出过积极练兵。当时这些是可能造成不好的影响。

（6）他反对资本主义改造？没有！在天津讲话是错误的，但改造资本家他是积极赞成的。合作社问题他是同意过一些同志的意见，主要是邓子恢干的。

（7）八大报告是有缺点，但是这并不是他一个人的问题。八大决议好像也有错误。……主席没看过？……这是很匆忙的，刘少奇决议好像看得也很匆忙。不过文件出来很久了。毛主席、党中央未表态。

（8）这不是刘少奇说的。他只是对困难估计过分了。可能是会助长歪风滋长。

（9）刘选编委会叫他审查的，他对此不积极。

（10）他是过分强调了阶级斗争，过分强调了扎根串连。有些话使人感到农村漆黑一团。

（11）对6、7月之前我同意毛主席大字报观点。6、7月后他也要负责任。是不是都要他负责，那我就不了解情况了。

（王光美准备“坐牢”，将毛巾、牙刷……什么都带来了。）

问：王光美，你怕不怕？

王：我怕什么。我不怕。

第二次审问

时间：4月10日下午1点

地点：清华主楼803

问：你对戚本禹同志文章怎么看？

王：戚本禹同志写得很好，旗帜鲜明。根据我知道的事实，刘少奇是假革命、反革命的结论我得不出。1950年我同刘少奇一起看这部电影时，他没有讲什么。主席要批判，他没批判，这是错了。反正我没有听他说过这片子是爱国主义的。戚本禹同志文章出来后，我很气愤，也很关心。毛主席说我们要关心国家大事嘛，我又问了刘少奇一次，与他回忆了很久，他也说没说过。我们相信毛主席，伟大的毛主席会弄清楚的。

问：照你这么说刘少奇还是老革命？文化革命也只是“老革命遇到新问题”？

王：刘少奇在文化革命中犯错误不是偶然的，他自己也说不是偶然的，他的世界观没有根本改变，不可能不违反毛泽东思想，他是要负主要责任。他没有毛主席的胆量和魄力来发动领导这场史无前例的无产阶级文化大革命。过去，我的错误是相信党、相信毛主席不够，相信群众不够。现在，我愿意交真心给你们。我对“假革命”“反革命”的确没有认识到。

问：问你，你对今天斗争大会怎么看？

王：今天大会表现了群众的愤怒。我个人受一些委屈也没啥。毛主席教导我们也要经风雨见世面嘛。我希望你们给我听录音，我听到的太少了，我应知道自己犯了什么错误。也应让刘少奇知道。

问：狡辩！我问你，桃园经验到底怎么样?

王：我认为桃园经验是成绩多缺点少。

问：嗬！还成绩呢？你倒成了有功之臣了。

王：成绩不是王光美的，是毛主席的，是毛泽东思想的。

问：不许你污蔑毛主席。

王：我去桃园，许多人都不支持。刘少奇是主张我去的，那时就只有毛主席支持我去。

问：可是你呢，大整社员，大整同学，毛主席支持吗?

王：那，人的认识有个过程，这是符合毛泽东思想的，不然正确思想从哪里来?

问：再问你，刘少奇在天津讲的反动话你怎么看?

王：天津讲话，有好的，有不好的，有错误的。他是毛主席派去的，是针对一些人“左”倾情绪去纠正的。他说的话有些是很不好的。但“红色资本家”不是他讲的，我知道，我不说是谁。刘少奇只讲过进步资本家，资本家是有先进的，落后的。

问：谁说的“红色资本家”？

王：我是中央工作人员，要保密。

问：不行！你是专政对象，说！

王：还是不说的好，我知道你们要揪。

问：算了吧！谁不知刘少奇是老机会主义者。

王：是的，是有人批评他老右倾，立三路线时批评他右倾，王明路线也批评他右倾……（被打断）

问：恶毒！你说现在是什么路线？不许赖！

王：我是说过去。

问：你对《论修养》怎么看？

王：我同意《红旗》评论员的话。

问：戚本禹同志文章呢？

王：（避而不答）

问：赶快交待你和刘少奇攻击中央文革的罪行。

王：刘少奇没有罪行，叫我交待什么？

问：少耍赖！你对中央文革到底怎么看？

王：越是做工作多的，缺点错误是不可避免的。真正的革命者要自我批评，中央文革是经常检讨自己的工作的，我从讲话上看到过。大字报上边也有提意见的嘛！

问：三反分子的臭老婆，我们早定你……（被打断）

王：中国的妇女中国的女共产党员是独立的，不能因为丈夫错了，老婆就一定错，老婆错了，丈夫就一定错。

问：你们俩本来就是臭味相投，你是什么共产党员？你是刘少奇拉入党内的阶级异己分子！

王：我入党不是拉进来的，我有手续的。

问：你介绍人是谁？

王：反正不是徐冰，外面是谣言。

问：谁？

王：一个姓孙，一个姓赖。

问：叫什么名字？在哪儿工作？

王：（不说）我的历史，我全部向组织汇报过了，你们可以通过组织调查，这些没必要说。

问：我们就要你说，谁看你档案？说！刘少奇对戚本禹同志文章怎么看？

王：文章发表后，他很仔细地看了两遍，我想他不会承认假革命、反革命。刘少奇说他从来没说过是爱国的。我们一起回忆过这件事，那回是谁推荐的，什么过程，我都忘了，反正是演到一半天就亮了，看不清，我们什么也没说。

问：你是不是说戚本禹同志、《红旗》在造谣？

王：戚本禹，我一直认为是好同志。是不是有人造谣，我不知道，反正刘少奇没说过。

第三次审问

时间：4月10日5点40分—10点零5分

地点：主楼803

问：刘少奇是反党头子，知道吗？

王：毛主席十一中全会上没有这么说。17年来成绩是毛主席的，刘少奇是第一线，有错误是他的。

问：你说《红旗》文章你同意，那刘少奇是否在搞修正主义那一套？

王：说《论修养》是唯心的还可以，否认无产阶级专政等我还想不通……

问：《修养》和赫鲁晓夫是否一样？

王：有某些方面一样，也有合乎马列主义的。

问：哈！这不是修正主义吗！打着红旗反红旗，你自己回答了这个问题。1962年大量印发出版是谁定的？

王：可以查嘛，不是刘少奇亲自抓的。不知道。

问：戚本禹文章好得很还是糟得很？

王：从批《清宫秘史》和肃清刘少奇影响是好得很，但对于事实我有保留。是假革命反革命我未认识到。刘少奇从来没有讲过是爱国主义。

问：难道《红旗》文章不符合毛泽东思想吗？

王：我不知道毛主席亲自看过。

问：你相信不相信中央文革？

王：中央文革在文化大革命中建立了不朽的功勋，总的是相信的，每个成员是否都相信，那我有保留……

问：戚本禹文章的结论是中央文革的，你拥护中央文革吗？

王：那为什么不以中央文革的名义发表呢？

问：刘少奇看了戚本禹文章什么态度？

王：刘少奇，反正不是反革命。

《三审王光美》这份资料相当难得，所以在这里作了详细摘引，既可以让年轻的同志们见识一下“批斗”，也可以让尊敬的读者了解更多情况。王光美不屈服淫威，坚持原则，坚持真理，难能可贵。

八 「刘少奇专案组」始末

黄峥

在「文化大革命」中，「刘少奇专案组」采取弄虚作假、刑讯逼供等恶劣手段伪造证据，于1968年9月炮制出三本所谓的「罪证材料」，将中共中央政治局常委、国家主席刘少奇打成「叛徒、内奸、工贼」。设立这个专案组，既没有中共中央的文件，也没有全国人大常委会的决议，更没有通过中共中央全会和全国人民代表大会。那么，这个「专案组」究竟是怎样成立起来的呢？它都干了些什么呢？

1966年8月中共八届十一中全会后，在重新选举的中央政治局常委中，刘少奇从第二位下降到第八位。这是他在接见红卫兵大会的主席台上。

在“文化大革命”中，“刘少奇专案组”采取弄虚作假、刑讯逼供等恶劣手段伪造证据，于1968年9月炮制出三本所谓“罪证材料”，将中共中央政治局常委、国家主席刘少奇打成“叛徒、内奸、工贼”。设立这个专案组，既没有中共中央的文件，也没有全国人大常委会的决议，更没有通过中共中央全会和全国人民代表大会。那么，这个“专案组”究竟是怎样成立起来的呢？它都干了些什么呢？

一

1966年8月中共八届十一中全会后，刘少奇受到批评，不再参与中央领导工作；10月中共中央工作会议后，全国开展了批判“刘、邓资产阶级反动路线”的浪潮。但在这时以及之后的一段时间里，许多事实证明，毛泽东仍把刘少奇作为党内问题和人民内部矛盾对待，并非要打倒刘少奇，也没有要对他立案审查。

1966年11月3日，在接见红卫兵的群众大会上，毛泽东在天安门城楼特地走到刘少奇跟前，询问了他的工作、生活情况。当刘少奇表示要到群众中去接受锻炼时，毛泽东说：你年纪大了，就不要下去了。1967年1月初，北京建筑工业学院两派红卫兵组织几次“勒令”刘少奇到该院检查。毛泽东获悉后派人转告刘少奇不要去。1月13日，毛泽东把刘少奇接到人民大会堂谈话，要他“好好学习，保重身体”。1月17日，毛泽东在会见一位外国党领导人的谈话中还称“刘少奇同志”，并且说：“刘、邓是不是能选上（按：指中央委员），我的意见还是应该选上。”2月12日至18日，毛泽东在同张春桥、姚文元的三次谈话中讲道：刘少奇看来九大还要选他当中央委员。

毛泽东什么时候改变了不打倒刘少奇的态度呢？根据现有材料分析，作出这一决定的时间大约是1967年3月。

3月16日，毛泽东同意在重印《毛泽东选集》时删掉原有赞许刘少奇的一段话。同日，经毛泽东批准，中共中央印发了关于61人出狱问题的材料，在批语中用了“刘少奇策划和决定”“刘少奇、张闻天这个叛卖的决定”等严厉的字眼。3月21日，毛泽东同意调查刘少奇的历史问题。在这段时间里，戚本禹的批刘文章《爱国主义还是卖国主义》在最后一稿中增加了攻击、责问刘少奇的“八个为什么”，称刘少奇为“假革命、反革命”。这篇文章经毛泽东批准，于3月30日公开发表。

是什么促使毛泽东改变了对刘少奇的态度？主要是两个原因。

首先是由于林彪、江青一伙的阴谋陷害。林彪、江青集团中的骨干分子，几乎都是靠反刘少奇起家和攫取高位的。他们当然不愿意继续保留刘少奇的任何职位，从而对他们的政治地位和野心形成威胁。同时他们懂得，不经过毛泽东，打倒刘少奇是不可能的。于是，他们借用群众揭发和专案工作等名义，竭力对毛泽东施加影响。

早在1966年8月，中共八届十一中全会尚未结束，叶群于8月11日、12日两次找人口授诬陷刘少奇的材料，要他写成书面揭发。13日，林彪看了写出来的材料。14日，林彪在家里找这个人谈话，要他把书面揭发改成向林彪、毛泽东写信的形式上报，并说“这样更政治化些”。当天，林彪就把这封信和诬陷刘少奇的材料批送江青，要她“酌转”毛泽东。

在诬陷刘少奇的阴谋活动当中，康生是一个十分毒辣的角色。

1966年8月13日，由康生妻子曹轶欧出面向中央一位领导同志写信，揭发王光美的所谓问题，并攻击刘少奇包庇王光美。这封揭发信在部分中央领导同志中作了传阅。9月16日，康生亲自给毛泽东写信，重提1936年薄一波等61人经组织决定出狱一事，并说什么“少奇的决定，就使这些人的反共叛党合法化了”。康生这阴险的一招，使毛泽东把刘少奇和整个干部队伍的问题看得更加严重。

在“怀疑一切”极左思潮的影响下，群众中也捕风捉影地揭发出了各种各样的问题。许多造反派、红卫兵组织把那些道听途说、张冠李戴的事情郑重其事地整理上报。林彪、江青等人利用这一情势，有计划、有预谋地将这类材料择要报送毛泽东，有的在一定范围内印发、传阅。在相当长一段时间里，形形色色的揭发材料，包括说刘少奇几次被捕叛变等假材料，源源不断地通过各种渠道摆在了毛泽东的面前。

从毛泽东以后的多次谈话看，在这些连篇累牍的材料中，对他影响最大的还是所谓被捕叛变问题，终于促使他从根本上改变了对刘少奇的看法。后来他在接见外宾以及内部谈话中，在讲到刘少奇问题时，一再说“那时还不知道他的历史情况”，是“我们红卫兵现在查出来的材料”，并多次讲了“被捕叛变”的例子。

其次，随着“文化大革命”局势的恶性发展，1967年以后，在上海“一月风暴”的影响下，各地造反派纷纷抢印夺权，派性恶性膨胀，局势混乱不堪。毛泽东虽然采取了命令解放军“三支两军”、号召大联合、停止大串连等一系列措施，但未能奏效。

1967年2月发生了谭震林、陈毅、叶剑英等老一辈革命家拍案而起，反对“文化大革命”的所谓“二月逆流”事件。同时，所谓“向走资派夺权”的部署在全国各地引起干部群众的不满，受到普遍抵制。毛泽东既然在全局上坚持“文化大革命”，当然不能容忍这种种行为。他认为刘少奇虽然被批判了，但运动遇到了“刘少奇代理人”的抵抗，“从上至下各级都有这种反革命复辟现象”。

这样，为了用釜底抽薪的办法击退所谓的复辟逆流，为了通过“团结一致、共同对敌”来克服派性，在一定程度上控制全国性的动乱，于是一错再错，把刘少奇作为靶子，彻底打倒。

林彪、江青一伙在“倒刘”问题上起了极为卑劣的推波助澜作用。他们除了不断向毛泽东递送诬陷材料外，还利用各种机会煽风点火，在社会上制造“倒刘”舆论，使之成为既成事实。

1966年12月18日下午，张春桥在中南海西门以中央文革小组副组长的身份召见清华大学造反派头头蒯大富，指使他发动“倒刘”行动。12月24日，戚本禹在北京矿业学院宣称“刘、邓是党内最大的走资本主义道路的当权派”。12月26日，康生在人民大会堂接见“全国红色劳动者造反总团”时，公然将刘少奇称作“赫鲁晓夫”。蒯大富从张春桥那里领受旨意后，于12月25日发动“打倒刘少奇”的大规模行动，率领数千人到天安门广场召开“誓师大会”，又分几路到北京主要闹市区广播、演讲、散发传单，大量张贴“打倒刘少奇”“和刘、邓血战到底”的大字报、大标语，并且醒目地贴到了天安门城墙上。12月27日，北京高等院校造反派在工人体育场召开“彻底批判刘、邓资产阶级反动路线大会”，在社会上刮起了一股“倒刘”狂潮。

与此同时，江青等人有意发动各方面力量加强“倒刘”舆论。12月30日，江青、王力、关锋、姚文元到清华大学，对蒯大富表示“坚决支持”。12月31日，江青单独召见刘少奇的女儿，策动她起来造父亲的反。在戚本禹的直接指使下，从1967年1月1日起，中南海内的造反派多次去刘少奇住处骚扰、围攻、批斗。1967年1月4日，康生在人民大会堂小礼堂把准备好的一卷刘少奇讲话材料交给蒯大富，要他“回去后组织批判”。蒯大富回校后即组织人马贴出了大量批刘大字报。1月6日，清华大学的造反派将刘少奇、王光美骗出中南海，并将王光美绑架到清华大学，随即又在社会上大肆宣传了这次所谓“智擒王光美”事件。1月9日，谢富治在接见全国公检法系统赴京代表时，号召“全国政法战线立即行动起来，向赫鲁晓夫式的人物刘少奇、邓小平开火”。

由于江青等人的策动，到1966年底、1967年初，“倒刘”活动蔓延到全国，并且愈演愈烈。毫无根据地攻击、丑化刘少奇的行动到处出现，全国已经形成了“打倒刘少奇”的舆论环境。

对刘少奇进行专案审查，就在这种种复杂背景下开始了。

二

1966年冬，在极左思潮泛滥的情况下，“倒刘”气氛日浓，社会上冒出了一些揭发刘少奇、王光美有所谓“历史问题”的材料。在12月的一次中央碰头会上，议论了这些情况并提议组织班子进行审查。但当时刘少奇还是中央政治局常委、国家主席，因此不便直接设立审查刘少奇的专案组，决定先设立王光美专案组。大约在12月15日至18日之间，拟了一个“王光美专案小组领导成员名单”。这份手写的字迹潦草的名单侥幸保存了下来。它既没有标题，也没有日期，更没有注明是在什么会议上、由哪些人研究决定的。然而，就是这份无头无尾的名单，成了设立“王光美专案组”的依据。名单全文如下：

谢富治（组长）

江　青　汪东兴

萧　华

叶　群

伯　达（顾问）

据当事人回忆，名单中江青换成汪东兴，是江青出于某种原因自己提出来的，要陈伯达当顾问，是林彪提议的。从字迹看，圈掉江青、添上汪东兴，是林彪的手迹，“伯达（顾问）”几个字则是陈伯达所写。这两处的字体和其余名字的字体不一样，显见是后来所作的增改。在这份名单的上方，还写有“王光美专案小组领导成员名单1966.12.18富治同志交来”字样，这是专案组管理档案的工作人员标上的。

领导成员确定后，从军委办公厅、公安部等单位抽调了4名工作人员。1966年12月18日晚，由谢富治、汪东兴主持，在中南海西楼一个小会议室召集抽调来的人员开会，正式成立专案组，当时宣布“名称暂叫中央办公厅丙组”。谢富治在会上说：“中央决定成立一个专案组审查王光美。”他拿出上面介绍的那份专案小组领导成员名单，交给专案组，要他们好好保存。

1967年3月，刘少奇问题明显升级。3月9日、10日，陈伯达、康生在部队军以上干部会议上讲话，点名对刘少奇从历史到现实进行了系统的批判。3月21日下午7时半，毛泽东、林彪等中央政治局常委接见与会人员后，留下来议论一些问题。议论中对有人提到“刘耀祖案中涉及刘少奇在1927年叛党嫌疑问题”作了研究，决定把这方面的材料交丙组专案办公室即“王光美专案组”调查研究。据戚本禹回忆，这项工作当时指定由康生分管。

这次议论没有记录，后来也没有形成文件。康生似乎对这种方式有点心虚而这件事又归他分管，所以事后他让工作人员手写了一份备案性质的“关于专案问题纪要”，其中说：“汇报中涉及到有人控告××自首叛变和刘耀祖案中涉及刘少奇在1927年叛党嫌疑问题。共同研究之后，决定：“关于刘少奇1925年在长沙被捕、1927年叛党嫌疑及1929年在沈阳被捕等材料，交丙组专案办公室调查研究。”康生亲笔在最后注了一行小字：“1967年3月25日林彪、恩来、伯达、康生都看过。”

这份手写的不伦不类的东西，就成了对刘少奇进行专案审查的依据。

据参加过刘少奇专案工作的肖孟回忆，1967年夏有一次他问康生：设立刘少奇、王光美专案组有没有文字的批示？康生说，毛泽东在西郊机场接见红卫兵时他曾汇报过，并写过一个备忘录交给了中央办公厅负责人。现在分析，康生所说的“备忘录”，就是这份“关于专案问题纪要”。

需要指出的是，这份手写件表明，当时只是决定把有关材料“交丙组专案办公室调查研究”，并没有提出要成立刘少奇的专案组，但康生、江青等人在后来的实际操作中却设立了一个相当庞大的“刘少奇专案组”。

这个专案组的名称很混乱。1966年12月刚成立时叫“王光美专案小组”，对外叫“中央办公厅丙组”。1967年3月康生在那份“备忘录”中又把它叫做“丙组专案办公室”。1967年5月中旬，谢富治向“丙组”人员宣布，丙组改为“刘少奇、王光美专案组”，对外叫“五〇四组”，组织上归中央专案审查小组第一办公室领导。在专案组的文件中，也是几种名称混用，有时单独用“王光美专案组”或“刘少奇专案组”，有时用“刘少奇、王光美专案组”或“刘、王组”。

这个专案组在中共八届十二中全会对刘少奇定案后继续存在，大约到1973年6月后才结束。这期间有一个值得注意的现象：虽然专案审查刘少奇从1967年3月已正式开始，5月以后进展加速，但一直到1968年4月中旬以前，关于刘少奇案情的各种请示报告仍用“王光美专案组”的名义，1968年4月下旬起才用“刘少奇、王光美专案组”的名义。这可能也是江青、康生、谢富治等人心虚的一种表现。

专案的领导成员和工作人员变动更大。1966年12月刚成立时领导成员中有萧华，萧华不久遭到诬陷迫害，当然也就不可能再参与其事。1967年9月11日，谢富治亲笔写了一个便条，里面说："王光美专案成员于下：江青、谢富治、戚本禹、汪东兴、叶群组成王光美专案小组。"这里所说的"王光美专案小组"实际上已经是"刘少奇、王光美专案组"。

究竟多少人参加了刘少奇、王光美专案的工作？现在已经难以准确统计。专案组的机构几经改组、扩充，人员也就一再调整、增加。1966年12月刚组建"王光美专案小组"时，只有几名相对固定的工作人员，以后陆续增加到数十人。工作人员中经常有人调进调出，有些人只参与了某一项工作或一段时间的工作。有一个时间，在专案组正式机构之外还建立了若干个"外围组"，担负一些次要工作。至于从一些省、市、地方部队和红卫兵组织中抽调人员配合工作或参与一部分工作的，那就更多了。例如集中关押该案嫌疑犯的北京第二监狱，一次就从军队借调了100多名干部做审讯工作。为查所谓"1929年刘少奇在沈阳被捕叛变"的证据，光沈阳一地就组织了400人的"彻查队伍"查阅敌伪档案，结果一无所获。

专案工作人员中有些人因不被信任而调离，有的甚至被关押坐牢。1967年11月，谢富治下令将公安部抽来的人全部撤出，另从军队调入一批干部取而代之。曾担任专案负责人的肖孟，被江青点名批评，于1967年11月被逮捕入狱。

尽管专案人员有很大变动，但这项工作一直处在江青、康生的操纵之下，前台的直接负责人则主要是谢富治。

1968年2月22日，谢富治在专案组的一份报告上批道："大叛徒刘少奇一案，主要工作都是由江青同志亲自抓的。今后一切重要情况的报告和请示都要直接先报告江青同志。"6月27日下午，谢富治又专门向专案组人员谈了这一问题，当时专案组一个工作人员的笔记本上就记录着谢富治的指示："今后，应当原原本本地向江青同志报告，并要把犯人的原件供词送上。""要有组织观念，脑子里要有个江青同志，重大事要请示江青同志，有利于把案子搞好，有利于把叛徒抓完，有利于把文化大革命搞好。”据戚本禹回忆，中央常委分工由康生负责刘少奇一案，对此他还提供了一个细节，说：“主席把这样重要的工作委之于康生，康生很高兴。那时陈伯达与康生闹矛盾，把康的夫人从中央文革办公室挤走了，康的情绪一度不大好。主席委托他这项重要任务以后，他的情绪又好起来。”

整个专案工作过程受江青、康生、谢富治这三个人操纵和直接指挥的痕迹是非常明显的。要事都要向他们直接汇报，专案材料和工作报告都要首先经过他们之手才能上报或作进一步处理。他们还不断地发出各种各样的指示，然后要专案组照办、落实。稍不如他们的意，就要批评、整顿，一直到按他们的旨意行事、达到他们的要求为止。

三

中共十一届三中全会以后，中央纪律检查委员会和中央组织部对刘少奇一案进行了复查。结果证明，在江青、康生、谢富治主持下搞出来的《关于叛徒、内奸、工贼刘少奇罪行的审查报告》，完全是凭伪证拼凑成的，所有指控都不能成立。

伪证为什么能够制造出来？原因很复杂。主要是林彪、江青一伙有意诬陷，而“文化大革命”中的极左路线，则为他们的非法活动提供了条件。1966年底，“打倒刘少奇”的舆论和行动从北京蔓延到全国。12月，北京地区一些老红卫兵，因为为刘少奇鸣不平，被中央文革下令抓了起来。中央政治局常委、书记处常务书记陶铸，也因为有过一些保护刘少奇、邓小平的言论，被打成“中国最大的保皇派”，于1967年1月被突然打倒。在“打倒一切、全面内战”的局势之下，社会秩序一片混乱，法制破坏殆尽，使江青之流得以为所欲为，大售其奸。

伪证是怎样制造出来的？现在看来，直接的手段主要是弄虚作假、逼供信。间接的手段大体有以下三个方面。

一是先定性，后罗织罪名。1966年12月下旬，在尚未对刘少奇作任何审查的情况下，江青一伙就宣称刘少奇是打倒对象，鼓动造反派采取“倒刘”行动。12月31日江青对刘少奇女儿说：“刘少奇的问题早就定了，现在不解决，是因为怕全国人民转不过弯来。”到了1967年，设立了刘少奇专案，但还没有进行调查取证，可江青、康生等人在不同场合的讲话中，提到刘少奇时总要毫无根据地冠以“反革命”“大叛徒”等帽子。1967年3月30日发表的戚本禹《爱国主义还是卖国主义》一文，以权威的口吻宣称：“你（指刘少奇）根本不是什么‘老革命’！你是假革命、反革命，你就是睡在我们身边的赫鲁晓夫！”8月4日康生对专案人员说：“刘、邓、彭、罗、陆、杨等是老干部、老革命吗？他们是一贯的反毛泽东思想的大叛徒、老反革命。”谢富治曾对专案组工作人员说：“对刘、邓、陶要作拼死的斗争，坚决打倒。办案就是伟大的革命，就是你死我活的斗争。”

在一段时间里，专案组费尽心机仍未找到能说明刘少奇有所谓“自首叛变”的证据。江青对此大为恼火，1968年3月13日她在八个专案组会议上说：“我觉得你们现在主要是思想不解放，右倾保守。要解放一下思想嘛！”她武断地说：“刘少奇是个大叛徒、大内奸、大特务，小将整理的材料，比你们整理得好。你们现在的材料有进展，但有好多东西没有超过红卫兵的材料。”

二是对办案人员威逼利诱。江青、康生等人对抽调来参加专案工作的人员用又打又拉的手法不断施加压力，严密控制。康生曾假惺惺地对办案人员说：“你们的前途很伟大，不要骄傲；你们是中央信任的干部。一个同志为党中央所信任、所依靠，比什么级别都重要。”“你们填干部履历表，填上哪年哪月在中央搞专案，比提级还光荣。”江青也多次吹“搞专案的同志是无名英雄”，“是毛主席的好战士”。平时，他们一再强调专案对象都是敌人，对这些人要狠。1967年10月23日谢富治在中央专案小组办公室会议上说：“所有列入专案的，都是反对以毛主席为首的无产阶级司令部的人，要同这些人作坚决的不可调和的斗争，绝不能施仁政，不能妥协。”康生说：“现在打的是尖锐的隐蔽的国共战争，没有坚强的阶级立场，专案是搞不好的。”当办案人员稍有不慎，或有不同意见，轻者被他们斥为“右倾”，重者逮捕入狱，有的受到处分或送回原单位挨批。“刘少奇、王光美专案组”的领导班子换了三次，有二人被关进监狱。

1968年3月江青批评“刘少奇专案组”说：“有个案子我很不满意。王世英说他半身不遂，还能全家去照相，摔了一跤也没有死。你们右倾，不要嫌我说话尖锐，王世英是怎么回事？我看肖孟对他就是有包庇。”6月27日谢富治也批评专案组说：“你们老犯错误，老不转变，怎么行呢？是否仍按肖孟的胆大包天办事？”肖孟曾是专案组的负责人之一，后来被关进秦城监狱5年，1979年12月他在回忆中说：“他们不断给专案组施加压力，反右倾。在调查、看材料中如实反映某些情况时，就以客观主义、扩散专案材料等罪名，停止专案人员工作，查封档案材料，有的被赶出专案组，甚至被关起来。搞专案的人思想负担很重，精神压力很大。在我被关进秦城监狱后，甚至有这种想法，宁肯坐牢，也比按那些人的旨意昧着良心办事为好，倒感觉自慰一些。”

三是剥夺被审查人申辩、申诉的权利。无论是刘少奇、王光美本人，还是那些牵连进来的审查对象，都没有机会也不准许为自己辩护、申诉。专案组在存在的3年时间里，从未同刘少奇、王光美接触过，一次也没有听取过他们的申述。据肖孟说：“专案组曾向江青、康生、谢富治等提出这个问题，但他们拒不同意专案组和刘少奇见面和接触。这一方面说明对专案组的人不信任，另外，怕露出破绽，甚至怕专案组受影响而不能按着他们的指令办事。”

对其他受到牵连的人和“嫌疑人员”，一旦被列为审查对象，就只能交代问题，不能申辩和上诉。这些人只要一为自己辩解，便被斥为“不老实”“翻案”，受到更加严厉的批斗。审讯时对为自己辩护的供词，不写入审讯记录，不准写书面材料，写出了也被扣压，不让办案人员上报和转送。有时办案人员反映一点这方面的情况，就被指责为“右倾”“为某某人翻案”。

肆意关人捕人，然后加以刑讯逼供，是江青等人操纵“刘少奇专案组”炮制伪证的直接手段。

一开始，江青等人曾寄希望于能找到物证。因此他们一方面动员全国各地揭发，一方面不惜劳民伤财组织大批人马从故纸堆中查找。在毫无所得的情况下，只好不择手段从犯人嘴里掏口供。

为获取口供，专案组先后以莫须有的罪名关押了一批人。其中有很多是高级干部、高级知识分子、民主人士，也有普通的居民、炊事员、保姆。据不完全统计，被专案组直接关押的有64人。至于因专案需要或稍有嫌疑而由有关部门、单位收审的，那就更多了。

在专案组关押的人中，有相当一部分是江青、康生、谢富治直接批示的。1981年1月最高人民法院特别法庭在对林彪、江青反革命集团主犯的判决书中说：“1967年，江青为了制造诬陷刘少奇的伪证，决定逮捕关押河北省副省长杨一辰（原中共满洲省委组织部干事）、中国人民大学教授杨承祚（原辅仁大学教授、王光美之师）、天津市居民王广恩（原奉天纱厂协理）和刘少奇的炊事员郝苗等11人。”实际上这11人仅是江青一人单独批示的，还不包括她和别人共同批的在内。

江青一伙抓人是很随意的，且手段卑鄙。这里举两个例子。

1967年9月1日，中国人民大学的红卫兵组织“人大三红”给江青报送一份揭发材料。其中说：北京大学地球物理系主任苏士文同王光美1946年到军调部工作有关，王光美曾介绍苏士文去张家口参观。江青不作任何调查，即在这份材料上批道：“可考虑拘留苏士文。红卫兵抄过他家。寄给我的东西，我转给富治同志了。”她似乎有些心虚，又在旁边加批：“要群众揪送也可。又及。”江青在这句加批的话下面画了一道粗线和4个圆圈，以示重要。谢富治心领神会，指示说：“完全同意江青同志意见，由群众揪送公安机关审讯。”这样，苏士文就被以群众揪送公安局的名义关了起来。

“人大三红”的这份材料上还有这样一句话：“据×××一家交代，转让给王光美的保姆祁妈只在王光美家干了几个月就走了。”江青对这句平平常常的话竟如获至宝，在旁边批道：“一定要找到祁妈！请东兴同志注意。”这个叫祁妈的人当然也很快被“找到”并关了起来。可是，祁妈只是一个普普通通的保姆，她的名字叫孙淑珍。在她莫名其妙地被关了两年之后，专案组1969年10月在《重点审查对象表》中写道：“孙淑珍，北京市崇文区南里街道托儿所保育员。关押地点：陶然亭监狱。关押原因：给杨承祚、袁绍英和王光美当过保姆，有参与美特王、杨、袁特务活动嫌疑。经查实，本人历史未发现政治问题，与王、杨、袁系雇佣关系。处理意见：释放原单位。”

江青之流为迫害刘少奇随意关人捕人，由此可见一斑。

专案组关押人用了逮捕、拘留、监护、隔离审查、办学习班等不同名义，但目的都是一个，就是要从这些人身上逼出能将刘少奇定罪的口供。他们将人抓来之后，采取勒令交代、长期隔离、日夜审讯、轮番批斗、软硬兼施等手段，编造假情况，拼凑假证据。1968年9月“刘少奇、王光美专案组”整理上报的三本所谓“罪证材料”，主要就是这种逼供信的产物。

专案的本意是指需要专门处理的重要事件或案件。在“文化大革命”中，它被作为审查、打倒干部的一种常用的方式。难以计数的干部被列为专案审查对象，造成了大量的冤假错案。林彪、江青集团更是把专案作为他们篡党夺权的一个工具，通过设立和操纵专案机构，罗织罪名，将一大批功勋卓著的老一辈革命家和高级干部打成叛徒、特务、反革命。“刘少奇专案组”是其中最突出的一个。1978年12月中共十一届三中全会总结了这方面的沉痛教训，指出：“会议认为，过去那种脱离党和群众的监督，设立专案机构审查干部的方式，弊病极大，必须永远废止。”

九　伪证是怎样制造出来的？

李耐因

诬陷刘少奇同志是「叛徒」「特务」「反革命」的伪证是怎样制造出来的？特别法庭第一审判庭经过对「林彪、江青反革命集团案」主犯江青的审讯，揭露出真相——这是江青一伙采取法西斯手段逼供诱供、编造出来的。

1966年秋，刘少奇和周恩来、邓小平在天安门城楼中央大厅外交谈。此时，刘少奇已受到批判并离开领导工作岗位。

诬陷刘少奇同志是“叛徒”“特务”“反革命”的伪证，是怎样制造出来的？特别法庭第一审判庭对林彪、江青反革命集团案主犯江青的审讯，揭露出真相——这是江青一伙采取法西斯手段逼供诱供、编造出来的。

特别法庭出示了13年前被告人江青批准的审讯计划报告，播放了在江青指挥下“突击审讯”张重一教授的录音，宣读了证人的证词。

张重一，1967年时67岁，解放前曾任辅仁大学代理秘书长，解放后任河北北京师范学院外语系教授。他既不认识刘少奇，也不熟悉王光美。但他认识杨承祚教授和杨的夫人袁绍英，杨、袁认识王光美，就这样，张就成了“证明”刘少奇、王光美是“特务”的“关键人物”，被拘禁起来。

当时，张重一已是肝癌末期。医生鉴定：张的眼睛明显出现黄疸，大量便血，脸部已出现“恶意像”，随时都有死亡的危险。对待这样一个生命垂危，而且同刘少奇、王光美毫无关系的老教授，江青竟亲笔批准了专案组对张重一进行突击审讯的报告。

我们且看这些报告吧：

1967年10月24日专案组报告：“案犯张重一肝癌恶化，据医生诊断，随时有死亡的危险，即使送医院治疗也活不了多久，我们同意北京市公安局军管会意见，仍在狱内一面治疗延长其生命，一面突击审讯。当否，请批示。”谢富治批：“送江青同志一阅。”江青批阅同意。

就是江青批准的这一纸计划，使张重一最后惨死在病床上。

1967年11月9日江青圈阅的专案组的报告，记述了审讯张重一这一骇人听闻暴行的全部过程。报告是这样写的：

“因张犯患肝硬化癌变、腹水，为争取时间获取口供，经领导批准，请解放军总医院在监内采取了医疗监护和急救措施。10月26日张犯病情急剧恶化，28日移入解放军总医院，经大力抢救，给我们创造了多审7天的条件。至11月1日死亡。张犯是个十足的带着花岗岩脑袋进棺材的家伙。……对于这样一个死顽固，我们组织了一个强有力的审讯小组，持续地发动政治攻势，在拘留27天中，突审了21次，穷追紧逼，终于迫使他断断续续地交代了有关王光美特务问题的几个情况。”

一切正直的人们，请看看这篇“自供”的报告吧。江青、康生、谢富治一伙的残暴凶狠难道不是暴露无遗了吗？

什么“花岗岩脑袋”？这是他们对正直人的诬陷；

什么“拒不交代具体罪行”？因为事实根本不存在；

什么“大力抢救”，“创造了多审7天的条件”？他们把人类救死扶伤的医学科学，变成了追逼口供的手段！

他们不惜一切，日夜逼问的所谓“有关王光美特务问题的几个情况”，究竟是些什么呢？

记者听过两盘当时审讯张重一的实况录音。据记者了解，审讯张重一的录音共有80多盘。但是，后来有些被洗毁，只剩下20盘了。就是这20盘录音带，成了江青残害人民、制造伪证诬陷刘少奇同志的铁证。

把若干小时的录音整理成文字材料，那将是冗长的。特别是，其间有许多时间是病人的哀号声，要求“把手掰一掰”、挣扎着要起来又被按倒的声音，有命令吃药的喝斥声，有“快说，快说”的逼问声，以及垂危病人上气不接下气的呻吟，等等。我们略掉这些，只记录其中的几节，让录音带来控诉江青们的暴行吧：

录音带发出沙沙的声响，把人们带进阴森恐怖的审讯室，这里有一张病床，床上躺着一位老人，癌症的扩散，使他生命垂危；剧烈的疼痛使他呻吟、哀号，不断扭曲身体。床头悬吊着输液瓶，扎在他手臂上的输液针管摇荡着。几条汉子围在床前，几只粗壮的手按住病人的四肢。一个粗暴的声音在审问；一个衰弱无力、语无伦次、不时夹杂着哀号的声音在回答。

问：张重一，你把你知道的王光美的情况交代一下！

张：哎……哟……这，这是完全应该的。得让我好好想……

问：你想了好几天了！

张：我应该说。我是想王光美这个人，现在还没想得清楚。

问：王光美是特务不是？

张：（含糊不清的低语）

问：你了解什么情况？

张：跟她父亲的关系……

问：她父亲是怎么个关系？

张：嗯，哎……我怎么这么糊涂呀，现在又搞不清楚了。

问：你现在一点也不糊涂！你今天把问题交代清楚，好住院去。

张：（含糊不清的嘟囔声）……我愿意。

问：她父亲叫什么？

张：唉，唉，我忘了……嗯，我感觉这里面有错了。哎，我说的可能是刘少奇，我说乱了。

（挣扎的声音，几个人叫“不要动”“不能动”“你一动就危险”的声音。一阵长时间的混乱。）

问：你什么时候知道王光美是特务的？

张：嗯……我昨天……好像说过。

问：王光美是特务与刘少奇是什么关系？

张：与刘少奇……关系，我不知道。

问：你要端正态度，否则对你没好处！

让我们再抄录几节。还是那个粗暴的审问声。回答是混乱的，病人显然是处在神志更加不清醒的状态中。

问：你认识袁绍英是谁吗？（注：袁是杨承祚教授的夫人）

张：认识，是杨承祚的小舅子。

问：你认识杨承祚的老婆吗？

张：认识，她叫袁振新。（注：杨承祚的夫人叫袁绍英）

问：这人是男是女？

张：男的。

问：这人在哪？

张：哎……我闹不清楚。

问：你说说王光美是什么人？

张：王光美我说不清楚。

问：你知道多少说多少，说说她过去的情况！

张：说说，叫我慢慢说……

问：你现在说说！

张：哎……玄啊，有这个人，国家很传染呐，很危险呐，哎……这个人不是那么简单的人。王光美这人，这人实在是个特务。这个人虽然本身是个特务，这个人还不是一般特务，是个很具体特务。……这个人很显然的是个特务，这个家伙是很严重的很厉害的特务。

问：你听谁说的王光美是特务？

张：我……有个具体印象。

问：你怎么知道王光美是特务呢？

张：嗯，我是从那封信知道的。

问：谁的信？

答：还不是信，就是从咱们政府的公报上我知道的……

审讯者设下圈套对一个垂危病人诱供、逼供，他们急不可待地要从垂死者口里捞取诬陷材料的紧迫状，被审者在昏迷状态中受残酷折磨语无伦次的情景，都由录音带真实地再现在人们面前了。

就是这样一个重病老人在昏迷状态中被逼问出来的混乱语言，使江青们如获至宝了。江青、康生、谢富治就凭张重一的以及另一个垂危病人杨承祚的这样一些“口供”，定下了王光美是“美国特务”。

这里还要特别记述一笔：专案组原来写的《王光美特务问题情况报告》，还有些心虚，只是说从调查和审讯情况“来看”，“基本上可以断定王光美是美国战略情报局的一个特务”。没有事实根据，“基本上可以断定”，已属很荒谬了；而江青看后还不满意，在报告上画了个大“×”。批：“搞得不好，退王专案组。”后来还是康生亲自起草报告，就变成了“根据现有材料证明”，仅就杨承祚等人口供“证明”，王光美是“美国特务”，而且又是“日特”“国特”。

诬陷王光美，目的是陷害刘少奇。江青、康生、谢富治不止一次地交代专案组：刘王是一案，“不可分割”。他们把王光美定成“美国特务”，刘少奇也就成了“美国特务”。江青还嫌这个不够，又凭空制造出刘少奇是“美国远东情报代表（一说是特派员）”的神话。

这是何等荒谬绝伦的事！但是，江青们就是这样干的，有当时审问人的证词在，有医生的证词在，有录音带在。

记者有机会翻阅侥幸保留下来的张重一案的原始“讯问笔录”。21次“突击审讯”一次不少，厚厚的一大本。那上面有时间、地点、审问者和记录人的名字，也有张重一那拿不稳笔的手颤抖着写下的难以辨认的签名，后来是手印。

最后一次审问，是1967年10月31日进行的。从上午9时，一直审问到24时零分，整整15个小时。两个小时以后的11月1日凌晨2时，张重一就惨死在病床上。

看一看“讯问笔录”的最后几页，张重一对审问者的回答，是对诬陷者的揭露，是对江青的控诉！据当时在场者证实，临终前的张重一，有一段时间是清醒的。

问：你交代王光美搞过什么特务活动？

张：我希望把这问题给我一个机会。

问：现在就是一个机会。你想把问题带到棺材里去吗？

张：不能。这问题我真是搞不清楚，我也不造谣言。

问：你在捣乱，失败，直到灭亡啊！

张：我没想这个问题。

问：你为什么不交代？你与人民顽抗到底吗？王光美是什么人？

张：她是个共产党员。

问：你又在向党进攻是不是？……

张重一临死前讲出的这段话，粉碎了诬陷者罗织编造的一切谎言。

在那黑云笼罩中国大地的年月，难道只有张重一一个人有如此遭遇吗？不，还有许多。王世英是另一个。

王世英，1924年参加革命，1925年加入中国共产党，原中共中央监委专职委员。江青为了胁迫这位老同志说刘少奇是“叛徒”，亲自策划并批准了对肺癌已经扩散、半身不遂的王世英实行“监护”“加紧突击审讯”的计划。但是，她什么也没捞到。王世英的回答是：你们要的东西，“枪毙了我也写不出来”。“我没有什么可写的。从今天起，一点也不给你们写了。”“让你们把我拖死算了。”

王世英1967年10月31日被“监护审查”，1968年3月26日3时“因肺癌皮下及肺脏腹腔转移死亡”。

为这件事，江青大发雷霆。

从江青住处查出的1968年3月江青“在八个专案组会上讲话”（记录稿）记载，江青说：“有个案子，我很不满意。王世英说他半身不遂，还能全家去照相，摔了一跤也没有死。你们右倾。”“要审讯，死就死。”“要狠狠地斗，集中火力，几个人不行，要一二十人狠狠斗。有的要死，是他自己要死，阎王请他吃烧酒！”江青的这段话，彻底暴露了她对老干部的刻骨仇恨及其腹内杀机！

在江青、康生、谢富治的指挥下，遭受刑讯逼供的还有丁觉群、孟用潜等，因为他们在1927年、1929年分别同刘少奇同志共同做过一段时间的党的地下工作。

丁觉群1967年9月3日写的材料说：“刘少奇和我究竟有什么关系？我为什么找不出这种关系？他搞了什么黑组织？有哪些人？进行什么活动？……如果是这样一个问题，我就无法回答！我不能欺骗党，乱谈一气。”他在另一份材料上写道：“他（指刘少奇）在省工会工作，我在市党部工作，除了工作接触以外，没有特殊关系。现在刘少奇还没有死嘛，可以对质嘛。”

这样的“交代”，江青是不需要的。于是，威胁、利诱、欺骗、恐吓，千钧压力一齐降落到丁觉群身上。

他说了违心的话。但是，第二天他就写了声明：“这些都是假的，昨天你们追了，所以我才说。”9月25日，他又专门给审讯他的人写信：“老杨：为了批倒批臭刘少奇，我这个文件是打破事实的框框写的……”

江青需要的，正是这种“打破事实框框”的伪造！

孟用潜，1929年在沈阳奉天纱厂罢工事件中，曾同刘少奇同志一道被警察局拘留。因为没有查出他们与纱厂罢工事件有关，他们被取保释放了。历史的事实就是这样。江青、康生一伙却硬要在这件事上大做文章，不仅要把刘少奇打成“叛徒”，而且要打成“内奸”。

孟用潜在1967年5月22日被“隔离审查”。1967年6月22日专案组报告：“孟用潜……一个月来，根本不交代实质问题，态度极不老实。”康生批：“继续审讯，不要为他所骗。”江青在另一个呈阅件上批：“当心孟用潜骗我们的审讯人员，他是在演戏给我们看。”

原“刘少奇、王光美专案组”组长肖孟的证词说：“康生指示说，专案组斗不过被审查对象，要用小型批斗会整徐冰的办法来制服他们。要专案组全体出动参加小型批斗。从7月5日至13日连续进行审问，白天问，有时晚上也问，参加批斗的专案人员有十余人，围上一圈，七嘴八舌，恐吓威吓……”

原专案组副组长巫中在证词中叙述了当时在江青、康生指挥下审讯的情景：“一到现场摆好阵势，气氛紧张，我就按事先拟好的提纲一一提问。孟用潜同志有的讲不出来，或者讲的不合专案的需要，大家就打他的态度，说他不老实，威吓他不交代就要升级（逮捕），谩骂他老顽固，还拍桌子，总之采用了各种手段，对他施加压力，逼他交代问题。这个会整整搞了一天，中午也未休息。但孟用潜同志还是不承认有自首叛变的问题。后来，一连搞了7天……在这种情况下，孟用潜同志违心地讲了被捕叛变的话，但过后就写申诉翻案了。”

孟用潜在被关押期间，先后写了20份申述，推翻假供，他一再说明这些交代“都是编造的，并没有事实根据”。当时专案人员强迫他当场撕毁了其中5份，警告他：“再对1929年叛党提意见，就以现行反革命论处。”

他们制造伪证所采用的手段，还有更离奇、骇人听闻的。北京市副市长崔月犁，1946年国共谈判期间曾在北平做党的地下工作，介绍王光美任军调部我方翻译工作。江青、康生、谢富治为了诬陷刘少奇、王光美，崔月犁也遭诬陷、迫害。他们审问崔月犁，美国在北平的特务机关所在地，他不知道；审问他东四六条门牌多少号，他也不知道。于是，审问者逼他数数字，从1、2、3、4数到38。这群人扑上来就是一顿毒打：“你早知道，为什么不说？”崔月犁根本不认识杨承祚，连名字也没听说过。审问人又逼他背“百家姓”，背诵到“蒋沈韩杨”，又是一顿打。他们拿来杨承祚的相片，背面写着“杨承祚”，给他看，让他念。就这样，崔月犁就成了杨承祚介绍王光美做“特务”的“证人”；也成了他自己介绍王光美“打入”我方代表团的“证据”。

刘少奇被定为“叛徒”“特务”的伪证，就是江青、康生等人这样制造出来的；许多人被定为“叛徒”“特务”的伪证，也是江青一伙这样制造出来的！

江青直接控制、指挥专案组迫害无辜，用法西斯手段逼取口供，制造伪证，诬陷刘少奇，证据是大量的、确凿的。她的同伙谢富治在一个报告上的批语，讲得清清楚楚：

“大叛徒刘少奇一案，主要工作都是由江青同志亲自抓的。今后一切重要情况的报告和请示都要直接先报告江青同志。”

江青在一次接见中国京剧团等单位的代表时也明明白白地说，她“现在担负着第一个大专案”。这有当时的录音为证。她说：“我现在担负着第一个大专案，有一天，我搞了五六个小时，虽然那些材料，我都重复看了，但是，因为我还得重批。……我现在可以告诉你们，刘少奇是一个五毒俱全的大反革命、大内奸、大叛徒、大特务。”1968年9月16日，江青在他们一伙罗织编造的诬陷刘少奇同志的一本厚厚的“罪证”上批：“我愤怒！我憎恨！一定要把无产阶级文化大革命进行到底！刘少奇是大叛徒，大内奸，大工贼，大特务，大反革命，可说是五毒俱全的最阴险，最凶狠，最狡猾，最歹毒的阶级敌人。”

9月29日，林彪看了这个所谓“罪证”材料，写信表示完全同意江青所批，还特地“向出色地指导专案工作并取得巨大成就的江青同志致敬！”反革命集团的另一个主犯张春桥，也在一次会议上说：“你不要看这么一本啊！这个工作是江青同志抓的。这一本搞了一年多啦！……这样一本东西就要叫刘少奇永世不得翻身！”

但是，反革命们高兴得太早了。假的就是假的，伪装必须剥去。伪造的“罪证”在历史事实面前已经化为灰烬，在庄严的人民法庭上，暴露在中国人民面前的，是江青的反革命真面目。

十　最后的27天

朱可先　卞卡

从少奇同志10月17日到达开封至11月12日溘然长逝，总共27天。在这27天中，祖国上空又增添了几多阴云？！面对那翻滚的云层，少奇同志的在天之灵又该思索些什么呢？

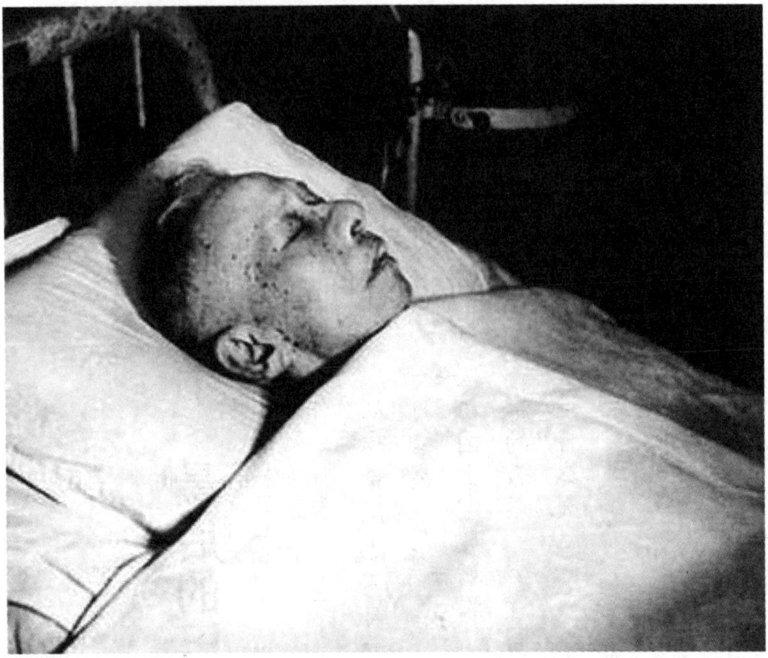

1969年11月12日，刘少奇在河南省开封市含冤逝世。

一

1969年10月，“史无前例”的运动进行到第四个年头了，阴冷的雾霭越来越浓，压得人几乎喘不过气来，林彪、“四人帮”篡党夺权的紧锣密鼓正在猛敲……

10月17日晚9时许，一架飞机降落在开封机场。只有少数几个人知道这架飞机的乘客是谁。

接受“紧急任务”的几位医护人员爬上了舷梯，来到后舱。只见后舱里放着一副担架；担架上躺着一个白发苍苍的老人。不知什么原因，这位老人没有穿衣服，只裹着一条粉红色的缎子被子，被子上蒙一条白色的床单。老人两眼紧闭，鼻孔里插着鼻饲管，瘦削的面庞苍白失色。他那孱弱的身体静静地躺在担架上，好像一点活动的气力也没有了。从他微弱的呼吸看，他没有死，还有一息尚存。

他那熟悉的面孔，并没有从人们的记忆中消失。这不就是中共中央副主席、中华人民共和国主席刘少奇同志吗？医护人员怔住了，禁不住一阵酸痛之情涌上心头。

少奇同志被拖下了舷梯；救护车在漆黑的夜路上向市区驶去……

二

这是原开封市人民医院。院内有一座独特的天井小院，国民党时期的金城银行就设在这个小院内。四座三层高楼对峙耸立，与其说雄伟，倒不如说森严。

这个小院前后左右都不临街道。

救护车开进了市人委大院，少奇同志被抬进了这个独特的小院内。从此，执行这项“紧急任务”的医护人员，也就失去了自由。他们被指令，不准外出，不准给亲友写信，甚至连妻子、丈夫、儿女都不准有任何形式的往来，并且一个个都以党性、生命作了保证。他们事实上被软禁起来了，思想也被禁锢了。他们没有笑脸，彼此没有交谈，默默地做着自己应该做的一切。

天井院外被重兵把守着。那些人民的子弟兵，只知道自己在执行任务，天井内院的一切，他们全然不知道啊！

又一座特设的监狱出现在祖国大地上！里边监禁的，是我们的国家主席——弥留的少奇同志！

因为少奇同志是10月17日到达开封的，故而被称之为“十七号任务”。

三

少奇同志病躺在西楼一层南头的里间。

安顿好之后，少奇同志微微地睁开了眼睛，缓缓地看了看周围。他似乎是在寻思，这是什么地方？他一句话也没有说，慢慢地又把眼睛闭了起来。

少奇同志不可能知道而今他身陷囹圄之地，就是他1958年曾经视察过的古城开封。

1958年9月18日下午，少奇同志借郑州会议的间隙，和王光美同志一起乘车到古城汴梁视察，他当时的身份是中共中央副主席、全国人大常委会委员长。作为党和国家领导人，来到群众之中的时候，他满面红光，脸上没有一丝皱纹，面容和蔼可亲；他那风尘仆仆的身影，他那慈祥的笑容，无不给人们留下难以磨灭的印象，无不使人们顿生敬爱之情！

少奇同志健步登上龙亭，眺望古都新貌；少奇同志仰望铁塔，胸中雄风四起；少奇同志来到工人中间，握手交谈，是那样平易近人，使工人们倍感亲切。

然而，少奇同志这次来开封，境遇竟然是这样的不同啊！

四

少奇同志在《论共产党员的修养》和《论党内斗争》等许多论著中，主张解决党内的矛盾，要实事求是，不应人为地硬去“搜索”斗争对象，把同志说成是这主义那主义，而后开展无情的“斗争”。可是，这些都被林彪、“四人帮”肆意践踏了。实事求是的原则，被他们以谎言、欺骗、捏造和诬陷所代替。当年曾反对盲目“搜索”斗争对象的少奇同志，恰恰被“搜索”的箭矢所命中。

那些阴谋家、野心家却平步青云。他们利用已经篡夺的权力，在党的八届十二中全会上，给少奇同志强加了许多莫须有的罪名，并且“永远开除出党，撤销党内外一切职务”。这是一个怎样的奇冤啊！作为无产阶级革命家的少奇同志，怎么能忍受得了呢？然而，他已经无能为力了。无情的批判和斗争，精神上的折磨，加上病魔缠身，他倒下了，就在生命垂危的时刻，在林彪“一号通令”的威逼下，又被驱逐出首都北京。

千秋功罪，谁人曾与评说？

少奇同志闭上双眼，静静地躺在病榻上。他一句话也不说，在极度的困苦中，也没有一声呻吟。他在思索些什么呢？

他患的是肺炎和糖尿病，早已不能从口腔进食了，全靠从鼻饲管中打进的流食，维持着奄奄一息的生命。医护人员只有定时做流食，定时帮他翻身，进行简单的药物治疗。除此之外，别的有什么办法呢？

五

少奇同志的病情恶化了。

请求调拨药物。答复是：根据当地条件进行治疗。实际上是被拒绝了。

几天前组织起来的一个医疗班子，不知因为什么原因，一直没能出现在少奇同志床前。

守护在少奇同志身边的医护人员，曾提出是否让亲属来最后见上一面？结果是谁也不敢做主，直到1969年11月12日晨6时45分，少奇同志的心脏停止跳动，妻室儿女中的任何一个人都没能来到他的身边。何止这样，他们连少奇同志的去处、死在哪里都不知道啊！

从少奇同志10月17日到达开封，到11月12日溘然长逝，共27天。27天中，祖国上空又增添了几多阴云？！面对那翻滚的云层，少奇同志在天之灵，又该思索些什么呢？

一套普通的衣服，作为寿衣穿在少奇同志骨瘦如柴的身上。

遗体搁置在西楼一层的廊檐下进行拍照。

遗体在这座银行金库的地下室过道上停放。近半尺厚的铁门锁上了。谁也猜测不到，我们的国家元首在这个独特的天井院内含恨而死。作为金库地下室的过道上，却囚禁着我们的国魂！

六

按节令，11月中旬的天气并不算很冷，但是这一年却处处给人以冷的感觉；淅淅沥沥的秋雨，更增添了这种寒意。

15日零点刚过，一辆灵车向开封市东郊火化场驶去。

少奇同志的头和面部全部用白布严严实实地裹了起来……

少奇同志生前戴的罪恶帽子似乎还不够多，不够重，死了以后新戴的帽子是：“烈性传染病患者”！

灵车是“六九”型吉普车代替的，车身容纳不了少奇同志高大的身躯，他的两只脚露在车厢外……

没有一个花圈，没有一朵白花，没有一寸黑纱。有的是阴沉而漆黑的夜幕，如泣如诉的秋雨……

灵车徐徐行进在古城的街道上，周围的一切都在沉默。

因为是“烈性传染病患者”，当灵车来到火化场时，有人正在那里喷洒消毒剂。

不可能举行任何形式的悼念仪式。少奇同志的遗体被匆忙地送进了火化炉。

与此同时，他生前在开封时的遗物也付之一炬，灰飞烟灭了。

少奇同志当年长期在白区从事革命活动，不知用了多少化名，可他万万没有想到，作为国家主席，去世后仍得把名字再次隐埋起来。

这是少奇同志的骨灰寄存证：

骨灰编号：一二三

申请寄存人姓名：刘原

现住址：××××部队

与亡人关系：父子

死亡人姓名：刘卫黄

年龄：七十一

性别：男

作为一个伟大的马克思主义者、无产阶级革命家、我党和国家的卓越领导人之一的刘少奇同志，就这样从政治舞台上顿然消失，而且经年累月地沉沦冤海！

七

历史是无情的。千秋功罪，总有人评说！

十一届五中全会为刘少奇同志彻底平反昭雪恢复名誉的决议，如春风送暖，使冰雪消融。亿万人民心头的疑云飘散了，压抑的情怀舒展了，心中的花朵绽开了，怒放了！与此同时，追思怀念的浪涛无不在每个人的胸中翻卷。

人民不会忘记少奇同志的丰功伟绩。

人民不会忘记少奇同志那高大的形象，那慈祥的眼睛，那和蔼的面容，那平易近人的风度。

人民也不会忘记，在那场“史无前例”的“大革命”中少奇同志精神上、肉体上所遭受的种种磨难。

人民将永远把少奇同志怀念！

值得告慰少奇同志英灵的是，我们的党正在恢复她的光荣传统和优良作风，正在改善她的领导，提高她的战斗力。一批久经考验的同志参加了党中央的领导机构，无产阶级革命事业前程似锦。这些，为的是不让历史的悲剧重演，不再把党、国家、民族和人民，投入到空前的浩劫之中。

当少奇同志在天之灵得知这些的时候，是会得到慰藉的，他一定会站立云端，向党，向祖国，向人民，发出朗朗的笑声。

少奇同志永远活在亿万人民的心中！

少奇同志永垂不朽！

敬爱的少奇同志安息吧！

1980年3月1—10日　开封—郑州

十一 查寻刘少奇骨灰经过

赵文甫

老工人说，隐约记得，123号死者是一个「烈性传染病人」，是在10年前被火化的。当时为防止传染，驻军曾先派人来安排说，只准留两个烧火工人值班，其他工人都不要上班。这是在一天深夜，一辆吉普车拉着一具全用白布缠裹的尸体驶进火葬场。因死者身躯高大，两只脚被拖在车身外面。火化时，火葬场四周都有部队警戒……

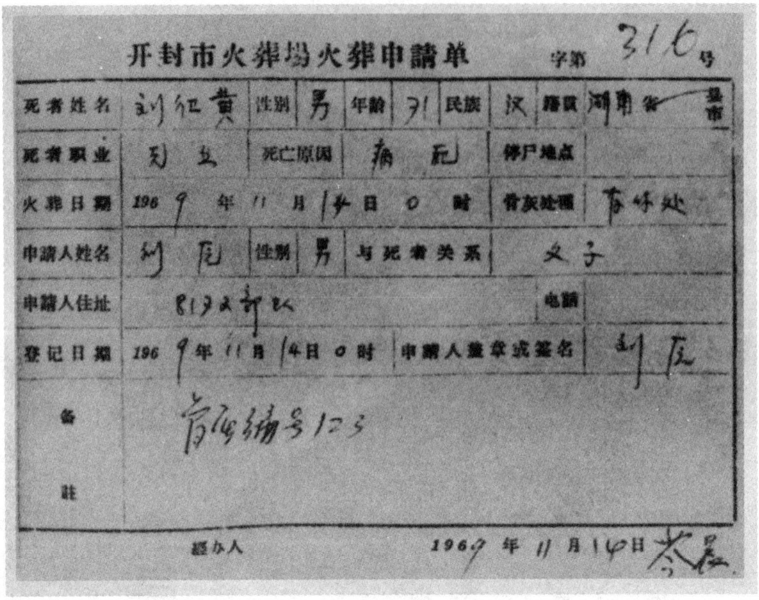

开封市火葬場火葬申請单　字第 316 号

死者姓名	刘卫黄	性别	男	年龄	71	民族	汉	籍貫 湖南省 县市
死者职业	无业	死亡原因	病死			停尸地点		
火葬日期	1969 年 11 月 14 日 0 时					骨灰处理	存寄处	
申請人姓名	刘原	性别	男	与死者关系	父子			
申請人住址	8192部队					电話		
登记日期	1969 年 11 月 14 日 0 时			申請人盖章或签名	刘原			
备註	骨灰编号123							

經办人　1969 年 11 月 14 日

刘少奇逝世后，在开封火葬场火化。这是当时由专案组填写的火葬申请单。

1969年11月12日，伟大的马克思主义者、卓越的无产阶级革命家、我们敬爱的刘少奇同志在开封惨遭迫害致死。仅将我所了解的有关刘少奇同志惨死及查询其骨灰存放的情况作一回忆，以寄托对少奇同志的永恒怀念。

一

十年浩劫使我蒙受不白之冤达12个年头。

1979年2月，当中央恢复我的中共河南省委书记职务（并兼任省纪律检查委员会筹备组组长和省委“两案”审理小组组长）的同时，便听到社会上风传刘少奇同志死在开封的消息，不禁大吃一惊。“文化大革命”十几年来，我对少奇同志的情况一无所知，少奇同志怎么会死在开封呢？是真的还是假的？这个疑问萦绕在我的心头。我感到无论按职责还是从党性来说，自己都有责任把这个情况搞清楚。

为了尽快解开这个不解之谜，查明刘少奇同志的死因和骨灰的下落，我立即派省委“两案”审理小组工作人员李树田、刘克让两位同志前往开封了解情况。由于当时刘少奇同志的冤案尚未得到平反，调查要承担一定风险，所以我们的调查工作只能秘密进行。从我在“文化大革命”中被诬陷迫害的亲身体会，我坚信少奇同志是无罪的。他一生襟怀坦白，立场坚定，坚持真理，无私无畏，是全党和全国各族人民爱戴的、久经考验的、卓越的党和国家领导人。林彪、江青一伙为达到篡党夺权的目的，强加给少奇同志的一切诬蔑不实之词将被统统推翻，少奇同志的沉冤将得到昭雪，历史将对其作出公正的评价。同时我在思想上也做好了再次接受“严峻考验”的准备。

李树田、刘克让同志很快返回郑州，汇报了他们去开封调查的情况，谈道：

他们到开封后，听到不少群众在议论刘少奇同志死在开封的消息。他们商量先从调查骨灰盒开始。为保密起见，到开封火葬场后不敢明说，而只说是受人之托查找李树田同志一位老战友的骨灰，此人是湖南人，约有60多岁。火葬场的管理人员问死者叫什么名字，李树田同志则说几十年没见面已记不准了，只记得姓刘。他们翻遍所有的骨灰存放登记表却没有见到刘少奇的名字。这是怎么回事呢？会不会给改写别名？他们把所有姓刘的名字都抄录了下来，其中发现123号骨灰盒的死者叫刘卫黄，却没有骨灰存放证。经询问才知道其存放证原是由开封驻军保存，现不知在何处。

为了弄清其中的奥秘，他们又访问了火葬场的几位老工人。老工人说，隐约记得，123号死者是一个“烈性传染病人”，是在10年前被火化的。当时为防止传染，驻军曾先派人来安排说，只准留两个烧火工人值班，其他工人都不要上班。这是在一天深夜，一辆吉普车拉着一具全用白布缠裹的尸体驶进火葬场。因死者身躯高大，两只脚被拖在车身外面。火化时，火葬场四周都有部队警戒……

根据李树田、刘克让同志调查了解的情况，刘少奇同志惨死在开封已确定无疑。听了他们的汇报，我说应该把调查情况向省委写个简要报告。当时省委第一书记段君毅，第二书记胡立教，常务书记、省长刘杰，书记戴苏理、乔明甫等同志看了报告都非常重视，一致意见要进一步查明情况。

根据省委几位领导同志的意见，我又很快和李树田、刘克让同志商量怎样重返开封进一步深入调查，鼓励他们要克服一切困难，千方百计找到当时的医护人员和其他有关人员，寻找线索，顺藤摸瓜，查明原委。经过李树田、刘克让两位同志的不懈努力，终于查清了刘少奇同志在开封惨死的真实情况：

1969年10月17日，在林彪、江青一伙的密令下，把已经受到残酷迫害重病缠身的刘少奇同志戴着“叛徒、内奸、工贼”和“中国最大的走资本主义道路当权派”的帽子遣出北京，在中央文革专案小组人员的“监护”下，用飞机夜航强行送到开封。据当时河南省革委会一位负责同志回忆说，就在17日这天，中央一位负责人曾事前打电话给省革委会主任刘建勋。刘则称自己耳聋，而让他接了电话。电话通知说刘少奇将于当天夜晚被送往开封，交当地驻军负责“监护”。当天晚上9时许，强送刘少奇同志的飞机神秘地在黑暗中的开封南郊机场降落。少奇同志赤着身子，被人用被子裹着，用担架拖下飞机，送进了一辆救护车中。

救护车风驰电掣般地驶向市区。这时已呼吸困难、一息尚存的少奇同志不是被送往医院进行抢救治疗，而是被拉进了北土街路西的一座院落——原开封市人委（即市政府）大院。这是一个四面楼房环抱的天井小院。解放前这里曾是一家银行，建筑异常坚固，院墙高大森严，只有夏日的阳光偶尔爬过这高高的院墙射进来。

少奇同志被抬进了西楼的一间屋子里。室内设备简陋之极，只有一张单人床和一张小木桌，此外，是四面的墙壁。就是在这间囚室里，少奇同志在一排全副武装荷枪实弹但不明真相的警卫战士的日夜“监护”下，度过了他生命的最后27天。

据当时曾执行过“监护”任务的人员透露，他们是接受中央文革专案小组的密令，被迫执行任务，其中只有极少数人知其内情。他们被反复训话，要求绝对保密，严格规定：不准打听、不准议论、不准告诉任何人，他们基本上失去了自由。否则就要开除党籍军籍，以杀头论处。由此可见，林、江一伙是何等心狠手辣，又是何等色厉内荏!

经过长时间的颠簸和折腾，少奇同志被送至开封时，已处于昏迷状态，整日嗜睡，醒来时不言不语，眼神无光，面部无任何表情，只有头部偶尔转动一下；呼吸微弱，时而长出气，并伴有咳嗽，形容枯槁，皮包骨头。由于长期的人身摧残，少奇同志已大小便失禁，连翻转身体的气力都没有了。他不能自进饮食，只能靠胃管输送来维持生命。少奇同志手中一直紧紧握着一只小葫芦，体温几经反复，高烧不止。医护人员除了定时给予鼻饲、帮助翻转身体外，只能进行十分简单的治疗。当时在这间囚室里，一无检查设备，二无必要的药品，连简单的检查化验都不能进行，况且治疗工作还常常受到各种各样的干扰。据当时开封155医院参加护理的有关人员说："在没有经过检查、化验，尚不能确诊是肺炎"的情况下，北京市的有关人员在返京前交待叫他们按肺炎治疗，既不同意155医院医生刘应干同志提出透视、拍片、会诊的建议，又不让搞病历会诊。在少奇同志病情恶化、生命垂危之际，既不通知让亲属看望，又不准进行积极的抢救，致使少奇同志于11月12日清晨6时45分含恨离开了人间。

刘少奇同志逝世后，他们竟以"患有烈性传染病死亡"为名，在13日深夜悄悄地将遗体送到东南郊火葬场秘密地火化了!

中华人民共和国的主席就这样悄然无声地离开了这个世界。

听着李树田他们的汇报，我只觉得义愤填膺，如鲠在喉；我们党中央第一副主席，我们尊敬的国家主席竟惨遭如此毒手！?

二

刘少奇同志惨死开封的基本情况已经查明，但少奇同志的骨灰存放何处？存放手续现在何人之手？我正为此事发愁。

1979年3月5日，我正坐在办公室翻阅文件，省委副秘书长霍云桥同志送来一份他写给省委的关于刘少奇同志骨灰存放及交接情况的报告，并将存放证及交接手续、信件等交给了我。霍在报告中建议迅速派人到开封将骨灰盒取回，妥善保管，以防万一。这真使我喜出望外。

我仔细地一一阅看了有关证件，没想到火化申请单竟是这样填写的：

死者　刘卫黄　申请人　刘　原
职业　无　业　关　系　父　子
骨灰盒编号　123号

刘少奇同志为革命奋斗了一生，死后竟被说是“无业”！

原来刘少奇同志的骨灰盒是由开封驻军奉命管理，暂存开封火葬场。1975年该军调防后，曾于同年11月30日派该军保卫处长张金贵同志持函赴郑，向中共河南省委第一书记、河南省军区第一政委刘建勋请示了关于刘少奇骨灰管理移交的问题。

同年12月8日，中央文革专案小组一办致函开封驻军：“经请示中央领导同志批准，同意××、××、××刘少奇的骨灰移交给河南省委有关单位管理。”12月25日，该军又派张金贵持上函及有关证件来郑向刘建勋作了汇报。刘即安排霍云桥和张金贵具体办了有关交接手续。刘并指定将骨灰存放证及交接手续由省委办公厅机要处保存。而对此重大政治问题，刘建勋1978年5月调离河南后，从未告诉当时河南省委任何负责同志。

我的心情是急迫的。事不宜迟，我当即嘱霍云桥同志马上秘密去开封，按照骨灰盒存放号码，尽快将刘少奇同志的骨灰盒取回省委。

霍云桥等同志连夜前往开封，于3月6日将少奇同志的骨灰盒取回，送到我的办公室。为保守机密，我随即让秘书白金声同志打开我办公室的铁皮保险柜，并找到一块红布包在骨灰盒上，先将其放在保险柜里。并当面向他们交待了严守机密的重要性，我们都以党籍作保证，不外传、不泄密，以共同维护刘少奇同志骨灰盒的安全。

我将上述情况立即向段君毅、胡立教、刘杰等同志作了汇报，他们既悲愤又欣喜，一致认为这是我们省委应尽的责任。但少奇同志骨灰盒存放何处合适呢？我们在一起商量此事。我说，有的同志提议是否放到省委档案局？我感到不大合适。因为当时河南省真正的揭批查工作刚开始不久，人们思想较乱，再说刘少奇同志的冤案尚未平反，万一出现意外情况，我们将来不好向党和人民交待。既然骨灰盒已取到省委，我们就要绝对负责。为安全保密，我建议是否将骨灰盒暂时就存放在我办公室的铁皮保险柜里。大家都表示同意。

紧接着，我们商量以段君毅的名义代表省委向党中央和中央纪律检查委员会写了一个报告，将有关情况作了扼要汇报。

1979年11月19日，中央纪律检查委员会特派徐岚同志持函来河南了解刘少奇同志被武装监护、致死在开封的情况。段君毅、胡立教、刘杰等同志极为重视。我于20日上午和徐岚同志及省政府副秘书长李树田同志对调查工作做了具体研究，并派刘克让同志前往开封配合调查。中共开封市委第一书记邵球、市长吕锡田等同志对调查工作给予了大力支持和积极协助，很快一一找到当年曾参加过医疗护理工作的医生、护士和有关当事人了解情况。经过一个星期（11月20—26日）的调查，进一步核实了刘少奇同志被迫害致死的有关情况，并于12月5日向中纪委写出了调查报告。12月13日，省委又特派刘克让、张瑞斌同志前往北京将该报告报送中纪委。中纪委第七组的负责人杨筱箴和徐岚同志接见了他们。

1980年1月17日至25日，中央纪律检查委员会第二次会议在北京举行。我被编在会议第一小组。会议充分讨论了准备提交党的十一届五中全会审议通过的中共中央为刘少奇同志平反的复查报告，并决定为其他受株连的广大干部、群众彻底平反。这真是大快人心，大得人心。在会议讨论时，大家踊跃发言，坚决拥护为刘少奇同志平反昭雪的决定，说出了压抑心头十几年的心里话。林彪、康生、江青一伙10年来结党营私，祸国殃民，残酷迫害老一代无产阶级革命家，对党和人民犯下了不可饶恕的滔天罪行。打倒“四人帮”，为全国最大的冤案平反，这也正说明了我们党是一个伟大的、英明的党，是一个勇于坚持真理、修正错误的党。

我在会议分组讨论为刘少奇同志冤案平反昭雪时，向一组的全体同志简要讲述了少奇同志在重病中被强行送到开封“监护”期间惨遭迫害致死及骨灰保管的情况。鉴于盛殓少奇同志骨灰的盒子十分简陋狭小（长28.5公分，宽16.5公分，高15.5公分，木质一般，棕红颜色），不像样子，我们建议中央应当按照党和国家领导人的规格重新更换，或在原骨灰盒外加椁，并举行隆重的迎送仪式。我并建议中央在决定具体时间后，提前通知河南省委，以便我们早做准备。我们的建议受到中央领导同志的高度重视。会议并于1980年1月21日印发了第六十一期简报，选登了我的发言内容和建议。

1980年2月23日至29日，党的十一届五中全会作出《关于为刘少奇同志平反的决议》。《决议》指出：“刘少奇同志是伟大的马克思主义者，是为共产主义奋斗终生的无产阶级革命家。几十年来，他作为党和国家卓越的主要领导人之一，对我党的建设，对我国民主革命、社会主义革命和社会主义建设，都有不可磨灭的功绩。……过去对刘少奇同志的污蔑、诬陷、伪造的材料以及一切不实之词都应完全推倒。”

历史是最公正的。被林彪、“四人帮”反革命集团肆意颠倒了十几年的历史终于重新颠倒了过来。这怎能不叫全国人民拍手称快呢！

三

党的十一届五中全会结束后，段君毅、胡立教等同志从北京返回郑州，说中央要将刘少奇同志的骨灰接到北京，举行追悼会。为做好中央迎接骨灰的准备工作，由段君毅提出，经省委研究，段、胡和我3人亲自去开封一趟，凭吊了少奇同志被迫害致死的地方，对有关方面作了布置交待。

5月13日上午，迎接少奇同志骨灰的专机在郑州东郊机场徐徐降落。中共中央委员、全国政协副主席王首道、刘澜涛，中共中央组织部副部长李步新，中央办公厅副主任高登榜，中纪委办公厅副主任凌华春，刘少奇同志的夫人王光美及其子女和其他工作人员依次走下飞机，省党政军领导同志上前和他们一一握手，互致问候。

13日下午，我受省委委托陪同王光美同志来到少奇同志含冤逝世的古都开封。在开封市党政领导同志的引导下，我们径直来到开封火葬场。刘少奇同志就是在这里被以“患有烈性传染病”的名义秘密火化的。当我们来到骨灰存放厅，曾存放123号骨灰盒的骨灰架刚刚映入眼帘，大家的眼睛就湿润了。王光美更是悲愤难忍，久久地站立着，一句话也说不出来。是啊！少奇同志为革命一生戎马倥偬，南征北战，呕心沥血，鞠躬尽瘁，为共产主义事业奋斗了一生，却惨遭诬陷，被迫害致死。死后竟又给戴上“患有烈性传染病”的帽子被秘密火化。作为幸存者，此时此刻还有什么话可说呢？！光美同志强忍悲痛，将孩子们唤到123号骨灰架前，留下了一张难忘的合影。

离开火葬场，我们又驱车来到北土街少奇同志被关押致死的地方，当王光美一眼看到少奇同志的遗物——他们用过的那对枕头时，急忙走过去把枕头紧紧地抱在怀里，两行热泪夺眶而出。她的子女们一齐围了过去。看到这情景，所有在场的同志，都禁不住涌起对林彪、江青一伙的无比仇恨。

王光美来到古城的消息，很快在人们中间传播开来。热情的人们从四面八方纷纷来到市政府门口，默默地等待着将要向古城告别的王光美同志。大门口的群众越聚越多。在临上车之际，王光美看到大门外的群众，她眼含泪花地招手致意。“感谢开封人民！感谢河南人民！”并向群众深深地鞠了一个躬。人群中爆发出热烈的掌声以示对她的同情和慰问。这掌声凝聚着开封人民对少奇同志的无限怀念之情。

5月14日下午，刘少奇同志骨灰迎送仪式在郑州省人民会堂隆重举行。这天午饭过后，我从办公室的保险柜中将存放了15个月的少奇同志的骨灰盒请出，送到省人民会堂。在会堂一楼南侧的一个会议室里，我们省委领导同志和王光美等同志一起将少奇同志的骨灰换装到中央为其特制的骨灰盒中。王光美双手紧紧地抱起少奇同志的骨灰盒，无限深情地将脸贴在上面……

这天，省人民会堂布置得庄严肃穆。会场中央悬挂的巨幅挽幛上写着“伟大的马克思主义者和无产阶级革命家刘少奇同志永垂不朽！”正中素白的屏幕上悬挂着少奇同志的遗像，少奇同志的骨灰盒被安放在青松翠柏和鲜花丛中，上面覆盖着鲜红的中国共产党党旗。骨灰盒前面放着王光美及其子女献的花圈。中共河南省委、省人大、省政府、省政协、省军区及省直各部、委、厅、局、中央驻郑单位、驻豫部队及全省各地市党政机关敬送的花圈，省党政军领导人及各界代表敬送的花圈，依次摆放在灵堂前。

下午1时整，少奇同志骨灰迎送仪式在哀乐声中开始。我们和1500多位与会同志胸戴白花，臂佩黑纱，怀着十分沉痛的心情向少奇同志的遗像致敬默哀。由于段君毅、胡立教等同志当时正在国外考察，仪式由刘杰同志主持，戴苏理同志致悼词。戴苏理在向刘少奇同志表示深切的悼念之后说："刘少奇同志几十年如一日，为党的巩固和发展，为新民主主义革命的胜利，为社会主义革命和社会主义建设事业的胜利，为反帝反殖和国际共产主义运动的开展，进行了不懈的斗争，建立了不朽的功绩，赢得了全党全军全国各族人民的尊敬和爱戴。""少奇同志生前对河南人民十分关怀。早在抗日战争时期，正当河南人民奋起反抗日本帝国主义侵略和反对国民党顽固派倒行逆施的时候，少奇同志代表党中央，不畏艰险，两次来到河南，向河南党组织传达了党的六届六中全会决议和毛泽东同志的指示，亲自领导和指挥了中原地区党和人民开展抗日游击战争和对国民党顽固派的斗争，组织和发展人民武装，开辟和发展了豫东、豫南革命根据地，壮大了革命力量。全国解放后，少奇同志又先后十多次来到河南视察工作，深入许多城市和农村，听取汇报，召开各种座谈会，广泛听取各方面的意见，进行调查研究。少奇同志高瞻远瞩，透过复杂的现象看到问题的本质，对我省社会主义革命和社会主义建设作了许多重要的指示，给了我们深刻的教育，有力地推动了各项事业的发展。河南人民永远怀念敬爱的少奇同志，对少奇同志的教诲永远铭刻在心中。……"会场里显得格外宁静，大家屏着呼吸，怀着对少奇同志的深切怀念，一双双愤怒的眼神喷射出对林彪、"四人帮"反革命集团的仇恨火焰。

王光美同志在会上讲了话。她说："来河南两天，特别是参加了今天的大会，亲眼看到同志们深情怀念少奇同志，我非常感动。""在民主革命时期，少奇同志两次到河南工作，与河南人民同艰苦，共命运，河南人民得到了少奇同志的帮助，少奇同志也在河南得到锻炼。他第一次讲述共产党员修养的报告，就是在河南作的。""解放后，少奇同志十多次来河南，他非常关心河南的社会主义建设事业。河南人民的奋斗精神，一直鼓舞着少奇同志。党中央为少奇同志平反昭雪，不仅是为少奇同志本人恢复了名誉，为一切受株连的同志们平了反，也讲出了全国人民的心里话。"光美同志最后说："今天，我们把少奇同志的骨灰接走了。但是，少奇同志作为一个真正的共产党员，他将永远跟同志们在一起，跟河南人民在一起，跟全国人民在一起。"是啊！少奇同志为共产主义的伟大事业战斗了一生，是我们爱戴的党和国家领导人之一，他将永远活在全国人民的心中。

在悲壮的哀乐声中，刘杰同志把少奇同志的骨灰盒送交王光美同志。下午两点左右，"灵车"从省人民会堂徐徐向机场进发，恭候在沿途的省直机关和郑州市的干部、工人、农民、战士、学生、市民等一万多人，都怀着沉痛的心情向少奇同志的"灵车"致敬哀悼，依依惜别。根据省委的决定，由刘杰和我将刘少奇同志的骨灰盒护送到北京。

专机于2点由郑州机场起飞。回首机场，只见"少奇同志，河南人民怀念你"的巨幅横标在候机大楼上悬挂着，清晰地映入眼帘，代表了7000万河南人民的心声。

当迎送刘少奇同志骨灰的专机在北京西苑机场降落时，早已恭候在那里的党和国家领导同志和闻讯赶来的各界人士数百人含泪相迎。有的老同志被人搀扶着，有的坐着轮椅……场面极其动人，足见少奇同志在人民心目中的威望。

1980年5月17日，刘少奇同志追悼会在北京人民大会堂隆重召开。刘杰同志和我参加了这个追悼会。

笼罩在人们心头长达十几年的乌云被彻底驱散了，历史终于作出了公正的结论。

少奇同志生前曾说过：将来，我死了以后，把我的骨灰撒在大海里，像恩格斯一样。大海连着五大洋，我要看着全世界实现共产主义。遵照刘少奇同志的遗愿，5月19日，刘少奇同志的骨灰被撒向波涛澎湃的黄海之中，这表现了一个伟大的忠诚的共产主义者何等博大的胸怀和彻底革命的精神。

又是10年过去了，在党的十一届三中全会和党的十三大路线指引下，我们党力挽狂澜，拨乱反正，勇于开拓，大胆改革，实行对外开放，对内搞活，制定了一系列符合中国国情的路线、方针、政策，卓有成效地进行着经济体制改革和政治体制改革，已使祖国的面貌发生了翻天覆地的变化。但是，历史在人们心灵上打下的烙印却丝毫没有褪色：一个卓越的无产阶级革命家，一个在全党和全国人民心目中享有崇高威望的党和国家领导人，竟是这样悲惨地离去了？！而这事发生在民主生活不正常、法制不健全的社会主义国度里，发生在举国上下的动乱岁月中……

这沉痛的教训将永远告诫我们：只有不断完善社会主义民主政治，加强社会主义法制建设，才能保证我们的党不断发展壮大，才能巩固和发展安定团结的政治局面，推动我国的经济体制改革和政治体制改革顺利进行，团结全国各族人民，为实现祖国的四化大业而共同奋斗。

1988年6月

十二日记三则

——迎送、散撒刘少奇骨灰纪实

李平

青岛是个阴天，满天阴霾。车队到达码头时，还星星点点地掉了几点雨花，天公似乎也体察到了人们沉痛悲哀的心情。码头上，数百名海、陆军指战员和干部、群众，臂缠黑纱，脱帽肃立。扬声器播放着哀乐，半降的国旗在天空中缓缓地飘动。

1980年5月17日，刘少奇同志追悼大会在人民大会堂隆重举行。

1980年5月13日（星期二）晴转多云、傍晚中雨。

中国共产党十一届五中全会为伟大的马克思主义者、无产阶级革命家刘少奇主席的最大冤案彻底平反。刘少奇同志治丧委员会决定于1980年5月17日为这位受到全党和全国人民爱戴的卓越的党和国家领导人举行隆重的追悼大会。今天，治丧委员会派王首道、刘澜涛等同志陪同王光美同志和她的子女们前往河南省郑州市迎取少奇同志的骨灰。

上午10点，三叉戟专机到达郑州机场。河南省委领导同志刘杰到机场迎接。一行下榻于中州宾馆。群众已经知道少奇同志的骨灰至今安放于郑州，不少人胸佩白花，臂缠黑纱，表示由衷的哀悼。就宿于中州宾馆的一些外宾，也纷纷索要白花，提出参加少奇同志骨灰迎送活动的要求。

下午，光美同志一行前往开封，凭吊少奇同志逝世的地方。

郑州至开封只有70多公里。柏油公路两旁一马平川的麦田，土地干得很，已经露出了旱象。

3点半钟，先到开封火葬场。少奇同志遭迫害致死于开封后，就在这里被秘密地火化，骨灰一直以群众不知道的另一个名字存放在这里，直至1979年3月5日，被河南省委知晓而接到郑州保存。光美同志和子女们沉痛地翻阅了当时的火化记录和骨灰存放登记簿，并与火葬场的工作人员作了简短的交谈。

离开火葬场进入开封市区。开封的老城面积不大，相当陈旧，没有很多像样的新建筑。少奇同志在1969年10月17日晚7点多钟于病中被空运离北京，就“监护”在开封市政府院内。这个院落也是一栋旧建筑，解放前是一家银行的金库，修得像堡垒监牢一般。院四周楼高三层，小小天井，难见阳光。少奇同志住在一层楼的一间斗室，面积只有十几平方米，屋内仅一床一桌。见到少奇同志最后用过的简陋物品，光美同志面色严肃，刘爱琴、刘平平、刘亭亭再也抑制不住心头的哀痛，流下了压抑了十多年的悲忿辛酸的眼泪，扑倒在床上，抱着少奇同志病逝时的枕头，哭喊着：“爸爸，爸爸！”闻者观者，无不为之心酸落泪。光美同志强自抑制着心中的悲痛，劝慰着说：“孩子们，坚强些！”是的，少奇同志长离人间，他是无法被我们呼唤回来了。但是，他的英灵常在，他毕生为之奋斗的革命事业和深切热爱的十亿人民常在。今天，我们来到这小小的院落，正是要告慰少奇同志的在天之灵：您离去时所背负的难以言说的天大的屈辱，党和人民正在为您彻底洗雪。

少奇同志于1969年11月12日6时45分，在这间小屋里停止了呼吸。距被“押运”到开封，只有27天。嗣后，少奇同志的遗体移到同院原金库——另一更小面积的屋中，在帆布担架上停放了两天，然后才去火化。在这间空空如也、屋长不够身长的小金库里，当时只好斜摆放着这具担架。这铁栅围窗的楼房，这铁门深重的小屋，这过于简陋的生活用具，这似乎浸染着血迹的担架，这禁锢了少奇同志的一切物证呀，你们今天也该控诉了！控诉林彪、江青、康生等反革命分子对老一辈无产阶级革命家的残酷迫害。

少奇同志最后住过的这个院落，现在仍属开封市委和市革委机关。市委附近的街道上，群众风闻消息，一下子汇聚拢来，形成了自发的夹道迎送。人们很快认出了光美同志，都热情地鼓起掌来，表达自己发自内心的深切慰问。

回到郑州，已经六点多钟。晚饭后落起雨，下得很不小，风声雨声，电闪雷鸣……

1980年5月14日（星期三）晴转多云。

昨晚的雨下了很长时间，下得很透。今天早晨空气清新极了。这场雨惠及全省，有的县最大降雨量达到93毫米。省委赵文甫书记眉飞色舞地说，有了这场雨，今年小麦丰收没问题。

上午8点半，在郑州人民会堂第一休息室更换少奇同志的骨灰盒。8点多钟，新旧两个骨灰盒都送了来。旧的盒子很小，很普通，骨灰盒上原无照片，放着写有“刘卫黄”三字的纸签。盒内的骨灰袋是白色的，还印着“移风易俗”四个字。新备的骨灰盒大一些，比较精致，上面贴着人民群众很熟悉的、露着慈祥微笑的少奇同志的半身照片。还准备了红色的绸质骨灰袋。

8时30分，治丧委员会办公室的王首道、刘澜涛、李步新、高登榜和河南省委书记刘杰、戴苏理、乔明甫、赵文甫同志，陪同光美同志和子女刘爱琴、刘平平、刘源、刘亭亭走进房间，在屋子中央白布铺围着的长台前一字排开，肃立默哀。然后，河南省长刘杰同志打开旧骨灰盒，取出骨灰袋。光美同志沉痛地抱着骨灰袋，长时间地将自己的脸偎依在骨灰袋上。刘杰同志把骨灰袋放入新盒，少奇同志的小儿子刘源将盒盖盖好。在肃穆凝重的气氛中，刘杰同志将骨灰盒捧入骨灰迎送仪式会场，安放在少奇同志遗像下面。所有领导同志和少奇同志的亲人依次上前鞠躬致意。会场里，陈列着河南省领导同志和各机关、单位献的花圈150多个。

正午，郑州市人民会堂至中州宾馆前往机场的金水大道已断绝交通，夹道送行的工人、农民、机关干部、解放军指战员和中小学生一万多名，正在街上列队。举行骨灰迎送仪式的人民会堂门口下半旗。

1点10分，光美同志带领子女进入庄严肃穆的会场。骨灰迎送仪式开始。刘杰同志主持仪式。在乐队吹奏的哀乐声中，专程前来郑州迎取少奇同志骨灰的治丧委员会工作人员，河南省党政军领导同志，以及参加仪式的各界代表1500多人，肃立默哀三分钟。接着，戴苏理同志代表河南党政军领导机关和全省人民致词，对少奇同志表示最深切的悼念。然后，光美同志即席讲话，她简略地回顾了少奇同志在民主革命时期两次在河南工作和建国后多次到河南的情况。她说，少奇同志热爱河南人民，河南人民也培育了少奇同志。骨灰迎送仪式和河南人民怀念少奇同志的深厚感情表明，少奇同志活在河南和全国人民心中。

光美同志讲话时，到会的同志全都哭了。全场向少奇同志遗像三鞠躬。接着，启运少奇同志的骨灰。刘杰等省委领导同志分别把骨灰盒、少奇同志遗像、花圈交给家属。刘源手捧党旗覆盖的骨灰盒，光美同志手持鲜花束陪伴，刘爱琴捧护着少奇同志遗像，刘平平、刘亭亭两人抬着花圈，缓缓地步出会场。花圈的白色缎带上写着："献给敬爱的少奇同志。"

光美同志及子女和陪送骨灰前往北京的刘杰、赵文甫两位书记登上灵车。灵车是一辆大轿车，车身披着黑纱，车前悬挂着少奇同志的遗像和黑白两色的花球，车内素白洁净，骨灰盒安放在车厢前部素纱缠裹的台子上。灵车由7辆摩托护卫，车队出人民会堂开往机场。郑州市近两万群众夹道送行，他们都臂缠黑纱，怀着沉痛的心情，目送缓缓行进的灵车队。

郑州机场的上空回荡着哀乐。迎送骨灰的行列绕场一周。光美同志最后登机，在机舱门口的舷梯上向送行的群众，向河南人民鞠躬致谢。

2点50分，运送少奇同志骨灰的专机飞离郑州。

4点整，专机抵北京西郊机场。彭真、乌兰夫、韦国清、方毅、倪志福、彭冲、宋任穷、谭震林、薄一波等中央领导同志在舷梯旁迎接并护送少奇同志的骨灰前往人民大会堂，安放于江苏厅。机场上还有来自全国各省的党政干部的代表和少奇同志的不少老战友与他们的子女亲属。

1980年5月19日（星期一）北京晴、青岛阴转晴。

两天前，在人民大会堂举行了隆重的刘少奇同志追悼大会。按照少奇同志生前的遗言，将把他的骨灰撒在祖国的大海里。今天，治丧委员会派出工作人员，陪同光美同志和少奇同志的子女前往青岛散撒少奇同志的骨灰。

早晨8点钟，治丧委员会办公室成员和全体工作人员齐集人民大会堂四川厅，然后与王光美同志和子女亲属将少奇同志的骨灰从江苏厅启运。人民大会堂东正门大开，灯光齐明。臂缠黑纱的礼兵护送手捧骨灰盒的刘源和王光美同志挽臂缓步出行。人民大会堂的工作人员列队在东门外的台阶上志哀。光美同志怀抱骨灰盒坐在第一辆红旗牌轿车中，车头披着黑纱，结扎着黑黄两色的花球。长长的车队经长安街开往北京西郊机场，沿途路人停步目送。

在西郊机场举行了简单的送行仪式。天空明净晴朗，低沉悲壮的哀乐却撩拨着人们沉痛和怀念的心。刘源站在机舱门口，流着眼泪将骨灰盒高高举过头顶。机场上送行的许多同志热泪盈眶，向少奇同志的骨灰作最后的告别。光美同志向同志们鞠躬致谢。

9点30分，三叉戟专机滑行，飞离北京。

10点25分，飞机降落在青岛流亭机场。机场降半旗，哀乐低回。数百名北海舰队的干部战士列队肃立默哀。专程由济南赶来青岛的山东省和青岛市、海军司令部、北海舰队的领导同志均到机场迎接。

护送骨灰的车队离开机场，直接开往青岛港第三码头。治丧委员会决定，少奇同志的丧事，要按国家元首的地位，给以最高的规格和礼遇。叶飞同志以党给海军担负散撒少奇同志骨灰的任务而极为激动，重病中命令北海舰队，派出一艘驱逐舰和四艘护卫炮舰执行任务。

青岛是个阴天，满天阴霾。车队到达码头时，还星星点点地掉了几点雨花，天公似乎也体察到了人们沉痛悲哀的心情。码头上，数百名海、陆军指战员和干部、群众，臂缠黑纱，脱帽肃立。扬声器播放着哀乐，半降的国旗在天空中缓缓地飘动。

11点45分，军舰汽笛长鸣，缓缓离港。码头旁停靠的所有舰艇上，着白衣蓝裤的海军官兵列队敬礼，目送军舰开向海口。出港后，四艘炮舰快速跟上，前后左右各一，编队护卫。

海上风大——只是就我们的感觉而言。其实今天没什么风。用水兵的话说，海面可称波平浪静。但一来是阴天，二来船速不慢，海上轻风扑面，阴湿寒冷，侵人肌肤；浓云笼罩大海，水天苍茫，忧郁凝重。

午后1时许，治丧委员会办公室工作人员陪同光美同志和子女捧护着少奇同志的骨灰盒来到驱逐舰后甲板。舰上广播室播出哀乐，后护卫炮舰鸣礼炮二十一响。

后甲板上挤满了人。刘源打开骨灰盒，光美同志最后一次亲偎着骨灰袋，缓缓地打开袋子，看见了洁白如雪的骨灰，泪如泉涌。她，在祖国的黄海大公岛的附近海域，撒下了第一把少奇同志雪白的骨灰。接着，她捧了一把骨灰交给了小女儿刘潇潇……她失声痛哭！少奇同志的子女和亲属，以及原来在少奇同志身边工作的人员和少奇同志老战友的孩子——两位青年代表，依次散撒。随着少奇同志的骨灰和鲜花不断地抛进大海，人们俯身在船舷边，凝望着，呼唤着，哭泣着。哭声和呼喊声，风声和海浪声，震撼着水天茫茫的黄海，响彻在全国人民的心中。

党和人民郑重地为少奇同志平反昭雪，恢复名誉，举行隆重的治丧活动，这不仅是一种必然，这不只是感情激动爆发的最后时刻，这不光是对少奇同志个人的追念，这是对十年浩劫彻底的批判和否定。少奇同志在受辱临难的时候说过：“好在历史是由人民写的。”党和人民在这里表达着最坚定的信念和誓言：我们再不会让那样的历史重演。少奇同志，您安息吧。

邓小平同志在给少奇同志平反的追悼会上，以洪亮的声音严肃地对光美同志讲：“是喜事，是胜利！”真的，天似有情天亦喜——下午，青岛天色转晴，疏云艳阳。

十三 天公挥泪

——刘少奇骨灰海葬追忆

若仆

公元1980年5月19日，已故中华人民共和国主席刘少奇的骨灰，在他老人家谢世10周年又189天之后，终于得以按他生前的愿望，在压抑的无声的痛哭中，在中国人民解放军海军舰艇护送下，披着细雨，乘着涌浪，和着声声礼炮轰响，被人们一把一把地撒向了那并非永远沉默的海洋之中。他，终于安息了。

1980年5月19日，刘少奇同志的骨灰在青岛海葬。

公元1980年5月19日，已故中华人民共和国主席刘少奇的骨灰，在他老人家谢世10周年又189天之后，终于得以按他生前的愿望，在压抑的无声的痛哭中，在中国人民解放军海军舰艇护送下，披着细雨，乘着涌浪，和着声声礼炮轰响，被人们一把一把地撒向了那并非永远沉默的海洋之中。他，终于安息了。

那年的5月19日，我有生以来第一次乘上了一条真正的军舰出海去，但这不是续那个被“文化大革命”打断的童年的梦想，而是为外公送葬。对于这一富有历史性意义的事件，通过电视、广播、报纸、纪录影片等等媒介，使得许许多多的人们都知道、了解到了。但人们可知道，在那蒙冤受辱、灾难深重的老人得以平反昭雪、洗消冤屈之后，在党和国家和人民终于为他开了追悼会之后，他那将身躯撒向海洋的愿望又是如何实现、怎样走向海洋的？！请让我将那常常缠绕在心头的对往事的追忆，写出来告诉善良的人们。

1980年2月29日，中国共产党第十一届中央委员会第五次全体会议经过严肃认真的讨论，承担着不可或知的“某些风险”（《人民日报》社论语），为将公案大白天下，以实事求是，有错必纠的坦然态度，一致通过了为刘少奇同志平反的决议。至此，中国共产党和中华人民共和国历史上最大冤案的首要受害人终于挣脱了被一双双卑鄙无耻的手强加到他身上的冤屈、罪名和永不翻覆的沉重枷锁。

但他已经于10年多前，披着满头尺多长的白发，怀着满腹无声的抗辩默然辞世了。

他可以瞑目了？！

1980年5月17日，那天是个星期六。下午3点钟，经过一再推迟，外公的追悼大会在共和国首都北京市中心的人民大会堂隆重举行了。在会场外，一位记者后来告诉我：大会堂东门对面的天安门广场上，没有人出来组织，没有人维持秩序，却又秩序井然地席地坐着许多人，静听着通过扩音器从会场里传出来的声息。他还说，除了1976年那阴冷的1月，这是一个小小的但也最令他感动的场景了。会场内，万人礼堂座无虚席，但除了悼词、除了哀乐、除了雄壮的国际歌声，再没有别的声息，没有人流泪，没有人失声，仿佛那屈死的老人将他那永世的沉默传染给了在场的每一个人。在那肃穆沉静的气氛中，却又仿佛有一个巨大的雷鸣般的呼声在场内回荡着，久久不去，冲击着每个人的耳鼓，激荡着每个人的神经和思想。追悼会结束后，在治丧委员会的要求、恳请下，当天下午5点半左右，亲属们中止了守灵，离开灵堂，离开人民大会堂，把盛放着外公骨灰的灵柩留给了笔挺肃立的、忠诚的人民解放军战士守卫。外公生前曾在不同场合多次表示过一个至诚的愿望，在他故去后，一定要把他的骨灰撒到海洋里去，不要存留人世。按常理说，在他老人家终于洗冤昭雪之后，这一遗愿应该能够得到满足，应该和他的追悼会共同做出相应的安排。但直到追悼会结束后的当天深夜，这一百年遗愿仍然不清楚能否实现？如何实现？什么时间？什么地点？什么方式？自打外公的骨灰从河南接回到北京，放进设在人民大会堂中的灵堂时，亲属们就开始轮流守灵，并相约要一直守到把骨灰撒完为止。但现在，当追悼会结束后，却又不得不中止守灵，而只能在无边的焦虑和不安的等待中，送走一个黑沉沉的夜，又迎来新的未知的一天。

5月18日，星期日。早晨，那是个晴朗的并预示着由它开始的将是个炎热的一天的早晨。有关方面仍未拿出明确的解决办法来。有人为此焦虑，有人为此激奋，有痛心的，也有感伤的，还有人提出或借钱、或捐款，自己租条船出海去撒骨灰。那天上午，中国革命博物馆来人提出要求说：毛主席进了纪念堂，朱老总进了八宝山，周总理撒向了江河湖海，少奇同志的灵骨就存放在我们这儿吧，应该让人们更多地看到他，并由此想到与他的名字紧紧相连的那一场党、国家和人民所遭受的巨大悲剧、巨大创伤！这是一个很诱惑人、但也是无从考虑的要求。

在等待、盼望与焦虑不安中，一个上午又不知不觉地消逝了。中午时分，电话里传来一个令人惊讶、震撼而又委实难以确信的消息：开国元勋刘伯承元帅，在得知少奇同志的骨灰仍未能如愿撒向死者生前渴望的海洋后，主动面陈中央，请求将这一任务交由海军执行，并表示我人民海军必以强大阵容和整肃队列，满足故人和全国人民的心愿。且不管是否真实可靠，当时在场听到消息的人中，许多人都为这一英烈之举禁不住喷涌出激动的眼泪，但愿那不会是一个谣言，而是真实发生的事情。那年月，小道消息还是很多的，有些后来能够被印证，但更多的可能都是无中生有或捕风捉影的东西。时间又悄悄地在人们的兴奋与疑惑之中向前推移了一点儿。午后1点半左右，我们接到中国人民解放军海军司令部的电话，告知海军的一位参谋长已经上路，前往家中联系具体安排海葬事宜。不一会儿，果然有三名海军军官来到外婆家中，证实了不久前电话中传来的消息，并当面转达了刘伯承元帅对亲属们的慰问。海军方面为海葬事宜提出了派专机将骨灰和随行的亲属送到海军安排的地点去，出动军舰、海空护航以及时间表等具体措施并征得了亲属的同意。海军首长说，这些安排意见还要报告刘伯承元帅及有关方面，得到批准后方能付诸实施。但这已经足够了，因为这是真的，并且是一定能够实现的。海军首长走后不久，我们就得到了有关方面的通知：中央书记处经过讨论，已同意由海军执行撒骨灰任务，具体事宜和措施由海军方面酌定。

通向海洋之路终于敞开了。5月19日，星期一。早晨，这又是一个晴朗炎热的早晨。

那天早晨8点钟多一点儿，由七八辆汽车组成的短短一列灵车队列，从人民大会堂西北门开出，疾速驰向北京西郊飞机场。由于事前曾得到有关方面的通知，除了外婆指定可以去撒骨灰的亲属和少数几个因外公的冤案牵连最大的外公身边的工作人员外，其他人一律不准随行和去送行。因此外婆开始只指定让几个儿女辈去，为了减少不必要的麻烦，其他人就都不要去了。她的话使我们难过极了。但小工（亭亭）则大声地坚持说：能去的、想去的都去！本来就不让送爸爸，我们自己再这样卡着不让去，就没人送了！接骨灰时本来可以都去的，就这样卡着不让去，英英已经上了飞机了，又把他给撵了下来，结果那么大一架飞机上，只有6个人（开追悼会前5天由北京去河南接骨灰，只去了外婆、大舅妈、母亲、平平、源源、小工等6人，其他人都没让去。因为是突然通知让走的，小小当时正在上海学习，来不及让她赶回，故未去。而大舅妈，因事前一点儿准备也没有，竟仓促得连衣服都来不及更换，只穿着平时的便服就匆匆忙忙上了飞机）！小工说着竟哭了起来。面对小工这一番大喊大叫，外婆征求了我母亲的意见，我母亲说：至少英英应该去！没有英英，我不行。后来外婆说：大家都先跟着去吧，到了机场再看情况，如果没人阻拦，你们就都去吧。这件事虽然就这样定了，但我们又担心起在机场上是否会出现很冷清的场面。

当车队快驶到机场时，我们看到了一个令人激动的场面：从干线公路通往机场的岔路口上，在道路旁的所有空地上，竟挤满着形形色色、新旧不等、各式各样的成百的大小车辆。在岔路口上，只有两名警察和两名佩戴执勤臂章的解放军战士在指挥着那些车辆和维持着秩序。刚看到这些汽车构成的场景时，我还有点儿疑惑，但很快就醒悟到这是人们完全自发地来为外公送灵的，因为没有得到批准，进不了机场，只得将车子停在远离机场的道路旁。从岔路口下来，我们还看到一些人站在路旁向我们招手致意。我们的汽车开进机场后，原定由海军派出的专机已改换为中央派出的一架三叉戟型飞机正等候在候机楼旁。候机楼里里外外挤满着听到消息后赶来送灵的人们。我在他们当中走了走，到处都可听到阵阵低语声和压抑着的沉痛的哀泣声。在与送别的人们一一握别后，外婆等几人捧着骨灰盒登上了飞机。在机舱门口，源源忽然回过身来，手捧骨灰盒，高举过顶，向着站在舷梯前的人群大声说：永别了！场上顿时响起一片愈扬愈高的痛哭声。我和几个小辈以及其他几个人，一直等在舷梯口，等着让我们上飞机。过了几分钟——也许只有几秒钟，小工和母亲出现在舱门口，招呼我们赶紧上来，于是我们急忙上了飞机。当时，我真有一种好像偷了什么东西就要被逮住的感觉。上了飞机后，又过了好长时间，飞机才慢慢地点火起动，缓缓滑向跑道。从舷窗里，我看到机场上送别的人都高举着手向我们摇动，更有一些人，追着、跑着，直到飞机把他们远远地抛甩在看不见的后边。飞机往前猛冲着，脱离开跑道，昂首飞上天空，一直向南飞去。

上午10点钟，飞机从高空中俯冲下来，平稳地降落在青岛附近的一座海军机场上。10点稍过几分钟，我们下了飞机，打开舱门时，只见两列持枪脱帽、垂首肃立的水兵，从舷梯旁一直排列到接灵车前，组成接灵仪仗队。这情景与在北京登机时舷梯口只有两名士兵守卫，两相对比，给人的感受是大不一样的。灵车开动后，我们坐在一辆面包车上紧随其后，驰向目的地。在汽车由跑道开出机场的路上，从车窗里向外看去，可见三三两两海军军官或士兵，左手托帽，军官右手行军礼，士兵则垂手肃立，有些是站在路旁，有些就在工作岗位上，向疾驶而过的灵车致礼。

我不清楚从那机场到海港最简捷的行车路线应该是什么，因为以前我还从未去过青岛，但灵车确实经过市区的一些街道，却又不像有意绕行而后进入海港；我也不知道当地有关方面是否早早做了准备，但如果确实做了准备，那么我应该老实承认，那准备的规模一定是很大的，其工作效率也毫无疑问的是很高很高的。我实实在在有点不敢相信，因为我们也只是在前一天的下午才确知我们今天要到这里来，要从这里乘船出海去撒骨灰。从那时到现在，还不足20个小时啊。在我目力所及的范围内，不论是街道旁，还是码头边，或是灵车所经之处两旁的楼房里，以及离街道较远的住宅楼的阳台上、窗口里，我能看见到处都聚集着许许多多哀挽肃立的人群，有些在胸前衣襟上插着一朵小白花，有些臂上挽着黑纱，有流泪的，也有哭喊的、招手的；在一处路口，由于几股人流的汇合，虽然众多警察和海军官兵极力维持、阻挡，但灵车终于还是被一潮一潮涌来的人群堵住，不能前行。在灵车被堵的那一小会儿，有一群年龄不一的女工，像是发现了什么，一下子冲到了我们乘坐的车旁，使劲敲打车窗，似乎要对我们诉说什么。我打开车窗，正要伸出头去，已有几个警察从缝隙里硬挤了过来，插在了人群和汽车之间，阻断了也许一触即发的激情的交流。事后有人问我，你估计那天有多少人出来迎接灵车通过？我说，就我所看到的而言，肯定有5万人左右，至于没看到的还有多少我就不清楚了。那人说，你估计的差不多。

当灵车驶入军港，在停靠着受命载运灵柩的军舰的码头上，正肃立着与那舰身长度相等的长长一列左手托帽、右手行军礼的海军军官。他们背向军舰，迎候着灵车的到来。在军港上，以及当军舰开出港口的途中，我所能够看到的海军官兵全部行志哀军礼；而海港里所有的工人和机器设备也都停止了工作和运行，军人和工人们都就地肃立着，目送着远远驰向海洋深处的军舰。港口里所有的大小船舶，不论是中国的，还是外国的，都下了半旗志哀。我们所乘坐的军舰，据海军的同志介绍说，是我国自行设计、建造和装备，又是我军当时最先进最大的战舰，本不驻防此地，今天特调来此执行这一任务。在港口登舰后，我偶然地——纯粹偶然地抬头向高处望了一眼，发现天空中已出现了云层，阴霾正在悄无声息地聚拢上来，而且越来越凝重阴沉。我并没有在意，可能谁都没有在意此事。军舰离岸时，送灵的亲属们排成一列，向深情的青岛人民，向岸上庄严肃立的海军官兵们三鞠躬致谢。

军舰出港后，我被安顿在一间军官休息舱里休息，舰上的人告诉我，军舰还要航行一段时间，等到了预定地点再来通知我们。这间舱室很窄小，只有一个上下铺和一张很小的金属桌子，它们全都固定在舱壁上。我从舷窗里向外看去，看到了在我所处的这一侧一前一后还有两条军舰在伴随着我们所乘的这条大舰向前航行，它们不知是什么时候跟上来的。同时我也发现天色竟已变得灰暗、阴沉沉的，几乎分辨不出天色与海色的差别，倒是那护航军舰的蓝色的舰身反而显得色泽鲜明了。由于船舱里太憋闷，我就走了出来，沿着甲板在舰上转了一圈，看见忙碌不停的水兵，看见伸向天空的大炮、导弹发射架，还看见汹涌翻滚着的海涛。远处，灰蒙蒙一片，分辨不清海与天相交的界线。我们乘坐的军舰，正迎着色彩越来越浓重的天幕，踏着越来越汹涌的海涛，挺起蓝灰色的巨大身躯向前闯去。

事后我们被告知，由于天气变化很快，能见度太差，原定出动护航的海军飞机被迫取消了飞行，因此我们在整个航行过程中始终没有看到预定参加护航的飞机。

天空中吹起一阵阵柔和却又湿冷的风，海浪时不时冲到甲板上，像是要下雨的样子。军舰随着海浪俯仰摇摆，不知还要航行多长时间。甲板上也很不平稳，我觉得有些冷，就又回到了船舱里。由于连续几天来一直睡不安稳、睡不实在，在这摇晃闷热的船舱里，我竟趴在舱里的小桌子上打起盹来。

当军舰行驶到预定区域，准备进行撒骨灰时，我们被从船舱里叫了出来。刚走到甲板上，冷风向我的身体猛烈扑打过来，像是责备我刚才打盹的行为，但我却感到脸上、颈上、手上另有一种凉丝丝的感觉，这时，我才惊奇地发现，天确实下雨了。天公，你也在挥泪吗？

在越来越大的飘飘洒洒的雨幕中，我身旁不远处突然爆发了一声空阔的巨响，我被吓了一跳，不知这是发生了什么事。过了片刻，又是一声同样的巨响，这回我仿佛感觉到，随着这声爆响，军舰也似乎为之震颤着哆嗦着抖动了一下它那坚强的身躯。接着，又是一下，噢，我明白了，这是舰上的大炮在轰响，这是致敬志哀的礼炮！它震颤着军舰，震颤着我的心灵。伴随着只给予国家元首的最高等级的21响礼炮轰鸣，我们每个人都轮流抓了一把骨灰撒向海底深处。我抓住了一把骨灰。我感到它有些生涩，又有些温热，仿佛就要燃烧起来。它在我手里嘎嘎地响着，好像要对我诉说什么。我不敢抓紧它，怕把它抓疼了；但我又不敢稍稍松开手，生怕它掉落出去，从此我就再也难以把握住它在我的手心里传达给我的那些感触了。我到底还是不知道我是怎样把它撒了出去。是一松手？是一扬手？还是……我只感到心头有什么东西堵着、压着，憋得我喘不上气来，我担心这是不是什么心脏病的前兆，一股腥腥的又黏又热的东西涌上了喉管。人们尽管强忍着眼泪，却还是压抑不住失声哭了出来，有人哭喊着“留一点儿吧！留一点儿吧！”但死者毕竟已经借助活着的人们的手，按照他的心愿，将自己的躯体深深地投向广袤无垠的海洋中去了，在海浪的拍打、抚摸中，很快就消失得踪影全无。他已经与那深沉的海洋融合为一体，他成为了那海的一部分，他也就是那海。人们把许多鲜花抛撒到海面上。我看着那一把把抛撒出去的骨灰和鲜花，清楚地意识到那雨水已把我的衣服淋湿了，贴在身上，凉飕飕的。

军舰变换着队形，加大速度回航，那湿冷湿冷的风却忽然停息了，雨也渐渐变弱，海面慢慢平缓舒展开来，铅灰色凝重的天空也变得有些稀薄，军舰也不再那么颠簸起伏、蹒跚而行了。几个海军军官正引领着一小堆人在甲板上缓缓而行，参观着这条战舰，时而评说着、指点着。我站在后甲板上，回首望着我刚才还在那里亲手撒过一把外公骨灰的神圣的去处，现在却显得那么迷茫、遥远，不见边际，不知踪影，被快速行驶着的军舰无情地抛在看不清的远方。好像一个曾被你触摸过、了解过的未知数，你似乎已经知道了它的答案，却又为它的本来面目和意义所迷惑。外公早已离开了活着的人们，变成了灰，又被我们抛撒到海的深处，他消失了。但却又有一个影子总是若隐若现地浮现在眼前的海面上，他是谁呢？曾有先哲说，为人民的事业而献身的人，永垂不朽，因为他的灵魂不死。那么他的灵魂又在哪里呢？我该怎样去认识他那不死的灵魂？！

当海岸线远远地出现在视野中时，阴云开始逐渐退向苍穹的四围。蓦地，灿烂的阳光冲过云隙一缕缕斜斜地俯洒向海面，这时还看不见太阳究竟躲藏在哪里，那银白色晶莹透亮的光柱有如锋利无比的刀剑从天空中直插进远处的海里，像是要阻挡我们前进的屏障，又像是引路的航标，让我们迎着自由和光明的召唤，摆脱开海的羁绊。在阳光照耀下，映衬着天空中正加速消散的铅灰色的阴云和墨蓝色的深沉的海洋，远远看去，海平面光滑如镜，一片银白，粼光闪烁。它似乎是沉静凝固的，又似乎在轻快地跳动着。远处的陆地似乎也被阳光托起，使它像是海市蜃楼般地悬浮在海面上，越来越近，轮廓也越来越清晰。大约下午3点半钟，军舰回港停靠在码头上。这时天空已完全放晴，明丽的太阳高悬在头顶，慷慨地向人间播撒着生命的火花。下军舰前，我扬首向天空中望了望，天上几乎找不到一丝云、一丝风了。这景色真令人难以相信、难以重述。在一天之中，在几小时之内，天公竟做如此变幻。你可以说那也许是巧合，但当我们从北京飞往青岛途中，飞机上曾报告青岛天气情况时说的却是："晴无风。"你也可以说那不过是自然界的偶一变化，只不过没有被人测得罢了，但在我们下飞机时，高空中才只有难以辨识的几丝薄薄的云，而到我们登上军舰、离开港岸时，天却开始变了，到了撒骨灰时就开始下雨了，回航时雨渐渐减弱消失，到靠岸时又重播晴空于世，大白天下。这自然界的偶然变化竟将它的时间表安排得如此准时！与人们的意愿竟会如此巧合！以至当我把这段航程中无意中发现的天景的几次变化告诉周围的人时，人们都不约而同地去想象着：难道天亦有情、天亦有眼吗？！我将这天公有情挥长泪、海天一色送英灵的往事记述在此，奉献给死者和生者。

1988年11月

十四　刘少奇在1966—1969

黄　峥

历史宣告了林彪、「四人帮」阴谋的彻底破产。历史对新中国的每个创建者和领导者都是公正的，不会忘记任何人的功绩。和毛泽东同志、周恩来同志、朱德同志一样，刘少奇同志将永远活在我国各族人民的心中。

1966年10月1日，毛泽东、刘少奇、宋庆龄等在天安门城楼上。这是刘少奇最后一次在国庆节登上天安门城楼。

讨论通过《二月提纲》

蜚声中外的北京中南海之所以闻名，不仅因为它是始建于辽、金并历经元、明、清各朝长期修缮而成的古典园林，而且还因为它是中共中央和中华人民共和国国务院所在地。所谓中南海，当然并不是真正的海，而是两个占地700亩的城市湖泊，一曰中海，一曰南海。刘少奇居住的福禄居，就坐落在南海西侧，怀仁堂的后面。

在这以前，刘少奇一家住在中南海西楼的甲楼。那是一幢灰色小楼，没有围墙，结构类似公寓，办公室、卧室在楼上，会客室在楼下。这种布局无论对已经60开外的刘少奇本人，还是对来办公室谈工作的干部，都很不方便。加上这期间西楼一带几次发生小孩子在各楼乱窜，警卫部门感到不利于安全和保密，坚持要刘少奇搬出西楼。正好原来林伯渠副委员长居住的福禄居，自他1960年逝世后长期空着，中南海行政管理部门便安排刘少奇一家在1963年夏天搬了进去。

福禄居是一所有着两进小院的老式庭院，全部平房。从大门进去，一转弯就进了前院。北房一排平房，做了刘少奇的办公室和卧室。西厢一间较大的房子，改成会议室兼会客室。平时由刘少奇召集的小型会议，包括中共中央政治局常委扩大会议，大多在这里举行。东西厢还有一些零星用房，是秘书、警卫等工作人员的办公室。沿东侧走廊可以通往后院，那就是孩子们住的地方了。

1966年2月5日下午3点来钟，几辆红旗、吉姆轿车先后开到福禄居大门外，轻轻停下。从车上下来的人陆续进了福禄居前院会议室。他们是：彭真、陆定一、康生、吴冷西、许立群、胡绳、姚溱。不一会儿，周恩来、邓小平也一前一后进了会议室。邓家和福禄居是同一个巷子，只相隔几十米，所以邓小平是走着来的。

这个会议室不大，但光线很好。这是因为它的整个东壁是一排玻璃窗。室内陈设简单：西壁一排放满了书的书柜，南面靠墙半圈沙发，北面一张会议桌，桌边摆了几十把椅子。

来开会的人在会议桌边坐定之后，刘少奇宣布开会。

这是一次研究日常工作的中共中央政治局常委会议。主要议程是由文化革命五人小组汇报当前学术讨论方面的问题。

学术讨论问题为何要拿到中央政治局常委会上来汇报讨论？此事说来话长——

自从长篇小说《刘志丹》被康生在中共八届十中全会上发难批判之后，文艺界以至整个意识形态领域便不得安宁起来。

先是昆剧《李慧娘》被拉出来开刀。这个剧本的作者孟超和为它写了一篇题为《有鬼无害论》赞扬文章的廖沫沙受到公开批判。批判文章是江青在上海组织人写的，登在了1963年5月的《文汇报》上。文艺界的阶级斗争空气于是越发紧张。

康生、江青并未就此罢手。众多的文艺作品在他们的策动下一部接一部地遭到公开批判，光电影就有《早春二月》、《北国江南》、《舞台姐妹》、《逆风千里》、《林家铺子》、《不夜城》、《红日》等等十几部。

批判浪潮愈演愈烈。到了1964年，其他意识形态领域也开始遭殃。杨献珍的“合二而一”哲学观点，孙冶方的经济学观点，翦伯赞的历史学观点，以及文艺界代表人物夏衍、田汉、阳翰笙、邵荃麟、齐燕铭等等，都被当做修正主义大批特批。

这场批判运动得到毛泽东的支持。1963年12月和1964年6月，毛泽东两次批示，尖锐批评文艺界已经“跌到了修正主义的边缘”。对一些作品和观点进行公开批判，也经过他的首肯。

江青这期间异乎寻常地活跃起来。她到处搜罗材料，寻找茬子，同康生一搭一档地批这批那。1965年，她又跑到上海同张春桥

（当时担任中共上海市委书记处书记）密谋，组织批判北京市副市长、著名历史学家吴晗写的京剧《海瑞罢官》。文章由姚文元（当时是上海市委写作组成员）写成后，经过毛泽东同意，在1965年11月10日的《文汇报》突然发表。

这篇题为《评新编历史剧〈海瑞罢官〉》的长文，点名批判吴晗，说《海瑞罢官》为右倾机会主义翻案，“是一株毒草”，用词严厉，语气刻薄。人们对此极为震惊。

对这样一个不同寻常的举动，刘少奇、周恩来、邓小平等在第一线主持中央工作的中共中央政治局常委，事前却一无所知。中共北京市委第一书记彭真、中共中央宣传部部长陆定一也蒙在鼓里。

在上海市的报纸上批判北京市的一位副市长，却不给中共北京市委打一下招呼；公开发表这样一篇批判著名学者的“高档次”文章，却不给中共中央宣传部说一声。这显然是不正常的。

可毛泽东继续支持姚文元的文章。1965年12月21日他在杭州对陈伯达等人发表了这样的意见：《海瑞罢官》的“要害问题是‘罢官’。嘉靖皇帝罢了海瑞的官，1959年我们罢了彭德怀的官。彭德怀也是海瑞。”这个谈话预示对《海瑞罢官》的批判还要升级。

本来，中共中央在1964年7月根据毛泽东提议，专门成立了一个领导思想文化工作的机构——中央文化革命五人小组。组长彭真，成员陆定一（中共中央书记处书记兼中央宣传部部长、文化部部长）、康生（中共中央书记处书记）、周扬（中共中央宣传部常务副部长）、吴冷西（人民日报社社长、新华通讯社社长）。彭真感到，事情不能这样听之任之下去，五人小组有责任出来加强领导。于是，1966年2月3日，彭真在人民大会堂西大厅召集五人小组开了一天会，研究指导方针。除周扬因病住院开刀外，其余成员都到了会，另外还请了中央宣传部、中央政治研究室、北京市的有关负责人许立群、胡绳、姚溱、王力、范若愚、刘仁、郑天翔参加讨论。会后由中宣部副部长许立群执笔写出了《文化革命五人小组关于当前学术讨论的汇报提纲》，报请中共中央政治局常委讨论。这个提纲形成于1966年2月，所以后来通常称它为《二月提纲》。

《二月提纲》显然是想对这场文化领域的大批判加以约束，不让它发展为政治斗争。它提出："要坚持实事求是，在真理面前人人平等的原则，要以理服人，不要像学阀一样武断和以势压人"，"报刊上公开点名作重点批判要慎重，有的人要经过有关领导机关批准。"这些都针对着江青、张春桥在批《海瑞罢官》一事上乱打棍子的蛮横做派。

2月5日中共中央政治局常委开会，听取五人小组汇报。汇报提纲已经在开会前分送各位常委，所以会上用不着照稿子念，只由彭真和许立群作口头说明。刘少奇、周恩来、邓小平不时询问一些情况。

彭真在口头汇报中特意说明，根据调查，吴晗同彭德怀没有联系，《海瑞罢官》同庐山会议没有关系。

常委们经过讨论，对提纲中的意见表示同意。刘少奇最后说，他也没有什么意见了，请五人小组的同志尽快去武汉向毛泽东当面汇报。

与会者纷纷起身离去，福禄居又静了下来。

刘少奇已经顾不上仔细琢磨这件事，因为他要准备出访亚洲3国，这是早已定了的事情。而在出去之前，他还有好几件国内国际的公务要处理，其中包括同日本共产党代表团会谈和召集中共中央政治局常委扩大会议研究农业机械化问题。所以，有关五人小组汇报提纲的后期工作，刘少奇委托总书记邓小平接着办。这样，《二月提纲》在彭真、陆定一等2月8日去武汉向毛泽东汇报之后，邓小平在2月12日正式以中共中央名义转发全党。

刘少奇抓紧进行出国前的准备工作。一段时间以来，国际上刮起一股妄图孤立中华人民共和国的歪风。为了坚决抵制和冲破这股势力，中共中央、国务院采取了针锋相对的措施。由刘少奇以国家主席身份对巴基斯坦、阿富汗、缅甸3国进行友好访问，是这些措施中的重要一项。

在出访准备过程中，刘少奇提出这次不带夫人。因为他觉得女同志出国比较麻烦，在服饰、礼仪、活动安排等等方面更多了一层讲究，再加上王光美这时正在河北省定兴县农村参加四清运动，中途离开也不大好。可外事部门坚持要求主席夫人随行，以便增加友好气氛。尤其是阿富汗王后来过中国，她已经表示一定要亲自出面接待中国客人，这样中国方面主席夫人不出场就不大好。这事拖到3月中旬，刘少奇才同意王光美从农村赶回家做出国准备。随同出访的陈毅副总理的夫人张茜，也差不多这时候才脱离工作。

时间紧迫，王光美和张茜抓紧时间阅读材料，熟悉礼仪，准备服装。这中间，她们还要穿插着安排家务，叮嘱孩子，忙得不可开交。偏巧这时毛泽东又要刘少奇去杭州出席中共中央政治局常委扩大会议。会议从3月18日开到20日。刘少奇开完会回到北京，只简单收拾了一下，就启程了。

1966年3月22日，刘少奇一行乘专机离开北京，经乌鲁木齐前往巴基斯坦访问。

中国方面对这次刘少奇出访的安排极为隆重。随员中除陈毅副总理外，还包括4位副部长级官员，阵容可观，新闻记者队伍也很庞大。到机场送行的仪式是按国家最高规格安排的。参加送行的有：全国人大常委会委员长朱德，国务院总理周恩来和7位副委员长、3位副总理、4位全国政协副主席、2位国防委员会副主席以及中央各部门、中国人民解放军、各民主党派、各人民团体和北京市的负责人，显示了中国政府和人民对这次访问的高度重视。

3月26日，刘少奇一行抵达巴基斯坦首都拉瓦尔品第。一时间，这里刮起了空前规模的中国旋风。整个城市披上了节日的盛装，到处洋溢着中巴友好的热烈气氛。每当中国客人的车队在街道上经过，总是受到市民群众的夹道欢迎。

3月28日，刘少奇在阿尤布·汗总统的陪同下，参观兴建中的新首都伊斯兰堡，下午由巴基斯坦外交部长布托陪同去拉合尔访问。

拉合尔是巴基斯坦的历史名城，西巴基斯坦首府。中国客人在这里受到的热烈欢迎简直难以形容。

当刘少奇等乘车从拉合尔机场去省督府时，受到了近100万人的极其热烈的欢迎。一路上，欢迎的人群密密层层，汇成一片海洋。道路两旁的树上、房屋上、电杆上都高高低低地站满了人。人们挥舞着旗帜、彩带，作出种种欢迎表示。

车队开出不久，两旁的欢迎队伍突然失去控制。拥挤的人群冲破警察的警戒线，兴奋地站在马路中央高呼欢迎口号，争睹中国领导人的风采。无数工人、学生、白发苍苍的老人和天真的儿童都争着把手伸进汽车窗口，同中国客人握手。整条马路水泄不通，刘少奇一行的车队一再被热情的群众阻住。通过这条5英里长的道路，车队用了整整一个半小时。

晚上，西巴基斯坦省督为刘少奇主席的来访举行欢迎宴会。宴会开始前，宾主在客厅里愉快地交谈。双方不约而同地谈论着白天拉合尔人民自发欢迎的情景，都对这种令人难忘的盛情赞叹不已。

宴会上，刘少奇举杯为英雄的拉合尔人民、为中巴两国人民之间的兄弟友谊祝酒。他再次热情地说："今天拉合尔人民群众给了我们极其热烈的欢迎。街道上人山人海，一片欢腾的景象。这生动地表达了巴基斯坦人民对中国人民的兄弟友情。"

刘少奇一行3月30日离开拉合尔到卡拉奇访问。以后又接连访问了阿富汗、东巴基斯坦（今孟加拉国）、缅甸，带去了中国人民对这些国家人民的友好情谊。

整个访问十分成功。4月10日下午，周恩来总理在北京人民大会堂江苏厅回答巴基斯坦记者提问时说："刘主席的访问，无疑将对今后我们两国友好合作关系的进一步发展产生积极的影响，这不仅符合我们两国人民的根本利益，也必将有利于亚非人民的团结反帝事业和全世界人民维护和平的斗争。”“这次访问巴基斯坦，受到了阿尤布·汗总统和巴基斯坦人民的盛大欢迎和热情接待，中国政府和中国人民非常高兴和感谢。”

4月19日，刘少奇、陈毅一行结束了对亚洲3国的访问，回到昆明。

中共中央政治局扩大会议

1966年5月4日，星期三，北京。

今天北京从一大早起就云遮雾障，阴沉沉地像要下雨。天气不大好，天安门广场的游人比平日少了许多。

上午将近10点，一辆辆轿车陆续驶进人民大会堂西门院落。从车上下来的人腋下夹着公文包，步履匆匆地进了河北厅。

中共中央政治局扩大会议即将在这里举行。

出席这次会议的，有中共中央政治局委员、候补委员和有关负责人，共70多人。人们看到会场上有几张引人注目的新面孔：张春桥、王力、关锋、戚本禹……这是刚刚组建不久的“文化革命文件起草小组”的几位大员，因而被“扩大”进来了。

自从“文化大革命”成了史无前例、震动世界的大运动以来，这次中共中央政治局扩大会议的知名度大增，成为中外历史学者和中共党史专家关注的一个热点，从中分析研究出了这样那样的观点。但在当时，与会者一直到散会，仍对会议通过的文件、决定一知半解，不甚了了，真可谓“不识庐山真面目，只缘身在此山中”了。

刘少奇是这次会议的主持者，同样对议程完全缺乏思想准备。

他和陈毅是4月19日从缅甸仰光飞回昆明的。他们本来打算顺便对云南这个边陲省份作些考察，中共云南省委第一书记阎红彦也已经作了安排，这时却接到中共中央办公厅电话通知，要他们马上到杭州去出席毛泽东召集的中央政治局常委扩大会议。

于是，刘少奇、陈毅的专机直飞上海，接着换乘专列急赴杭州。这部杭州派来的专列本是毛泽东乘坐的，因为事情来得急，刘少奇的专列一时调不过来，就只好先临时用一下了。

刘少奇到了杭州刚住下，周恩来便急匆匆赶来，向他介绍情况。刘少奇这才逐渐知道，就在他出访的这段时间里，国内发生了一连串料想不到的事情：

3月底，毛泽东在上海几次同康生、江青等谈话，严厉批评《二月提纲》混淆阶级界限，是错误的；指责中共北京市委、中央宣传部包庇坏人，不支持左派，说“再不支持，就解散五人小组、中央宣传部、北京市委”。他还号召地方造反，向中央进攻。

4月上旬，林彪、江青合伙搞的《部队文艺工作座谈会纪要》，经过毛泽东审阅修改，作为中共中央文件发到全党。其中说：“要坚决进行一场文化战线上的社会主义大革命，彻底搞掉这条黑线。”

4月9日至12日，陈伯达、康生在中共中央书记处会议上系统批判彭真的所谓“一系列罪行”。会议决定成立由陈伯达、康生、江青、张春桥等组成的“文化革命文件起草小组”，起草《中国共产党中央委员会通知》，批判《二月提纲》。

4月16日，毛泽东在杭州召集中共中央政治局常委扩大会议，用林彪的说法，是“集中解决彭真的问题，揭了盖子”。

在此期间，“文化革命文件起草小组”在毛泽东主持下，写成了《中国共产党中央委员会通知》（即后来的《五一六通知》）。《通知》中除点名批判彭真外，宣布撤销《二月提纲》和文化革命五人小组，重新设立直属中央政治局常委的中央文化革命小组。“文化革命文件起草小组”也就摇身一变成了“中央文化革命小组”，由陈伯达任组长，康生任顾问，江青、张春桥等任副组长，成员中包括王力、关锋、戚本禹、姚文元。

这样，等到刘少奇出访回国，摆在他面前的既成事实是：彭真、陆定一已被打倒，《中国共产党中央委员会通知》已经定稿，中央文革小组已经成立。与此相联系的还有：中共中央宣传部、中共北京市委由于挨批而瘫痪，邓拓（北京市委书记处书记）、田家英（中央办公厅副主任）、吴晗等一批人挨整，陈伯达、康生、江青等人迅速得势。罗瑞卿（中共中央书记处书记、解放军总参谋长）、杨尚昆（中共中央书记处候补书记、中央办公厅主任）早在1965年就被安上莫须有的罪名遭贬黜，这时又被说成是彭真、陆定一的同伙。

为了正式通过《中国共产党中央委员会通知》，落实对彭真、罗瑞卿、陆定一、杨尚昆的组织处理，决定5月份在北京召开中共中央政治局扩大会议。正式开会的时间定在5月4日。这次会议要通过的几件事都是毛泽东在会前亲自抓的，刘少奇几乎没有参与。但毛泽东表示暂不回北京。依惯例，会议就由刘少奇主持，由康生负责向毛泽东汇报请示。

人民大会堂河北厅布置成了会议室。5月4日时钟敲响10点的时候，与会人员都已到齐。中共中央政治局常委刘少奇、周恩来、朱德、林彪、邓小平也已经在主席台坐定。

刘少奇宣布开会。他介绍了会议的起因、议程以及出席人员的范围、开法。接着，总书记邓小平对会议文件、人员编组、各组召集人和最近几天的日程安排作了说明。

会议的第一个议程是讨论通过《中国共产党中央委员会通知》。但大多数来开会的人都不明白为什么突然要发出这样一个《通知》，于是决定，先开几天座谈会，传达毛泽东最近的一系列指示，介绍相关情况。

从5月5日至7日，介绍情况的座谈会一共开了5次，分别由康生、陈伯达、张春桥介绍。其中数康生的介绍最为耸人听闻。他从5日下午开讲，一个半天不够，6日上午又讲了半天，加起来差不多八个钟头。

康生的传达是混杂不清的。他把毛泽东的指示和他自己的体会、自己的话搅在一起，使人真伪莫辨。他嘶哑着嗓音说：“我个人体会，毛主席这三次谈话，概括起来是两条：一条是批评彭真、中宣部包庇右派，压制左派，不准革命；第二条是给任务，要支持左派，建立新的文化学术队伍，进行文化大革命。贯串一个中心问题是中央到底出不出修正主义？出了怎么办？现在已经出了，罗瑞卿是一个，彭真是一个，杨献珍是一个，杨尚昆是一个，田家英、邓拓、廖沫沙也是……”

这几次座谈会，刘少奇都没有参加。

接下来，会议转入分组讨论《中国共产党中央委员会通知》。与会者已经听过介绍，都知道这是大笔杆子陈伯达执笔起草，又经过毛泽东在4月14日至30日的17天中先后八次审阅修改才定稿的，所以哪里还能提什么不同意见？只是在心里揣摩它的含意。各个小组报来的结果，已是众口一词，一片拥护声。

5月16日上午10点半，中共中央政治局扩大会议举行全体会议，通过《中国共产党中央委员会通知》。

先由陈伯达综合介绍各小组讨论情况。本来有几个同志，如郭沫若等，提出文件中有几处标点和用语不妥，建议在某处增加一个“的”字、在某处去掉一个引号等等。但就是对这样的建议，也被陈伯达、康生一一否定。也就是说，整个《通知》稿一字不能改，连一个标点也不让动。

刘少奇似乎觉得这样不大好，出来解释了几句。他说：“开政治局扩大会议叫大家讨论，结果提了意见不改，连几个字都不能改，这不是独断专行吗？这不是不符合民主集中制吗？我原来考虑过改一点，现在大家意见还是不改的好，不如原来的好，那就不改吧！”

因为这个文件点名批判了彭真，刘少奇又特意征求他的意见，问道：“彭真同志，你有什么意见？”

彭真平静地回答说："一个检查，一个改。"

刘少奇觉得他误解了自己的问话，又补了一句："对通知有什么意见？"

"没有意见。"

"是赞成，还是反对？"

彭真低头看材料，没有说话。

刘少奇不再追问，环顾了一下会场，说："现在通过这个《通知》。同意的请举手！"

大家举起了右手。从此以后，《中国共产党中央委员会通知》被简称为《五一六通知》。每个与会人员都对文件中毛泽东亲自加写的几段话留下了特别深的印象：

"高举无产阶级文化革命的大旗，彻底揭露那批反党反社会主义的所谓'学术权威'的资产阶级反动立场，彻底批判学术界、教育界、新闻界、文艺界、出版界的资产阶级反动思想，夺取在这些文化领域中的领导权。而要做到这一点，必须同时批判混进党里、政府里、军队里和文化领域的各界里的资产阶级代表人物，清洗这些人，有些则要调动他们的职务。尤其不能信用这些人去做领导文化革命的工作，而过去和现在确有很多人是在做这种工作，这是异常危险的。"

"混进党里、政府里、军队里和各种文化界的资产阶级代表人物，是一批反革命的修正主义分子，一旦时机成熟，他们就会要夺取政权，由无产阶级专政变为资产阶级专政。这些人物，有些已被我们识破了，有些则还没有被识破，有些正在受到我们信用，被培养为我们的接班人，例如赫鲁晓夫那样的人物，他们现正睡在我们的身旁，各级党委必须充分注意这一点。"

两天后，林彪在大会上发表讲话。人们在听了他的讲话之后，就更加震惊了。

林彪从5月18日上午10点讲到午后1点。他大谈中央内部有人要搞政变、搞颠覆，制造恐怖气氛：

“最近有很多鬼事，鬼现象，要引起注意。可能发生反革命政变，要杀人，要篡夺政权，要搞资本主义复辟，要把社会主义这一套搞掉。有很多现象，很多材料，我在这里不去详细说了。你们经过反罗瑞卿，反彭真，反陆定一和他老婆，反杨尚昆，可以嗅到一点味道，火药的味道。”

“有人可能搞鬼，他们现在已经在搞鬼。野心家，大有人在。他们是资产阶级的代表，想推翻我们无产阶级政权，不能让他们得逞。有一批王八蛋，他们想冒险，他们待机而动。他们想杀我们，我们就要镇压他们！他们是假革命，他们是假马克思主义，他们是假毛泽东思想，他们是背叛分子。毛主席还健在，他们就背叛，他们阳奉阴违，他们是野心家，他们搞鬼，他们现在就想杀人，用种种手法杀人。”

还没等听讲的人明白过来，林彪话锋一转，开始大肆颂扬毛泽东：

“现在毛主席健在，我们是大树底下好乘凉。毛主席已经70多岁了，身体很健康，可以活到100多岁。”

“毛主席活到哪一天，90岁，100多岁，都是我们党的最高领袖，他的话都是我们行动的准则。谁反对他，全党共诛之，全国共讨之。”

从这天开始，中共中央政治局扩大会议天天大会发言。会场后来改在人民大会堂东大厅。一些人的发言越来越不可思议：批彭真，批陆定一，批罗瑞卿，后来竟批起了朱德。内容却多是捕风捉影，无限上纲，或者纠缠细微末节。在这些批判发言中，林彪、康生、陈伯达等人可谓出足了风头。

5月23日上午，根据毛泽东的意见，会议作出《政治局扩大会议决定》，停止和撤销了彭真、罗瑞卿、陆定一、杨尚昆的职务。

如果说会场内还只是气氛紧张的话，那么会场外就真是充满火药味了。

5月8日，《解放军报》发表江青组织写的署名高炬的文章《向反党反社会主义的黑线开火》，《光明日报》发表关锋写的署名何明的文章《擦亮眼睛，辨别真假》。两篇文章以至高无上的口吻，宣布邓拓、吴晗、廖沫沙是反党反社会主义分子，《前线》、《北京日报》、《北京晚报》是反党工具；声称："我们一定不放过你们，一定不会放过一切牛鬼蛇神，一定要向反党反社会主义的黑线开火。"

5月10日，上海《文汇报》、《解放日报》同时发表姚文元的又一篇文章《评"三家村"》。5月11日，《红旗》发表戚本禹写的《评〈前线〉、〈北京日报〉的资产阶级立场》。这几篇"权威性文章"一出，揭批邓拓、吴晗、廖沫沙的文章如排炮一般，充斥各报。

在令人窒息的政治压力下，邓拓、田家英分别于5月18日、23日含冤自尽，悲愤地离开了人间。

从5月17日起，康生派他的老婆曹轶欧带人到北京大学秘密串连，策动哲学系总支书记聂元梓写大字报。5月25日聂元梓等7人突然贴出大字报《宋硕、陆平、彭珮云在文化革命中究竟干些什么？》，矛头直指北京大学党委和中共北京市委。

社会上的这一幕幕，显然是有人有意要将《五一六通知》内容透露出去，有些则明显是康生、江青等直接组织的。

在会场外这种咄咄逼人的气势下，中共中央政治局扩大会议逐渐进入尾声。

周恩来、朱德、邓小平也先后发了言。他们都谈了对文化革命的认识，对工作中的缺点错误作了自我批评，特别对在文化革命问题上跟不上毛泽东思想作了检讨。他们的讲话同林彪趾高气扬的讲话形成鲜明对照。

5月26日上午10点多钟，还是在人民大会堂东大厅，中共中央政治局扩大会议举行最后一次全体会议。这天是由刘少奇讲话，周恩来主持会议。

刘少奇的讲话谦逊而平和。他首先对会议专门安排他在这样一个重要时间讲话表示感谢，接着他讲了学习毛泽东思想、开展文化革命的意义和他自己的认识。

没有什么豪言壮语，也没有什么警句。整个讲话的精神是表示要跟上形势，保持晚节，革命到底。

谈到对文化革命的认识，他说："在我们这次讨论发言中，对文化革命问题讲得比较少。对这个问题，我们过去也是糊涂的，很不理解，很不认真，很不得力，包括我在内。我最近这个时期对于文化革命的材料看得很少。生了一次病，出了一次国，很多材料没有看，接不上头。"

刘少奇用了相当大的篇幅，检讨自己在各个历史时期所犯的缺点错误。他从1927年大革命时期在武汉同意解散工人纠察队讲起，讲到1949年在天津讲话中主张资本主义工商业可以发展，1956年反冒进，1962年对经济困难估计严重，一直到1965年制订《二十三条》时不主张提出"党内走资本主义道路的当权派"。他把参加革命几十年间的缺点错误从头到尾数落了一遍。

刘少奇检讨的这些"错误"，经过半个多世纪的历史检验，其中的大多数现在看来不但不错，而且是极为可贵的真知灼见。其所以认为错误，只是由于把党内长期形成的"左"的一套当做正确，有的则是因为同毛泽东的意见相悖。

中午1点30分，刘少奇讲话结束。周恩来随即宣布散会。

历时20多天的会议终于开完了，可人们的脑子里仍充满困惑。参加会议的人员纷纷离开会场。一辆辆轿车从人民大会堂门口开出，汽车喷出的缕缕尾气，好像是留下了一串串问号。

“文化大革命”哄然而起

5月过去，6月来临。北京已是骄阳红火，燥热阵阵，显示出夏天匆匆降临的逼人气息。

1966年6月1日上午，人们打开新到的《人民日报》，忽见一篇标题刺目的社论：《横扫一切牛鬼蛇神》。社论号召：“横扫盘踞在思想文化阵地上的大量牛鬼蛇神”，“把所谓资产阶级的‘专家’、‘学者’、‘权威’、‘祖师爷’打得落花流水，使他们威风扫地。”

还没等人们琢磨过味儿来，在晚上黄金时间播出的全国广播电台联播节目中，又听到了北京大学聂元梓等七人写的大字报《宋硕、陆平、彭珮云在文化革命中究竟干些什么？》。这份大字报更是其势汹汹：“在革命群众轰轰烈烈起来响应党中央和毛主席的号召，坚决反击反党反社会主义黑帮的时候，你们大喊：‘加强领导，坚守岗位’。你们坚守的是什么‘岗位’，为谁坚守‘岗位’，你们是些什么人，搞的什么鬼，不是很清楚吗？直到今天你们还要负隅顽抗，你们还想‘坚守岗位’来破坏文化革命。告诉你们，螳臂挡不住车轮，蚍蜉撼不了大树。这是白日做梦！”“打破修正主义的种种控制和一切阴谋诡计，坚决、彻底、干净、全部地消灭一切牛鬼蛇神、一切赫鲁晓夫式的反革命的修正主义分子，把社会主义革命进行到底。”

这两篇东西在一天之内突然冒出来，不但令中国的亿万老百姓惊愕不已，也使刘少奇、周恩来、邓小平等在第一线主持工作的中共中央政治局常委感到意外。

《人民日报》社论是陈伯达5月31日率工作组进驻人民日报社之后，连夜搞出来的，并且不经中共中央审查直接见报。聂元梓等人的大字报，则是康生私自把它送给毛泽东，毛泽东决定向全国广播的，事先也没有同其他中央政治局常委商量。

事情还刚刚开了个头。

6月2日，《人民日报》在“北京大学七同志一张大字报揭穿了一个大阴谋——‘三家村’黑帮分子宋硕陆平彭珮云负隅顽抗妄想坚守反动堡垒”的通栏大标题下，全文刊登了聂元梓等人的大字报。同时配发题为《欢呼北大的一张大字报》的评论员文章，号召人们起来同“反革命黑帮”作斗争，“不论他们打着什么旗号，不管他们有多高的职位、多老的资格”，都要“把他们打倒，把他们的黑帮、黑组织、黑纪律彻底摧毁”。

6月3日，《人民日报》发表社论《夺取资产阶级霸占的史学阵地》。下午4时，人们在广播中又听到：中共中央决定改组北京市委，中共北京新市委决定改组北京大学党委，撤销陆平、彭珮云的一切职务，并派工作组进驻北京大学。

6月4日，《人民日报》在发表改组中共北京市委、北大党委消息的同时，连发两篇社论：《毛泽东思想的新胜利》、《撕掉资产阶级“自由、平等、博爱”的遮羞布》，公开点出“前北京市委的一些主要负责人”是修正主义者，要“全党共诛之，全国共讨之”。

5日、6日、7日、8日……鼓动“文化大革命”的社论、文章在《人民日报》头版一篇接一篇地发表。所有的宣传机器都开动了起来。全国各报刊、广播电台，连篇累牍地发表煽动性的口号、社论、消息。

人们的兴奋点被迅速催生出来。特别是大中学校的青年学生，更是被这一连串的激进事件弄得心急火燎，再也坐不住，纷纷在本单位寻找黑帮，揪斗当权派。

在街头巷尾，在各公共场所，成堆成群的人们热烈地议论着几天来的新鲜事，常常滞留到深夜还久久不散。北京大学等校园更是热闹非凡。城市交通和社会秩序开始乱套。

“文化大革命”就这样哄然而起。狂热的气氛从北京和各大城市迅速向全国城乡辐射。

这样的局面，实在是连久经群众运动风浪的刘少奇也始料不及。

6月3日，刘少奇紧急召集中共中央政治局常委扩大会议，研究运动中出现的问题。

会议在福禄居会议室举行。参加的人不很多，除在京主持日常工作的三位政治局常委刘少奇、周恩来、邓小平外，就是各方面主持工作的负责人：工交口薄一波，财贸口李先念，农林口谭震林，军队方面叶剑英，文革小组陈伯达、康生，办公厅汪东兴，北京市李雪峰、郭影秋，还有新近从中南局第一书记岗位上调来主管宣传文教工作的陶铸，以及一些有关的负责人。

刘少奇主持会议。先由新任中共北京市委第一书记的李雪峰代表新市委汇报。他在谈了北京大学和其他一些学校的情况之后，讲了准备向学校布置的八条要求：（一）大字报要贴在校内；（二）开会不要妨碍工作、教学；（三）游行不要上街；（四）内外区别对待，不准外国人参观，外国留学生不参加运动；（五）不准到被揪斗的人家里闹；（六）不准打人、污蔑人；（七）注意保密；（八）积极领导，坚持岗位。他最后提出：“有的学校领导瘫痪了，领导不起来，就派工作组进去领导。希望团中央、中组部组织人力帮助。”

经过一番讨论，会议同意中共北京市委的意见，向北京市一些大学、中学派出工作组，向各学校传达贯彻所拟的八条要求。刘少奇说：社会主义文化革命已是高潮，要使北京市大中学校有良好的秩序，要把学生很快地组织起来，走上轨道。

会议精神迅速布置下去。中共北京市委开始向一些大学、中学派工作组。大学工作组成员由中共中央组织部抽调，中学工作组成员由团中央抽调，然后由北京市委统一介绍到各学校。

“文化大革命”中的第一个工作组，是由陈伯达率领的驻人民日报社工作组，5月31日进驻。第二个工作组是以张承先为组长的驻北京大学工作组，6月1日晚进驻。张承先是中共河北省委书记处书记，已准备调任国务院高等教育部副部长，还没有到职，正好就先去了北京大学。这两个最早派出的工作组，是刘少奇、周恩来、邓小平三位中央政治局常委和有关负责同志商定，并报毛泽东同意的。

自从向北京大学派工作组的消息在报上公布以后，北京许多大学、中学的师生成群结队涌到中共中央、国务院、北京市委所在地，强烈要求派工作组进校。大多数学校的党政领导被青年学生冲击得够呛，确实也无法行使领导职能。为使局面不致失控，中共北京市委在请示中央同意后，从6月5日起加快了派工作组的步伐。全国大部分省、市和一些中央部、委，也纷纷仿效北京市的做法，陆续向本地区、本系统的一些单位派出了工作组。新调任的文化部常务副部长萧望东（原南京军区第二政委），还主持向国务院文化系统各单位派出了由军队干部组成的工作组，林彪亲自批准从解放军总政治部抽调300名干部参加这些工作组。

工作组开进学校，竭力组织学生有秩序地参加运动。但被《人民日报》那一篇篇激动人心的社论文章撩拨起来的学生们，怎么也平静不下来，谁的话也听不进去。学校秩序还在滑坡，混乱局面迅速向社会扩散。

刘少奇、周恩来、邓小平三位常委经过商量，决定去杭州毛泽东那里开一个会，研究一下运动的指导方针。

6月9日，三位常委和从北京去开会的人乘一架专机飞抵杭州。

小会在毛泽东住的刘庄宾馆开了两次。出席会议的，除了毛泽东、刘少奇、周恩来、邓小平和陶铸，还有根据毛泽东意见增加的陈伯达、汪东兴和六个大区的中央局书记李雪峰、宋任穷、刘澜涛、魏文伯、王任重、李大章，陪同越南劳动党中央主席胡志明来杭州的康生，也正好参加。会议完全是务虚性质的漫谈，话题换了一个又一个：运动情况，教学改革，提拔年轻人，报纸版面，点名批判程序，工作组，农村生产，知识分子，民主人士……

工作组问题倒是涉及到了，但没有形成明确意见。毛泽东只顺便说了一句："派工作组太快了并不好，没有准备。不如让它乱一下，混战一场，情况清楚了再派。如贵阳师范学院派什么人去？"

可是，事实上这时大部分工作组已经派出。

常委们回到北京，开始贯彻杭州会议精神。因为周恩来6月15日要出访罗马尼亚、阿尔巴尼亚，指导运动的责任现在就落在刘少奇、邓小平两个人身上了。

首先是把杭州会议上比较确定的几件事贯彻下去。一是大学、高中停课半年，集中精力搞文化革命。这是会上定了的。二是关于文化革命的大体安排，这是各级组织都关心的问题。正好中南局、西北局各有一个报告，讲对运动的部署意见，在杭州会议上也谈过。这两件事都急，所以刘少奇、邓小平在6月13日回北京的当天，就以中共中央名义把停课半年的决定和中南局、西北局的文件发了下去。

第二天，刘少奇、邓小平召开中共中央政治局扩大会议，传达杭州会议精神。这以后，他们又多次在福禄居会议室或怀仁堂后厅听取文化革命情况的汇报，研究处理运动中的各种问题，尽力按照杭州会议精神把群众发动起来，又不使社会陷于混乱。

为了增加感性知识，刘少奇利用夜深人静，到北京大学校园看了看张贴的大字报。隔了一天，又到清华大学看了一次。

两个学校的大字报真可称得上是铺天盖地。不但专门搭起来的一排排芦席棚上贴得满满的，就连那些位置稍为适宜的楼墙外面，也横七竖八地刷上了大标语。在苍白的灯光下，各种红的、黄的、白的、文字的、漫画的大字报连成一片，被风吹得簌簌作响，形成一种奇特的景观。

然而，乱批乱斗的势头有增无已。几乎所有大中学校的一二把手都受到冲击。许多教授、专家被当做坏人揪出示众。出身不好的人被称作“狗崽子”，横遭歧视、污辱。抄家、打人、批斗会成为家常便饭。自杀和打死人的情况时有发生。少数学生同工作组发生对立，且有越来越严重之势。

6月18日上午9点，北京大学一些学生利用工作组集中开会之机，设立“斗鬼台”“斩妖台”，擅自把40多名所谓的“黑帮”“反动学生”揪来批斗。学生们给这些人戴上纸糊的高帽子，脸上涂上墨汁，对他们罚跪、扭打、揪头发、撕衣服，肆意污辱。现场极为混乱。工作组长张承先闻讯急急赶来，严肃批评了这种行为，制止了事态的进一步蔓延。

当天下午，北大工作组将这件事编写成《北京大学文化革命简报（第九号）》。张承先亲自去向中共北京市委作了汇报。李雪峰立即将《简报》转呈给了刘少奇。

6月19日，清华大学也出事了。工程化学系三年级学生蒯大富，公开鼓动赶走工作组。这事也报到了刘少奇那里。

这天，刘少奇的女儿平平回家，告诉父亲说，她上学的北京师范大学一附中有人反工作组，正在写大字报。

种种迹象表明，中央文革小组支持少数学生反工作组。这些学生又在四处串连，酝酿采取更激烈的行动。许多学校出现尖锐对立的两派。局面似有进一步失控之势。

刘少奇感到事态严重。他对家里人说：“这是全国大分裂的开始，不可忽视。后面可能有高级干部。”

如果听任这种苗头发展下去，局势将不可收拾。刘少奇决定采取措施。

6月19日，他要王光美去清华大学，作为校工作组顾问，观察运动情况，及时反映动态。

6月20日，刘少奇将《北京大学文化革命简报（第九号）》转发全国。他在为中共中央起草的批语中说：“中央认为北大工作组处理乱斗现象的办法是正确的，及时的。各单位如果发生这种现象，都可参照北大的办法处理。”

这天，刘少奇还把北师大一附中工作组的同志约来谈话，要他们发动群众回击学校出现的反工作组大字报。他说：“现在人家向你们进攻，人家向你们采取攻势了，这好嘛，敌人出来了，这个蛇出洞了，你消灭它就容易了。要把这张大字报讨论好，再斗争。”

第二天，6月21日，刘少奇、邓小平又一次召集中共中央政治局常委扩大会，布置对运动的领导。在汇报讨论之后，刘少奇对几个问题作了指示。他提出：要划一个界线，不要把什么人都说成是黑帮，6月3日北京市委改组以前听市委话、听蒋南翔话的，一律不追究，这个问题由北京市委起草文件，报中央批转全国；运动中要恢复党、团组织生活，党委烂掉的，工作组可以代行党委职权；不准随便提出夺权，不要打倒一切；运动的整个过程要抓生产、工作、生活，恢复星期日，注意劳逸结合；禁止打人、污辱人和变相的体罚。

会议精神贯彻下去，一些基本的教学、工作秩序开始恢复，无政府主义行为得到遏制。清华大学等一些学校的工作组还开展了反干扰斗争，把反工作组势力的猖狂气焰打了下去。

1966年的夏季，炎热异常。老百姓被前一段不分昼夜吵吵闹闹的“革命行动”弄得头昏脑胀，身心疲惫。现在根据中共中央指示，恢复了正常的作息制度，社会治安渐趋好转，许多人不由得松了一口气。

当然，要使运动真正走上正常轨道，还有大量工作要做。刘少奇指示为学校的文化革命制订规划，大学的由中共北京市委起草，中学的由团中央起草。有了规划，就可以使学校开展运动有章可循，结束目前这种无法无天的状态。

令人忧虑的还有生产问题。文化革命开始以来，工业、交通生产情况越来越糟。钢、钢材、煤的产量节节下降，质量下降尤为突出，事故增多。基本建设任务上半年只能完成全年任务的百分之三十五六，大大低于原定计划。很清楚，如果让乱揪乱斗的浪潮涌进这些部门，生产将更大幅度下降。

刘少奇、邓小平把薄一波、陶鲁笳等主管经济工作的负责人找来商量这件事。经过反复研究，大家决定向毛泽东提议：把文化革命的重点放在文化教育部门和党政机关，对于工业交通、基本建设、商业、医院等基层单位，仍按原定的四清部署，分期分批有领导有计划地开展，并且由上级派工作队领导进行。

6月30日，刘少奇、邓小平联名向毛泽东发去一份电报，正式请示这一重要提议，并且附上了准备下发的文件《中共中央、国务院关于工业交通企业和基本建设单位如何开展文化大革命运动的通知》。毛泽东理解了这一建议，同意将这个通知迅速发下去。

几天后，刘少奇得到报告，《北京市中学文化革命的初步规划》、《北京市高等院校文化大革命初步规划》已经起草好，就等中央政治局常委讨论了。

看来，“文化大革命”运动有希望走上正轨了。

工作组问题

墨绿色专列风驰电掣般地跨过长江，穿越黄河，在华北大平原上急速飞奔。

这是毛泽东主席的专列。

毛泽东1965年11月去南方巡视，已经接连在上海、杭州、韶山滴水洞、武昌停留了8个月，差不多是建国后他离开北京外出时间最长的一次。1966年7月16日，他以73岁高龄在武汉畅游长江，然后启程返回。7月18日晚，他回到中南海丰泽园。

得知毛泽东已经回来，刘少奇立即赶去丰泽园，想向他汇报一下工作。可门卫通报后传话说"主席要休息"。刘少奇只得回家，等明天再说。

从第二天起，毛泽东陆续听取各方面汇报，阅读材料，了解北京和全国的情况。刘少奇除了向毛泽东汇报，还是继续主持例行的中共中央政治局常委扩大会议，研究处理文化革命问题和各项日常工作。

但是，围绕工作组的争论却越来越大了。社会上，小部分学生要赶走工作组，大部分学生要维护工作组，各不相让。常委扩大会上，陈伯达三次提出取消工作组，同样遭到大多数同志的反对。

刘少奇、邓小平支持多数同志的意见。在7月22日的常委扩大会上，刘少奇还说："多数工作组是好的，还是教育帮助，改正错误。赶工作组，有的不应该赶。"邓小平也说："要教会工作队做工作，有的学校没有工作队恐怕不行。"陈伯达的意见被否决。

然而，刘少奇、邓小平尽管代表了大多数同志的意见，但他们采取的一系列稳定局势的措施，却同毛泽东的"天下大乱，达到天下大治"的设想大相径庭。

毛泽东终于表态了。7月24日、25日，他连续两次召集中共中央政治局常委、中央文革小组负责人和正在北京开会的各大区中央局书记谈话，明确地表示了他的意见。他说：有这么一段，运动冷冷清清，就是6月20号左右以后，有许多地方搞得冷冷清清；工作组一不会斗二不会改，只会起阻碍运动的作用；许多工作组，包括张承先的工作组，都是阻碍运动的，都要把它撤出来。

对毛泽东的表态，中央文革小组以最快的速度作出反应。

7月25日、26日两个晚上，中央文革小组全体出动来到北京大学，参加在东操场举行的两次万人大会。陈伯达、康生、江青在大会上竭尽挑拨煽动之能事，声称“毛主席一个工作组也没有派”，宣布撤销张承先为首的北大工作组，“搬掉这个障碍物”。7月27日，他们又到北京师范大学，主持召开揭批工作组大会，当场宣布罢免北师大工作组组长孙友余的职务、撤销工作组。康生在大会上还公开放出“彭真策划二月兵变”的奇闻，借以蛊惑群众。

形势急转直下。

消息像旋风般传遍北京大中学校，产生了极大的轰动效应。反工作组立即成为合法而又时髦的行动。学生们再度躁动起来，在学校内外掀起阵阵狂潮。

工作组是肯定留不住了。7月26日，根据毛泽东的意见，中共中央政治局常委扩大会议决定撤销工作组，7月28日由中共北京市委正式下达文件。

7月29日，上午10时许，人民大会堂中央大礼堂座无虚席。上万名师生挤满了整个三层大厅。这是根据中共中央指示召开的北京市大专院校、中等学校文化革命积极分子大会。

大会由中共北京市委第一书记李雪峰主持。他首先宣读了关于撤销工作组的决定，接着宣布由总书记邓小平代表中共中央讲话。邓小平讲完后，由周恩来讲话。

周恩来、邓小平在讲话中，都对派工作组承担了责任。邓小平说：以新市委名义向各大中学校派出工作组，是根据中央的意见办的，工作组有好的、比较好的和犯有严重错误的三种情况。周恩来传达了毛泽东提出的“文化大革命”要完成“一斗二批三改”三大任务的指示。他们不约而同地用“老革命遇到新问题”这句话来表达自己跟不上形势的心情。

接下来，是刘少奇讲话：

同学们，同志们：

我同意邓小平同志、周恩来同志的讲话。

我也是在党中央工作的人员之一。党中央，包括我在内，热烈支持北京高等、中等学校革命的同学、革命的教师、革命的员工进行无产阶级文化大革命。把无产阶级文化大革命进行到底是我们党中央的方针。

至于怎么样进行无产阶级文化大革命，你们不大清楚、不大知道，你们问我们怎么革，我老实回答你们，我也不晓得。我想党中央其他许多同志、工作组的成员也不晓得……

会场内鸦雀无声。师生们安静地听着这位老革命的肺腑之言。此时，他们还不知道在工作组等问题上刘少奇受到了毛泽东的批评，因此都怀着崇敬的心情聆听中央首长的讲话。

刘少奇像是在和大家谈心：

怎样革命，现在只能讲一句话，放手发动群众，依靠广大的群众，依靠革命的同学、革命的教师、革命的员工，团结广大的群众，放手发动他们进行革命。更具体的方法你们不知道，我也不知道。现在，北京各学校的文化大革命已经有两个月，你们知道的比我们多，我们要向你们学习。你们现在有饭吃，吃饱了又不上课，党中央决定半年不上课。半年不上课干什么？干革命，专门干革命。在这半年中间你们可能取得很大的进步。我们也可以跟着你们学习一些。

过去曾经派工作组，刚才雪峰同志、小平同志、恩来同志都讲了，派工作组是中央决定、中央同意的。现在发现，工作组这个方式不适合于当前无产阶级文化大革命运动的需要，中央决定撤退工作组……工作队员过去这一段时间的工作是在你们学校里面做的，他们犯了错误或者做了好事，是在你们学校里面做的，成千上万的人看到了，你们都清楚。

师生们听得很认真，许多人在作记录。接着，刘少奇用商量的口气讲了他的建议：

根据最近运动中的经验，我只是提一点建议。就是你们在运动中间要保护少数，保护那些意见不同、而占少数的人……你今天是多数，经过辩论之后，明天可能变成少数。你在这个问题上是多数，在另外的问题上你又是少数。不只是错误的意见是少数，有的时候正确的意见也可能是少数。我自己有这个亲身经验，有些意见我提得并不错，讲得并不错，结果是少数。毛主席在过去一段时期内，也有过这种情形。所以，保护少数这个问题是一个重要问题，不然，运动不能很正常地开展……

刘少奇讲话结束后，毛泽东从后台走出来，接见全体师生代表。

当上万名满怀热情的青年看到毛泽东出现在他们面前的时候，激动的心情难以形容。扩音器里响起《大海航行靠舵手》的雄壮乐曲，“毛主席万岁！万万岁！”的欢呼声响成一片！

工作组撤了，可毛泽东对运动情况仍不满意。他认为前一段运动走了弯路，刚刚兴起的“文化大革命”被压了下去，为了排除阻力，必须再作一次发动。8月1日，毛泽东主持召开中共八届十一中全会。

全体大会的会场设在人民大会堂东大厅。出席这次会议的，有中共中央委员和候补委员141人，各中央局、各省市自治区党委和中央有关部门的负责人按惯例列席会议。与往常不同的是，中央文革小组成员、首都高等学校“革命师生代表”聂元梓等也列席了会议。

8月1日下午2点45分，出席会议的人员都已到齐，毛泽东宣布开会。他作了简短的开场白，说：“这次八届十一中全会，今天以前算作小组预备会议，从今天起正式开会。大概是1号、2号、3号、4号、5号，开五天。今天开一次大会，全体到，中间开三天小组会，最后开一天大会，就行了。现在请小平同志宣布几件事情。”

邓小平也用简洁的语言报告了会议出席人员情况和议程。接着是刘少奇作报告。

刘少奇报告的前半部分，主要是以中共中央政治局日常工作主持者的身份，向全会汇报中共八届十中全会以来中央所做的工作，特别是在国际、国内各方面所采取的重大政策措施。后半部分，他讲“文化大革命”以来的工作，并且在工作组等问题上作自我批评。

毛泽东开始频频插话，会场气氛紧张起来。

刘少奇：“……在文化大革命时期，北京的情况一星期向主席汇报一次。这一段我在北京，文化革命中有错误，特别是工作组问题上出了问题，责任主要由我负……陈伯达同志正式写了一个不要工作组的书面提议，有两条。讨论时，多数同志的意见还是要工作组。最后我也发言，说我是主张要工作组的，工作组这个方式比较方便，要去就去，要撤就撤。”

毛泽东插进来说：“当时只有去的问题。”

刘少奇解释说：“那个时候已经是撤的问题。我说这个比较简单，要撤，下一个命令就撤了。”

毛泽东反驳道：“陈伯达撤了，你们就没撤。”

刘少奇只得又解释：“当时我考虑，这样大的运动，北京各院校大部分组织已经瘫痪了，怕中断了党的领导不好。”

“怎么会中断呢？”毛泽东又插了一句。

场内静寂无声。人们屏息静听着两位主席的不寻常对话。

刘少奇继续说下去：“当时我想，是不是下这个决心撤，还是先看一看。这个时候主席回来了，我们就请示。主席就下了决心，撤销工作组。主席头一天就跟有些同志说了。陶铸同志、李雪峰同志也到我那个地方谈了。”

毛泽东再次打断了刘少奇的讲话，厉声说：“工作组，不到百分之十是好的，百分之九十以上的工作组完全是错误的。不管怎么样是做了坏事，一不能斗，二不能批，三不能改，起了一个镇压群众、阻碍群众的作用，起了坏作用。”

这天的会议共进行了两个钟头，下午4点40分散会。

8月2日，全会鉴于有些负责同志还有话说，又安排了一次大会。周恩来、陈毅、李雪峰等讲话。他们都在派工作组问题上作了检讨。周恩来6月中旬至7月初出访欧洲不在国内，对工作组一事参与较少，但他也主动承担了责任，说：“对于工作组问题，我认为常委特别是在北京主持中央工作的，我们几个人都要对决定派遣工作组负责任。”

这天晚上，刘少奇来到北京建筑工业学院。毛泽东在前几天的一次讲话中说，中央所有负责同志和各地来北京开会的负责同志，都应该亲自参加学校的文化大革命，以便取得感性知识。这样，刘少奇经同李雪峰商量，选择北京建工学院做试点，直接参加学校的运动。这个学校在北京地区高校中最早形成两派组织，而且对立比较严重。刘少奇希望通过做思想工作，使分成两派的学生团结起来。

北京建工学院归口属国家基本建设委员会领导，建委主任谷牧决定随刘少奇一起到学校参加运动。刘少奇又通知中央文革小组派人参加，他们派来了戚本禹。外地来开会的刘澜涛等几位领导同志听说后，为响应毛泽东的号召，也跟来了。

刘少奇等出席了这天晚上北京建工学院两派学生的辩论会，耐心地听取了几种不同意见，最后讲了话。他说：“看来工作组在你们学校是犯了错误的。这个错误也不能完全由工作组负责，我们党中央和北京新市委也有责任。派工作组是党中央同意的。工作组在你们学校哪些做对了，哪些做错了，你们清楚，我们还不清楚。有党中央、新市委的错误，谁的就谁负责。”

同一天，邓小平、陶铸去人民大学做学生工作，希望保学校党委书记郭影秋过关。邓小平对康生等人有意讹传“二月兵变”一事十分生气。他在会上以总书记身份公开辟谣说：“没有这回事。告诉你们，我们的军队彭真调不动，我也调不动。”

8月3日，刘少奇再次来到北京建工学院。他把“八一团”和“革命团”这两个群众组织的头头找来，分别听取了他们的意见，谈了话。

8月4日下午，按原定计划，中共八届十一中全会举行全体会议。代表们陆续来到人民大会堂东大厅。刚坐下，有关工作人员宣布，下午不开全体会了，改开小组会。与此同时，中央政治局常委和另外一些人接到通知，下午3点到人民大会堂福建厅，出席毛泽东召集的政治局常委扩大会议。

在这次政治局常委扩大会上，毛泽东严厉地指责派工作组是“镇压学生运动”，“是路线错误”。

刘少奇主动出来承担责任，说：“这段时间，主席不在家，我在北京主持工作，我负主要责任。”

毛泽东接过话头，说：“你在北京专政嘛，专得好！”

当叶剑英讲到我们有几百万军队、不怕什么牛鬼蛇神时，毛泽东声色俱厉地说：“牛鬼蛇神，在座的就有。”

第二天，毛泽东采取更为严厉的措施，写了一篇异乎寻常的文字：

炮打司令部
——我的一张大字报

全国第一张马列主义的大字报和《人民日报》评论员的评论，写得何等好啊！请同志们重读一遍这张大字报和这个评论。可是在五十多天里，从中央到地方的某些领导同志，却反其道而行之，站在反动的资产阶级立场上，实行资产阶级专政，将无产阶级轰轰烈烈的文化大革命运动打下去，颠倒是非，混淆黑白，围剿革命派，压制不同意见，实行白色恐怖，自以为得意，长资产阶级的威风，灭无产阶级的志气，又何其毒也！联系到一九六二年的右倾和一九六四年形“左”而实右的错误倾向，岂不是可以发人深醒的吗？

犹如巨石投入水面，激起层层波浪。密云不雨的局面终于打破，形势急速发展。

8月5日下午，刘少奇按原定安排在人民大会堂河北厅会见了赞比亚工商部长率领的友好代表团。回家后接到周恩来电话，要他最近不要公开露面，不要再会见外宾。

8月6日晚，林彪结束休养从大连飞抵北京，直接住进人民大会堂浙江厅，出席中共八届十一中全会。

8月7日，毛泽东的“大字报”在全会上印发。

8月8日，全会通过《中共中央关于无产阶级文化大革命的决定》（简称《十六条》）。

原定计划5天开完的中共八届十一中全会，现在是无论如何不能如期结束了。从8月8日下午开始，会议转入讨论毛泽东的“大字报”，批评刘少奇、邓小平。

弯子实在拐得太急，大多数人思想不通。在讨论刘少奇、邓小平“错误”时，表示同情者有之，沉默不语者有之，亦赞亦批者有之。自然，也有一些人一反常态，狠揭猛批，用词刻毒。

一天，刘少奇来到一个小组参加讨论，听取批评。这个小组里有一位老大姐叫陈少敏，是中共中央委员、全国总工会副主席。1939年刘少奇任中共中原局书记时，陈少敏曾任中原局组织部部长。陈少敏对自己尊重和了解的老领导忽然受到这样不公正的对待，非常难过。等到讨论主持人宣布休息，她特意走到刘少奇身旁，亲切地说：“少奇同志，有时间我要向您汇报女工工作问题。”

刘少奇马上明白了这位老大姐的好意。他缓缓站起来，环顾了一下周围那些正默默注视着的同志们，淡淡一笑，说：“错误与同志们无关，我一个人负责，请大家放心。”陈少敏强忍着的眼泪一下子滚了出来。

在全会分组讨论的同时，中共中央政治局开了几次生活会，批评刘少奇、邓小平。

江青不是政治局委员，却成了生活会外的活跃角色。她策动一些人打头阵向刘少奇、邓小平“开炮”。然而并未完全如愿，陶铸第一个拒绝了她。结果，谢富治放了头炮。

8月12日，是中共八届十一中全会的最后一天。根据毛泽东的意见，全会在这天改选中共中央领导机构。中央委员们在事先印好名单的选票上画了圈，投了票。

重新选出的11名中共中央政治局常委中，最显著的变化有两个：一是林彪由原来的第六位上升到第二位，二是刘少奇由原来的第二位下降到第八位。

刘少奇在选举后当即表示，他保证服从党的决定，努力认识自己的错误，不做任何不利于党的事。

这次全会没有重选中共中央副主席，但后来对刘少奇、周恩来、朱德、陈云4人的副主席职务不再提起，对林彪却仍称他副主席。这样，林彪实际上成了唯一的副主席，没多久便明文称他为毛泽东的“最亲密战友和接班人”。

检讨“资产阶级反动路线”

中南海福禄居比原来安静多了。

中共八届十一中全会结束后，刘少奇由过去的紧张忙碌一下子变为清闲无事，开会、外出等活动急剧减少。现在，他可以整天整天地呆在家里，有充分的时间看书看报，阅读材料。

刘少奇的办公室、卧室是一排坐北朝南的平房。正门开在当中一间的正中。进得门去，迎面靠近北窗是一张办公桌，靠西壁放着两把简易沙发。这一间是作为刘少奇秘书的王光美的办公室。

从中间屋东壁的侧门进去，是刘少奇、王光美的卧室。卧室的陈设十分简单，主要就是两张床，两把椅子，一个挂衣架。两张床没有床架，是两个放在地上的床垫。因为王光美1963年冬天以后长期在农村参加四清，很少回家，刘少奇为防止夜里从床上滚下来，就索性摆成了地铺。这个习惯也就一直沿用了下来。卧室西北角立放着一架国产熊猫牌收音机、唱机，这算是房间里最贵重的东西了。

从中间屋西壁的侧门进去，是刘少奇的办公室。办公桌也是面朝东放在靠近北窗的地方。靠北壁立着一个书架，陈列着一些日常用的经典著作、工具书。靠南壁是一张放报纸的小桌，一把藤躺椅。每天早饭后，刘少奇总是先靠在这把躺椅上，把当天的报纸浏览一遍。西边靠墙处，是圈成半圆形的四把单人沙发，中间一张圆茶几。这是为一些领导同志来谈工作和会见少量客人而设的。

刘少奇在中共八届十一中全会上仍当选为中央政治局常委。但这时常委已由原来的7个增加到11个，好几个常委只是挂名。刘少奇、邓小平因为在工作组问题上犯了“路线错误”，这时只能闭门思过，不再参与中央日常工作。

就在刘少奇、邓小平变得清闲的同时，另外一些人却突然忙乎起来。

8月13日，是林彪作为第二号人物发号施令的第一天。当天他作了著名的“罢官”讲话，一口气说了好几个“罢官”，提出要“罢一批人的官，升一批人的官”。

这天，林彪还把有人在叶群指使下写的揭发刘少奇、邓小平的材料，送江青“酌转”毛泽东。这是林彪、江青继《部队文艺工作座谈会纪要》之后的又一次勾结，是他们合谋直接陷害刘少奇、邓小平的第一笔肮脏交易。

康生在这一天也行动起来。他让他的老婆曹轶欧出面，向中央一位领导同志写信，揭发刘少奇、王光美。

江青、陈伯达等文革小组要员，更是忙得不亦乐乎。他们频繁地组织大会，发表演讲，鼓动青年学生起来批判前一阶段的“方向路线错误”，同时把对毛泽东的个人崇拜推向高峰。

8月18日，在天安门广场举行百万人规模的“庆祝无产阶级文化大革命群众大会”。广场上人声鼎沸，配上五色杂陈的彩旗、标语牌，确实盛况空前。

大会上午7点半开始。林彪、陈伯达讲话。毛泽东身穿军装，戴着“红卫兵”袖章，检阅了游行队伍。

这是刘少奇降职以来第一次上天安门。休息的时候，他在靠边的一把藤椅上坐下，默默地抽烟，一面拿起一张报纸随意翻看。

中共中央联络部副部长伍修权走过来，攀谈了几句。刘少奇指了指报纸说：“我把北京大学聂元梓的大字报翻来覆去看了几遍，实在看不出它的意义为什么比巴黎公社宣言还要重大。”伍修权无法作答，笑了笑走了。

8月18日大会后，红卫兵运动犹如脱缰的野马，爆炸般地向全国各地扩散、奔腾。青年学生已是一片狂热，成千上万的群众也莫名其妙地卷进了“文化大革命”的旋涡，身不由己地跟着疯转。林彪有一句话："要弄得翻天覆地，轰轰烈烈，大风大浪，大搅大闹，这半年就要闹得资产阶级睡不着觉，无产阶级也睡不着觉。"这话确实不过分。

红卫兵浪潮也波及到刘少奇家里。正上中学的平平、源源、亭亭3个孩子也成了红卫兵，有的跟着抄了一回家。孩子们以为这是参加了"革命行动"，十分兴奋，回到家里还在兴致勃勃地议论。

别人的事管不了了，但对自己的儿女不能不管，要对他们负责。刘少奇听孩子们说到红卫兵组织通知晚上还要去抄家时，当即阻止道："不要去！"

吃过晚饭，刘少奇把儿女们叫到办公室。他从书架上拿下一本《中华人民共和国宪法》，指给他们看宪法的有关条文，说："你们'破四旧'，我不反对，但不能去抄家、打人。我是国家主席，必须对宪法负责。许多民主人士，跟我们党合作了几十年，是我们多年统战工作的重要成果，来之不易呀！不能使它毁于一旦。现在，由于我的处境，不能拦阻你们，你们也拦不住别人。但是我要对你们讲清楚，要对你们负责。"

孩子们虽然已经风闻刘少奇犯了错误，但他们心目中的父亲仍是崇高的、权威的。他们似乎懂得了宪法的神圣，从此不再去参加抄家。

刘少奇对这种不要法制和秩序，鼓动不谙世事的学生娃娃胡闹的做法实在不理解，但他无能为力。他已经得到通知，9月份召开北京各工作组领导干部会议，要刘少奇、邓小平在会上检查。所以他现在要做的事就是写检讨。

他努力按照毛泽东在《炮打司令部》中的口径，着重检查在派工作组等问题上的"路线错误、方向错误"。他写道：

在今年六月一日以后的五十多天中，我在指导无产阶级文化大革命中发生了路线错误、方向错误。这个错误的主要责任应该是由我来负担。其他同志的责任，例如在京的中央其他领导同志，某些工作组的领导同志，某些地方的领导同志等等，他们虽然也有一定的责任，但是，第一位要负责任的，就是我。

……在工作组派出之后的五十多天中，我是一直支持工作组的，这样就增加了工作组犯错误的可能性和严重性。有少数工作组实在不能维持下去了，把工作组撤离之后，接着又派了新的工作组去。工作组的负责人大多数既不理解无产阶级文化大革命，又没有好好向群众学习，一开始就要业已发动起来的广大群众按照我们和工作组主观设想的计划和步骤行动。这样，就违背了革命的群众运动发展的规律，就发生了许多严重事件，就在事实上站到反动的资产阶级的立场上去了，实行了资产阶级专政，将无产阶级轰轰烈烈的文化革命运动打了下去，颠倒了是非，混淆了黑白，长了资产阶级的威风，灭了无产阶级的志气……

9月10日前后，检讨终于写成了。刘少奇让秘书把检讨稿送呈毛泽东审阅。

毛泽东很快有了回话。他给刘少奇写来一封短信：

少奇同志：

基本上写得很好，很严肃，特别后半段更好。建议以草案形式印发政治局、书记处、工作组（领导干部）、北京市委、中央文化小组各同志讨论一下，提出意见，可能有些收获，然后酌加修改，再作报告，可能稳正一些，请酌定。

刘少奇当然同意毛泽东的意见。他立即给主持中共中央日常工作的周恩来写信：

恩来同志：

我的检讨提纲，毛主席已经看过，并批了一段话，退还给我。现送上，请你看看。我赞成毛主席的意见，以草案形式印发政治局、书记处、工作组领导干部、北京市委、中央文化革命小组各同志讨论一下，并请他们提出意见，退还给我，然后酌加修改，再作报告。关于印发事，请你批办，请各同志在几天之内提出意见告我，给我以帮助。主席的批语也印发。如何？请你酌情安排。

周恩来也很快照办了。可是，原定的北京各工作组领导干部会议因故取消，改开中共中央工作会议。刘少奇、邓小平的检讨也就随着移到工作会议上去作。

10月9日下午3点，中共中央工作会议在人民大会堂东大厅开幕。中共八届十一中全会批判了刘少奇、邓小平，通过了开展文化大革命的《十六条》，但是从中央到基层的各级领导干部，真正积极贯彻的很少，多数消极应付，不少人用各种方式抵制。对这种情况，中央文革小组很是恼火，毛泽东也不满意。于是，决定召开一次中共中央工作会议，解决这种两头热、中间顶的局面。

经过几天小组讨论之后，中央文革小组组长陈伯达10月16日在会上作《无产阶级文化大革命中的两条路线》的报告。报告指名道姓地批判了刘少奇、邓小平的所谓“资产阶级反动路线”。

在会场之外，在中央文革小组的暗中操纵下，社会上批判“资产阶级反动路线”更是一浪高过一浪。自10月6日北京红卫兵第三司令部召开10万人的“全国在京革命师生向资产阶级反动路线猛烈开火誓师大会”，江青、张春桥亲临讲话之后，北京的各个大学又一次骚动起来。许多工作组成员被揪被斗，抢广播站、冲击机关、围攻批斗等野蛮行动又一次在各学校流行。点名批判刘少奇、邓小平的大字报也开始在一些校园和大街上出现了。清华大学的造反派还采取许多手法企图把王光美揪到学校批斗。这些动向明显是对陈伯达报告的呼应。

10月23日，刘少奇、邓小平在全体会议上分别读了他们的检讨。

第二天晚上，毛泽东主持了一个汇报会。各小组的召集人汇报了对刘少奇、邓小平检讨的讨论情况。然后，毛泽东讲话：

> 把刘邓的大字报贴到街上不好，要准人家革命，不要不准人家革命。叫学生们把鲁迅的《阿Q正传》看一看。

为什么要学生们看《阿Q正传》？意思是要他们不要学鲁迅笔下的那个假洋鬼子，不准别人革命。毛泽东和颜悦色地继续说下去：

> 刘、邓二人是搞公开的，不搞秘密的。对刘、邓要准许革命，准许改。说我和稀泥，我就是和稀泥……对少奇同志不能一笔抹煞。

在一旁听讲的康生突然有意插话说："八大的报告当中就有取消阶级斗争的思想，刘、邓两个人的报告中都有这个问题。"

毛泽东马上说："我们都看了的嘛！大会通过了的嘛！不能单他们两人负责。"康生讨了个没趣，不吭声了。

10月25日，在人民大会堂东大厅召开全体大会。议程比较简单，就是毛泽东、林彪讲话。

林彪先讲。他在讲话中也指名批判"刘邓路线"，说："中央有几个领导同志，就是刘少奇、邓小平同志，他们搞了另外一条路线，同毛主席的路线相反"，"这次文化大革命运动的错误路线主要是刘、邓发起的。"

毛泽东的讲话同林彪、陈伯达的调子不一样，显得和缓多了，并且认为中央的问题现在已经基本解决。他说：

> “我感觉到，在北京我的意见不能实行，推行不了。为什么批判吴晗不在北京发起呢？北京没有人干这件事，就在上海发起。姚文元同志的文章，就是在上海发表的。北京的问题，到现在可以说基本上解决。”
>
> “你们过不了关，我也着急呀。时间太短，可以原谅，不是存心要犯路线错误，有的人讲，是糊里糊涂犯的。也不能完全怪刘少奇同志、邓小平同志。他们两个同志犯错误也有原因。”

周恩来、陶铸也在为制止群众的过火行为费尽心力。10月12日，周恩来断然拒绝了清华大学红卫兵要王光美到学校接受批判的要求。10月19日，他回答哈尔滨工业大学造反派说：“你们把少奇同志的大字报贴到天安门，你们要考虑考虑。少奇同志是政治局常委，是国家元首，你们贴到天安门，外国人就会怀疑我们是发动群众、制造舆论。少奇同志不是普通党员，也不是普通的领导，就是要撤换也不需要去发动群众。”11月2日，新当选中共中央政治局常委的陶铸，明确要求把中央组织部机关内张贴的批判刘少奇的大字报取下来。他对在场的群众说：“我不赞成写打倒刘少奇的大字报。他还是国家主席、中央政治局常委，犯了路线错误，也是团结——批评——团结的问题，是人民内部矛盾问题。”

11月3日，毛泽东第六次接见全国各地来北京串连的红卫兵群众。天安门广场人山人海，欢呼声震天动地。

天安门城楼上，毛泽东慢慢转过身，同刘少奇亲切交谈。毛泽东特意问了王光美和孩子们的情况。刘少奇一一回答，然后说：“现在文化大革命起来了，我也要到群众中去锻炼锻炼。”毛泽东说：“你年纪大了，就不要去了。”

休息的时候，刘少奇迎面碰见邓小平。

“小平同志，你怎么样？”

邓小平笑了笑说：“横直没事。”

刘少奇也笑了笑说：“没事，学习。”

刘少奇、邓小平共事多年。自中共八大以来，他俩一个负责中央政治局的日常工作，一个负责中央书记处的日常工作，工作关系相当密切；“文化大革命”开始后，又在工作组问题上一起犯了“路线错误”，一起检讨。当时他们谁也没有想到，这次的简短交谈，竟是他俩的最后一次对话。

回到家里，刘少奇除了看书看报，仍然无所事事。每天，他仔细阅读着孩子们从外面买回来的各种红卫兵小报、传单。他看到的是，这些满天飞的印刷品上，充斥着对“刘邓路线”的攻讦之词。

毛泽东不是已经几次表态了吗？为什么还这个样子呢？

刘少奇指着那些小报、传单对王光美说：“他们有极大的片面性，主席迟早要批评的。”

一天，王光美对丈夫说：“能不能跟中央说说，你辞掉国家主席，我和孩子们劳动养活你。”

刘少奇摇了摇头说：“已经向中央提过，总理说有个人民代表大会的问题。不能再说了，不要让组织为难。”

可是，局势会朝什么方向发展呢？

各方面打击接踵而来

1966年的冬天，出奇地寒冷。

宽阔的中南海湖面结起了厚厚的冰，灰白一片。路边、园中的林木，大都光秃秃的，毫无生气。原本是姿态各异的假山怪石，这会儿也显得冰冷而又凶险。凛冽的西北风从坦荡的冰面席卷而来，又从树林、房舍间呼啸而过，把整个中南海大院搅得满园寒彻，一片萧索。

12月18日下午2点来钟，在中南海西门传达室的里间，两个戴眼镜的人正在关着门密谈。这是两个"文化大革命"以来炙手可热的人物：一个是中央文革小组副组长张春桥，另一个是清华大学的造反派头头、人称"蒯司令"的蒯大富。

"蒯大富同志，从全国来讲，资产阶级反动路线必然相当猖獗，现在还是要深入批判资产阶级反动路线。中央那一两个提出资产阶级反动路线的人，至今仍不投降。"

"敌人不投降，我们就叫它灭亡！"

"你们革命小将应该联合起来，发扬彻底革命精神，痛打落水狗，把他们搞臭，不要半途而废。"……

蒯大富领受旨意后，迅速离去。

几个小时后，在中南海西楼一个小会议室里，是又一番情景。

公安部长谢富治和另一位中央办公厅负责人，正在召集从军委办公厅、公安部等单位抽调来的4个人开会。

谢富治宣布："中央决定成立一个专案组审查王光美，名称暂叫中央办公厅丙组。"接着他交待了领导关系、工作方法等事项。末了，他又从公文包里取出一张纸交给他们，说这是王光美专案组领导成员名单，要他们好好保存。

没有任何正式文件，"王光美专案组"这样就算成立！

从此开始，形形色色针对刘少奇的大动作小动作，像西伯利亚南袭的寒流，一阵又一阵接踵而来。

12月24日，中央文革小组成员戚本禹在北京矿业学院公开宣称："刘、邓是党内最大的走资本主义道路的当权派。"

12月25日，蒯大富根据12月18日张春桥的密谈授意，发动"打倒刘少奇、邓小平大行动”。他率领5000多人到天安门广场，大事张扬地举行“彻底打倒以刘、邓为代表的资产阶级反动路线誓师大会”。会后这支人马兵分五路，由天安门广场向王府井、西单、北京站、菜市口等繁华地带一路辐射开去，沿途呼口号、作演讲、贴标语、撒传单。“大行动”把“打倒刘少奇”“打倒邓小平”“彻底打垮刘邓资反路线的猖狂反扑”作为主要口号，一路呼喊，还用大标语醒目地贴上了天安门城墙。这一活动持续了多日。

12月26日，中央文革小组顾问康生在人民大会堂接见“全国红色劳动者造反总团”，讲话中公然将刘少奇称作赫鲁晓夫。

12月27日，北京高等院校造反派在工人体育场联合召开“彻底批判刘、邓资产阶级反动路线大会”，参加者达10万之众。会上公开喊出：“刘少奇、邓小平是党内最大的资产阶级当权派，是中国现代修正主义的祖师爷，资产阶级司令部的黑司令！”

12月30日，中央文革小组代组长江青带着王力、关锋、姚文元到清华大学，对蒯大富表示“坚决支持”。

12月31日，江青单独召见刘少奇的女儿刘涛，要她彻底跟刘少奇划清界限。在江青的策动下，刘涛很快贴出造刘少奇反的大字报。

从1967年1月1日起，中南海内的造反派开始时不时地去刘少奇住处骚扰，1月3日第一次直接面对面地围攻、批斗了刘少奇、王光美。

发生在北京和中南海的这些举动，通过各种渠道迅速传遍各地。到1966年底、1967年初，“倒刘”活动蔓延全国，愈演愈烈。毫无根据地攻击、丑化刘少奇的舆论和行动到处出现，“打倒刘少奇”的口号已经在各地随便呼喊。

1月6日傍晚，清华大学造反派“井冈山兵团”在北京第二人民医院设下所谓“智擒王光美”的圈套。他们谎称刘少奇的女儿平平遭车祸压断了腿，需要家长签字后动手术截肢，将刘少奇、王光美骗到医院，当场扣押了王光美。刘少奇在警卫人员的护卫下，好不容易脱身返家。周恩来闻讯后连夜派秘书去清华大学交涉，造反派才将王光美放回。

1月12日，戚本禹在钓鱼台16号楼召集中共中央办公厅的一些人开会。他说："中南海冷冷清清，外面轰轰烈烈"，"刘、邓、陶在中南海很舒服，你们为什么不去斗他们？"当晚，秘书局造反派"红色造反团"联络了150多人，喊着口号强行冲进福禄居，围斗刘少奇、王光美。造反派要刘少奇低头弯腰，背语录，回答问题，要王光美站在一张独腿桌子上。刘少奇背不出语录，造反派便大声起哄嘲笑。刘少奇回答说："叫我背词句我背不出，你们可以问我毛主席的哪篇文章，写的内容是什么，当时的历史背景是什么，针对什么问题，在当时起到什么作用，在理论上有什么创见，这些才是毛泽东思想的精髓。我是毛泽东著作编辑委员会主任，无论哪一篇文章的问题我都可以解答。"

第二天深夜，一辆华沙牌小汽车冒着严寒开进福禄居前院。从车上下来的是毛泽东的秘书徐业夫。他是奉毛泽东之命，接刘少奇去人民大会堂谈话。

毛泽东在他的临时住处人民大会堂北京厅等候刘少奇的到来。他一见面便关心地问："平平的腿好了吗？"

这显然是指1月6日清华大学造反派"智擒王光美"开头时的情节，没有想到传到毛泽东那里竟误以为真了。刘少奇立即据实答道："根本没这回事，是个骗局。"

毛泽东客气地问候了刘少奇家人的近况。刘少奇则表示，自己在文化大革命中犯了错误，已不适宜再担任领导职务。他提出："一、这次路线错误的责任在我，广大干部是好的，特别是许多老干部是党的宝贵财富，主要责任由我来承担，尽快把广大干部解放出来，使党少受损失。二、辞去国家主席、中央常委和毛泽东著作编委会主任职务，和妻子儿女去延安或老家种地，以便尽早结束文化大革命，使国家少受损失。"

针对有人在大字报中不惜用造谣来进行人身攻击的恶劣行径，

刘少奇告诉毛泽东，此人品质极坏，话不可信，并拿出一封群众检举信作证明。

毛泽东表示信不看了，建议刘少奇认真读几本书。他特别介绍了德国动物学家海格尔写的《机械唯物主义》和狄德罗写的《机械人》两本。

谈话结束，毛泽东起身为刘少奇送行，一直送到北京厅门口。分手时毛泽东亲切地说："回去后好好看书学习，保重身体。"

刘少奇平静地踏上归途。回到家里，他对焦急地等待着的家人说："主席没有批评我的错误，很客气，叮嘱我认真学习，保重身体。"

但是，现实情况却不容乐观。到了1967年3月，随着"文化大革命"的恶性发展，刘少奇问题明显升级，毛泽东似乎也改变了原来的态度。

1967年3月9日、10日，陈伯达、康生在部队军以上干部会议上讲话，点名对刘少奇从历史到现实作了系统批判。3月21日下午7点半，毛泽东、林彪等中央政治局常委接见与会人员，然后留下来议论一些问题，决定了几件事情。其中一项就是，把运动中揭发刘少奇历史问题的材料交"王光美专案组"调查研究，并指定由康生分管这件事。

从此，审查刘少奇似乎有了"合法依据"，专案工作紧锣密鼓地展开。社会上，攻击、批斗刘少奇的种种行为更加肆无忌惮。

3月下旬，一份红卫兵小报披露张春桥等人的揭发，说刘少奇曾经吹捧电影《清宫秘史》，还自称"红色买办"。刘少奇凭他的政治敏感发觉这是一个不寻常的信号，背后藏有杀机。3月28日他在看到小报后当即给毛泽东写信，叙述了当时看这部电影的经过，驳斥张春桥等的诬蔑，说明自己"根本没有《清宫秘史》是爱国主义的这种想法和看法"，也不可能说出《清宫秘史》是爱国主义的这类话，要求中共中央调查。

可是，这封信没有起到作用。4月1日，各大报纸一齐抛出戚本禹的文章《爱国主义还是卖国主义？——评反动影片〈清宫秘史〉》。文章继续散布刘少奇赞扬《清宫秘史》的谎言，用所谓八个为什么肆意攻击刘少奇，说："你根本不是什么'老革命'！你是假革命、反革命，你就是睡在我们身边的赫鲁晓夫！"

刘少奇从报纸上读到这篇文章，极为愤慨。他把报纸狠狠一摔，说："这篇文章有许多假话。我什么时候说过那个电影是爱国主义的？什么时候说过当'红色买办'？不符合事实，是栽赃！党内斗争从来没有这么不严肃过。"他越说越生气，"我在去年8月的会议上就讲过五不怕，如果这些人无所畏惧，光明正大，可以辩论嘛！在中央委员会辩论，在人民群众中辩论嘛！"

然而没有人理会他的要求。相反，从戚本禹的文章开始，一个所谓"革命大批判"的高潮迅速掀起。从北京到各地，针对刘少奇的"大批判"文章充斥于各个报刊的版面，形成强大的政治压力。在全国任何一个地方，这时对刘少奇只能说他坏，不能说他好，如果有人敢于表示出不同意见，轻者遭批斗，重者打成反革命甚至逮捕判刑。

在这种风雨如磐的情势下，在刘少奇身边工作的秘书、警卫、服务人员也成立了造反组织，起了个名称叫"南海卫东革命造反队"。为了表示自己并非"保皇派"，他们在4月6日、12日也对刘少奇采取了两次"革命行动"，要刘少奇回答戚本禹文章中提出的八个为什么。

面对这些平时朝夕相处的工作人员，刘少奇采取了尽量不对立的态度，耐着性子回答他们的问题，同时据理力争。但当人们七嘴八舌地追问到所谓"61人叛徒集团"时，刘少奇发火了。他终于控制不住，大发雷霆说："这个问题简直是岂有此理！61人出狱之事，是经过党中央批准的。在日寇就要进攻华北时，必须保护这批干部，不能再让日寇把他们杀了。当时王明路线使白区党组织大部分受到破坏，这些同志是极宝贵的。中央许多领导同志都知道，早有定论嘛！”

陷入怪圈的“文化大革命”欲罢不能。对刘少奇的种种打击迫害仍是接二连三袭来。

1967年4月9日，刘少奇获悉，清华大学造反派第二天要召开30万人大会，批斗王光美，还有彭真、薄一波、陆定一、蒋南翔等300人陪斗。他看出这是针对自己的一个严重步骤，心中万分不服，却不得不作最坏的打算。刘少奇的儿女们在《胜利的鲜花献给您——怀念我们的爸爸刘少奇》一文中记述了当时的情景：

> 爸爸一听，立即震怒了。他推开饭碗，大声激昂地说：“我有错误我承担，工作组是中央派的，光美没有责任。为什么让她代我受过？要检查，要挨斗，我去！我去见群众！我是一个共产党员，死都不怕，还怕群众？”爸爸胸中的激愤终于像火山似的爆发了。
>
> 妈妈急切地说：“清华大学的运动是我直接参加了的，当然应该是我去向群众检查……”
>
> “你是执行者，决策的不是你嘛。”爸爸激动地说，“我绝没有反过党，没有反过毛主席。别人反对过毛主席，林彪反过，江青也反过，我一直是拥护主席的。在我主持中央工作的几十年里，违反毛泽东思想的错误有，但没反过。工作错误有，但都是严格遵守党的原则的。我没有搞过阴谋诡计。工作是大家一起做的，要我承担责任，可以！但错误得自己去改！”爸爸说到这里，把手中汤勺猛地往桌上一摔，手都微微颤抖了。“别人就是一贯正确的吗？要一分为二。为什么不许人家向中央文革提意见？有不同意见就把人抓起来！？”
>
> 爸爸继续说：“去年八月，我就不再过问中央工作。

从那以后，错误仍在继续；将来，群众斗群众的情况还会更厉害，不改，后果更严重。责任不能再推到我身上。这么多干部都被打倒了，将来的工作谁去搞？生产谁来抓？”

我们凝神静听，感到爸爸的心胸是那样坦荡，那样光明磊落。爸爸神情严肃地望着我们，语气坚定地说：“有人要逼我当反革命，我可以问心无愧地说，不论过去和现在，就是将来也永远不反毛主席，永远不反马列主义、毛泽东思想！一个革命者，生为革命，死也永远为共产主义事业，一心不变。”

爸爸停了一下，长出了一口气，似乎他的话已经说完了，激动的情绪也安静下来，恢复了以往的安详神态，亲切地望着我们，缓慢地说：“将来，我死了以后，你们要把我的骨灰撒在大海里，像恩格斯一样。大海连着五大洋，我要看着全世界实现共产主义。你们要记住，这就是我给你们的遗嘱！”

妈妈哭了。她泣不成声地说：“还不知道孩子们能不能看到你的骨灰呢？”

“会把骨灰给你们的。”爸爸语气坚定地对我们说，“你们是我的儿子、女儿嘛！这一点无论什么人还是能做到的。你们放心，我不会自杀的，除非把我枪毙或斗死。你们，也一定要活下去，一定要在群众中活下去，要在各种锻炼中成长。你们要记住，爸爸是个无产者，你们也一定要做个无产者。爸爸是人民的儿子，你们也一定要做人民的好儿女。永远跟着党，永远为人民。”我们几个孩子眼泪早已流尽，瞪大着眼睛，仔细静听，生怕漏掉一字，默默记在心里。爸爸说完，站了起来，坚定而又响亮地说：“共产主义事业万岁！”“马列主义、毛泽东思想万岁！”“共产党万岁！”说完，便回到他自己房间去了。

第二天清晨，王光美果然被清华大学造反派拉到学校，先是在小范围接受审问，然后被揪到大操场批斗。造反派强迫她穿上旗袍，戴上一串乒乓球“项链”，还对她拳打脚踢，施以种种人格污辱。王光美在武力面前不屈服，坚持说理斗争。她严词回答造反派说：“我不是反动的资产阶级分子，我是毛主席的共产党员！”“你们要是不摆事实不讲道理，那我就不讲了，你们斗吧！”

4月14日，刘少奇向“南海卫东革命造反队”交出一份书面答复，具体回答了戚本禹文章中“八个为什么”对他的攻击诬蔑，逐一说明事实真相。工作人员把原件上报，另外用大字报形式抄了一份在中南海院内贴出。但几个小时后，这份答辩大字报不知被什么人撕了个粉碎。

在这险象环生的日子里，刘少奇还不能不为儿女们的处境担忧。他无法估计等待着孩子们的将是什么命运，但他确信人民群众能够理解和保护他的后代。他叮嘱眼前几个尚未成年的孩子，一定要在群众中活下去。最小的女儿小小只有6岁，平时活泼可爱，是刘少奇夫妇的掌上明珠。可现在，刘少奇预料自己已经无法保护和抚养她了。他决定把小小托付给保姆赵淑君，让这位朴实的农村妇女把小女儿带出去，带到群众中去。他交待妻子说：“要记住小小的特征，将来一定要把她找回来。”

连续不断的打击使刘少奇的精神和身体每况愈下。7月4日，中共中央办公厅主任通知刘少奇说，中央的意见要刘少奇向北京建工学院“新八一战斗团”写一个检查。刘少奇实在写不出什么新东西来，只好按他在中共中央工作会议上检讨的内容改写。

“检查”由刘少奇签名送出后，他又把它要回来，在第三部分的开头加了一句话：“在毛主席不在北京时，是毛主席党中央委托我主持党中央日常工作的。”

这份检查尤其是后加的这句话，被造反派指责为“假认罪、真反扑的铁证和宣言书”。在中央文革小组的煽动下，北京和外地的上千个造反派组织成立所谓“揪刘火线”，纠集数以万计的人在四周安营扎寨，包围中南海，扬言要把刘少奇揪出中南海。

围困中南海的造反派几次三番“勒令”刘少奇检查。刘少奇十分气愤，拒绝再写检查。他手持《中华人民共和国宪法》，对送“勒令”来的人抗议道：“是谁罢免了我的国家主席？凭什么向我下勒令？”他当即把这些“勒令”原封不动转送中共中央，听凭处理。

尽管刘少奇作了最坏的打算，但重大的打击还是比他预计的来得更快、更严酷。

7月中旬，江青、陈伯达、康生趁毛泽东、周恩来去武汉视察不在北京之机，决定组织群众批斗刘少奇、邓小平、陶铸和他们的夫人，由戚本禹具体指挥。其中重点是批斗刘少奇夫妇，决定在批斗会的同时抄家，批斗会后对刘少奇、王光美分别“监护”。

7月18日上午，刘少奇、王光美得到了当晚要开大会批斗他们的消息。刘少奇预感到生离死别的日子也许就在今天。他对王光美说：“好在历史是人民写的。”

晚上，一群造反派闯进福禄居前院，七手八脚把刘少奇、王光美分别押送到中南海西大灶食堂和西楼大厅两个地方。批斗会开了两个多小时，不许刘少奇说一句话，却强行要他自始至终低头站着。他掏出手帕想擦一下汗，被造反派一巴掌打落在地。

批斗会结束，刘少奇被带回到已经查抄过的福禄居前院，王光美被带到后院。两个人被分别看管，互相见不到面，也不准子女同他们接近。

从此以后，刘少奇完全失去自由，除关押地点外同犯人没什么两样。他和王光美的一举一动都处于严密监视之下，随时写成书面报告上呈。

8月5日，天安门广场召开百万人大会庆祝《炮打司令部——我的一张大字报》发表一周年。与此同时，中南海内的三四百人又批斗了刘少奇、王光美，由中央文革小组曹轶欧、王道明坐阵指挥。

算起来，这已是对刘少奇、王光美的第六次批斗。

这次批斗是最残暴的一次。

刘少奇的几个儿女，也奉命参加批斗会，目睹他们的父母遭受凌辱。他们看到了这样惊心动人的一幕：

> 爸爸被打得鼻青脸肿，鞋被踩掉，光穿着袜子。就在这时，妈妈突然挣脱，一把紧紧抓住爸爸的手，爸爸不顾拳打脚踢，也紧紧拉着妈妈的手不放。他俩挣扎着挺着身子，手拉手互相对视。这是爸爸跟妈妈最后握手告别……几个坏人狠狠地掰开了他们的手，妈妈又奋力挣脱，扑过去抓住爸爸的衣角，死死不放……

批斗会持续了两个多小时。结束之后，造反派们将刘少奇押回福禄居前院。一进办公室，刘少奇不顾浑身伤痛，拿出一本《中华人民共和国宪法》，愤慨地对来人抗议道："我是中华人民共和国的主席，你们怎样对待我个人，这无关紧要，但我要捍卫国家主席的尊严。谁罢免了我国家主席？要审判，也要通过人民代表大会。你们这样做，是在侮辱我们的国家。我个人也是一个公民，为什么不让我讲话？宪法保障每一个公民的人身权利不受侵犯。破坏宪法的人是要受到法律的严厉制裁的！"

这次批斗会后，刘少奇、王光美仍被分别关押在福禄居前后院。看管措施更加严格，昼夜有哨兵监视。从这一天起，一直到1969年刘少奇逝世，他再也没有见到过任何一个亲属。

8月7日，《北京日报》发表《篡党篡国阴谋的大暴露》一文，说刘少奇策划和支持了所谓的"畅观楼反革命事件"。刘少奇读到后立即提笔给毛泽东并中共中央写信，反驳这种毫无根据的指责。他写道："说我的目的就是要'反党'、'反社会主义'、'反毛主席'、'反毛泽东思想'、'要在中国复辟资本主义'、'要阴谋篡党篡国'等，我是不能接受的。因为我从来没有这样想过，而我想的都是同这些相反的。”“我没有在党内组织任何派别，没有在党内进行过任何非法的组织活动。”他再次郑重提出辞职，“我请求毛主席、党中央免除我党内党外的一切职务。如果有任何一项要写出什么书面文件，我随时都可以写出。”

但是，随着林彪、江青、康生一伙地位的上升，他们逐渐垄断了处理刘少奇问题的大权。刘少奇一次又一次的申诉、抗议、要求辞职，都被置之不理。9月13日，王光美被正式逮捕。他们的子女被赶出家门，住到各自的学校，接受批判审查。刘少奇孤零零一人被关在福禄居前院，对他的迫害还在一步步加剧。

刘少奇终于意识到，他已经落入一伙坏人的魔掌，一切争辩都将无济于事。从此，他不再写信，不再申述，说话越来越少，最后索性连一句话也不说了，用沉默来表示他无声的抗争。

中共历史上最大的一桩冤案

北京城西的玉渊潭东北侧，有一个风景幽雅、设施考究的去处，人称钓鱼台。传说金章宗完颜璟在这个地方钓过鱼，钓鱼台由此得名。金代还有一个文人叫王郁，也曾在这里“筑台垂钓”，可见当时这一带大概鱼不少。到了清代，乾隆皇帝也看中了这块地方。他调集大批工匠在这里整治湖面，大兴土木修建行宫，盖起了登漪亭、潇碧轩、养源斋等别墅型建筑，成为一处著名的皇家园林。1949年后，人民政府经过多年修葺建设，把钓鱼台辟为国宾馆，用以接待最重要的来宾，作为外国国家元首和政府首脑的下榻之地。

中央文革小组成立后，江青坚持要把文革小组的办公地点设在钓鱼台。她自己率先搬进来占据了地势、环境优裕的11号楼。其他文革小组要员也陆陆续续跟着搬了进来。陈伯达进了15号楼，康生占了8号楼，张春桥、姚文元住了16号楼，王力、关锋、戚本禹等散住在16号楼等处，可谓各得其所，优哉游哉！

钓鱼台成了“文化大革命”的前线指挥部。中央文革小组的大员们，在这里密室策划，基层点火，把个平静的中国搅得天下大乱，浊浪滚滚。

在中央文革小组指挥“文化大革命”的诸多繁杂事务当中，有一件事是他们始终紧抓不放的，这就是千方百计打倒刘少奇。

中央文革一帮人，还有林彪一伙，几乎都是靠反刘少奇起家和攫取高位的。随着“文化大革命”的进展，他们获得了处理刘少奇专案的权力。为剪除后患，他们加紧从政治陷害和人身摧残两方面入手，置刘少奇于死地。

他们首先控制了刘少奇专案的领导权。“刘少奇专案组”的组长是执掌公安大权的谢富治，他是专案工作的前台负责人。但帅上有帅，谢富治又唯江青的马首是瞻。1968年2月22日，他在专案组的一份报告上批道：“大叛徒刘少奇一案，主要工作都是由江青同志亲自抓的。今后一切重要情况的报告和请示都要直接先报告江青同志。”他还专门开会向专案人员交待：“要有组织观念，脑子里要有个江青同志，重大事要请示江青同志，有利于把案子搞好，有利于把叛徒抓完，有利于把文化大革命搞好。”还有一个康生，他作为中央常委分管这个专案，也加入了穷凶极恶迫害刘少奇的行列。刘少奇的命运落到这伙人手里，其结果就可想而知了。

为了搞到刘少奇的“罪证材料”，江青、康生、谢富治等人真正是不惜代价，不择手段，使尽了浑身解数。他们建立了庞大的“刘少奇专案组”，动用大量人力物力在全国范围内搜索材料。光为寻找“1929年在沈阳被捕叛变”的证据，就在沈阳组织了400人的“彻查队伍”，调阅的敌伪档案汗牛充栋，结果一无所获。为逼取口供，他们又以莫须有的罪名抓来一批人审讯，仅专案组直接关押的就达64人。把这些人抓来之后，他们采取勒令交代、长期隔离、日夜审讯、轮番批斗、软硬兼施等手段，编造假情况，拼凑能陷害刘少奇的伪证。

1968年9月，在江青、康生的一再催逼下，谢富治指挥"刘少奇专案组"日夜奋战，终于整出了三份所谓"罪证材料"，陆续送到了钓鱼台11号楼江青的手里。

江青审阅后用极端的语言为刘少奇问题定了性。9月16日，她虚张声势地批示道："我愤怒！我憎恨！一定要把无产阶级文化大革命进行到底！刘少奇是大叛徒、大内奸、大工贼、大特务、大反革命，可说是五毒俱全的最阴险、最凶狠、最狡猾、最歹毒的阶级敌人。"林彪、康生、陈伯达也都批了意见，林彪还特别提出"向出色地指导专案工作并取得巨大成就的江青同志致敬！"

1968年10月13日至31日，中共八届扩大的十二中全会在"文化大革命"的高潮中召开了。这次会议极不正常。195名中共中央委员、候补中央委员，竟有71%的人被打成"叛徒""特务""里通外国""反党分子"，剥夺了他们出席会议的权利。97名中央委员当中，除上次全会以来去世10人外，允许参加这次会议的只有40人。开会时从候补中央委员中有选择地补了10人为中央委员，才勉强过半数。允许出席会议的候补中央委员只有9人。而扩大进来出席会议的中央文革小组、军委办事组成员和"文化大革命"以来提升的各类人员达74人，超过总人数的一半。

江青、康生、谢富治关在钓鱼台紧张策划，把逼供得来的三份"罪证材料"综合改写成《关于叛徒、内奸、工贼刘少奇罪行的审查报告》，由张春桥修改定稿后提交中共八届扩大的十二中全会。报告中提出："撤销刘少奇党内外一切职务，永远开除党籍，并继续清算刘少奇及其同伙叛党叛国的罪行。"

在强大的政治压力和极不正常的情况下，全会在最后一天批准了这个用伪证写成的《审查报告》，从而铸成了中国共产党历史上最大的一桩冤案。但就在这种令人窒息的紧张气氛中，中共中央委员陈少敏还是不畏高压，在讨论《审查报告》时拒不表示同意，在全会表决通过时坚决不举手。

这时在中南海福禄居，刘少奇已是重病缠身。对中共八届十二中全会和关于专案的种种情况，他一无所知。在对他立案、审查、定案的整个过程中，没有人向他透露过有关专案的消息，更没有人来听取过他的任何申述。为了捍卫自己的政治生命，他曾经几次三番地口头争辩、书面申诉，但这一切均如泥牛入海，杳无音信。

精神上的重重打击和生活水平的大幅度下降，使刘少奇的身体急剧地垮下来了。1968年3月以后，他的病情明显加重。4月12日中央警卫局整理的《刘少奇情况反映》写道："据大夫检查：刘的神智不大清楚，表现定向，辨别不清，表情呆板，对问话没有反应，说不清一句完整的话。两脚移动吃力，走路迈不开步。在穿衣、安假牙时，几次发现上下倒穿、倒安的情况，当别人告其错了时，还不知纠正。"

由于得不到有效的医治，刘少奇的病情终于恶化。7月9日，他的支气管炎急性发作，转为支气管肺炎，生命危急。这时才赶紧从北京医院和军队医院调来几个医生组织抢救。医生们会诊提出，"现病人的情况处于十分危重的状态，随时可能发生意外"，建议将病人撤离监护环境住院治疗，但得不到批准。没办法，只好从北京医院拉来一些医疗器械，就地治疗。

刘少奇的卧室很快布置成了病房，放上了氧气钢瓶、点滴注射吊架。经过抢救医治，到7月24日刘少奇总算又缓了过来，脱离了危险期。

打那以后，刘少奇只能整天躺在床上，在重病的折磨下苦熬。他已经失去生活自理能力，可得不到应有的护理。他的身边没有一个亲人，他不知道自己的妻子儿女眼下身在何方，遭遇怎样？只有严密的监视仍像影子一样从早到晚跟随着他。

刘少奇的家人已经不可能来看望他、照顾他了。这个时候，他的妻子王光美正被关在秦城监狱一间阴暗霉湿的牢房里；在包头某国防工厂任副总工程师的长子刘允斌，已在1967年底挨斗后卧轨自尽；在内蒙古自治区计委工作的长女刘爱琴，正被关在“牛棚”里，不准回家；在七机部一院当技术员的次子刘允若，1967年被江青点名后被捕入狱。原来一直同刘少奇、王光美生活在一起的4个子女，也早已被赶出家门，流落各处：19岁的平平被关在单人牢房；17岁的源源四处逃亡，1968年12月又被抓进拘留所；15岁的亭亭一个人住在学校，还时不时要她检查；年仅7岁的小小也饱受欺负和歧视。

刘少奇的病情反反复复，频繁发作，一次比一次严重。1968年10月11日以后，他不能用嘴吃东西了，医护人员只好对他实行从鼻孔插管灌食。这种维持生命的方式，一直继续到他逝世。

1969年7月，刘少奇的支气管肺炎再度大发作：高烧，咳嗽，呼吸加快，两肺湿罗音明显增多，心率加快。医生们又紧急会诊，一致认为他的病情已经相当严重：“因他年龄大，久病长期卧床，消瘦，抵抗力极差，容易发生休克、心力衰竭、糖尿病酸中毒等并发症，故预后不良，可能随时发生死亡。”经过一阵紧张的抢救治疗，病情总算又暂时稳定了下来。

到了10月份，中国北部边疆局势紧张，战云聚集，毛泽东作出了国际形势有可能突然恶化的估计。10月17日，正在苏州休养的林彪以副统帅的资格发出指示，要求全军进入紧急战备状态。全国据此进行大规模备战行动。

在这种背景下，中共中央决定将一些重要的审查对象分别转移外地。刘少奇当然首当其冲，决定将他送往河南开封。

10月17日晚，一架伊尔-14型飞机早已停在北京西郊机场待命。19点23分，躺在担架上的刘少奇，在两名专案人员的押送下，被七手八脚抬上飞机。由于走得匆忙，有关人员只给刘少奇套了一件上衣，连裤子鞋袜都没穿，就用一条被子往他身上一裹，放在了担架上。

飞机到开封机场着陆已是21点30分。同机跟去的还有一名医生、两名护士和原卫士长李太和。刘少奇被抬下飞机直送监护地点——开封市革命委员会机关一号楼小天井院。

这个地方是旧中国的同和裕银行。小院四周是连接着的三层楼房的墙面，墙体高大坚固，只有一条安装了铁门的通道可以出去。刘少奇被安置在北楼一层一个套房的里间。在通道门口和刘少奇卧室门口布置了两道警戒线，还有昼夜24小时双哨床前监视。警卫方面确是严密到了万无一失。

这些如临大敌般的看管措施显得荒唐可笑，实际上也毫无意义。因为刘少奇已经病得神智昏迷，不能下床了。

11月6日，从北京跟来的人全部奉命返回。刘少奇的监护、医疗工作完全交由开封驻军负责。

看管、护理刘少奇的人员是从开封驻军部队抽调来的。尽管事前他们都接受了“激发对刘少奇阶级仇恨”的阶级教育、保密教育，可大家还是十分惊讶：眼前所见的景象，同报纸上所谓“最凶恶敌人”的说法，反差实在太大，怎么也对不起头来。他们看到的是，这位“重点监护对象”瘦成皮包骨头，病得奄奄一息，靠鼻饲维持生命，似乎连说一句话的气力都没有了。

到开封没有几天，刘少奇的病情就发作了3次。第三次是在11月10日，刘少奇又高烧不退。当地医护人员限于水平和条件，又不熟悉病史，只得仍按肺炎治疗。

11月12日凌晨1时许，刘少奇身体状况急趋恶化，发生点头张口呼吸、嘴唇发紫等现象，吸氧后也不见改变。值班护士仍按原处方用药，到6点38分，发觉情况不妙，连忙叫其他医护人员来抢救，然而为时已晚。6点42分医护人员到齐，3分钟后，刘少奇的心脏停止了跳动，终年71岁。

此刻，是1969年11月12日早晨6点45分，离刘少奇被送往开封还不到26天。在他临终前后，身边没有一个亲属。他的妻子儿女在几年时间里对他的生死下落一点也不知道，一直到林彪灭亡后的1972年，才得知刘少奇已于3年前离开了人世。

11月13日午夜，刘少奇的遗体被送到开封火葬场秘密火化。

火化手续是从北京赶来的专案组人员办的，登记申请人时冒用了刘原的名字。对死者则填了“刘卫黄”这个刘少奇少年时曾经用过但不为外界所知的名字。

刘少奇的骨灰被装在一个临时从商店买来的普通木质骨灰盒里，交费后寄存在开封火葬场骨灰存放室。火葬场没有一个人知道这是谁的骨灰。中国广大的老百姓，更是对刘少奇之死毫无所知。

史无前例的“文化大革命”，仍在如火如荼地进行着……

共和国不会忘记

斗转星移，岁月悠悠，历史的脚步沉重而又迅速地跨过了一个又一个年头……

1971年9月，林彪反革命集团灭亡。

1976年，中国共产党和中华人民共和国的主要领导人毛泽东、周恩来、朱德先后与世长辞。

1976年10月，以江青为首的“四人帮”反革命集团覆灭。“文化大革命”的十年内乱至此结束。

1978年12月，中国共产党召开十一届三中全会，开始全面认真地纠正“文化大革命”中的“左”倾错误，审查和解决党的历史上一批重大冤假错案和一些重要领导人的功过是非问题。

中国共产党终于摆脱了“左”的思想的长期束缚，彻底清算了给党和人民带来巨大灾难的“文化大革命”错误，实现了伟大的历史转折。

党内外的许多干部群众早就对刘少奇一案表示怀疑和不满，这时纷纷向中共中央写信，要求为刘少奇平反。

1979年2月，中共中央决定，由中央纪律检查委员会和中央组织部联合对刘少奇一案进行复查。11月，复查组经过认真周密的核查，证明“文化大革命”中作出的《关于叛徒、内奸、工贼刘少奇罪行的审查报告》是江青、康生、谢富治等人用伪证写成的，“报告”中加给刘少奇的种种罪名没有一项符合事实。

1980年2月，中共十一届五中全会作出《关于为刘少奇同志平反的决议》。全会发表公报指出：“为刘少奇同志平反昭雪，是五中全会的另一项主要议程。全会认为，前中共中央副主席、中华人民共和国主席、伟大的马克思主义者和无产阶级革命家刘少奇同志，几十年来一贯忠于党和人民，把毕生精力献给了无产阶级革命事业，在我国新民主主义革命、社会主义革命和社会主义建设中，建立了不可磨灭的功绩。文化大革命前夕，由于对党内和国内形势作了违反实际的估计，提出了党内存在一条反革命修正主义路线，随后又提出了存在一个以刘少奇同志为首的所谓资产阶级司令部，这些论断是完全错误和不能成立的。林彪、‘四人帮’一伙出于篡夺党和国家最高领导权、颠覆无产阶级专政的反革命目的，利用这种情况，捏造材料，蓄意对刘少奇同志进行政治陷害和人身迫害，并把一大批党政军领导干部诬为刘少奇的代理人，统统打倒，造成了极其严重的后果。这是我党历史上最大的冤案，必须彻底平反。近一年来，中央纪律检查委员会针对一九六八年十月党的八届十二中全会提出的刘少奇同志的各项‘罪状’，进行了周密的调查研究工作，反复核对材料，向中央作出了详尽确切的审查报告。中央政治局一致同意这个审查报告，据以作出了关于为刘少奇同志平反的决议（草案）。全会经过严肃认真的讨论，一致通过这个决议，决定撤销党的八届十二中全会强加给刘少奇同志的‘叛徒、内奸、工贼’的罪名和把刘少奇同志‘永远开除出党，撤销其党内外的一切职务’的错误决议，撤销原审查报告，恢复刘少奇同志作为伟大的马克思主义者和无产阶级革命家、党和国家的主要领导人之一的名誉；在适当时间为刘少奇同志举行追悼会；因刘少奇同志问题受株连造成的冤假错案，由有关部门予以平反；本着团结一致向前看的精神，把全会的决议向全党和全国人民进行传达，消除过去对刘少奇同志的错误处理所造成的影响，鼓舞全党同志和全国人民同心同德、充满信心地献身于实现四个现代化的宏伟事业。”

1980年5月15日，由中共中央、全国人大常委会、全国政协、中国人民解放军负责人以及各方面代表人士组成的刘少奇治丧委员会发出公告：“为深切悼念故中共中央副主席、中华人民共和国主席刘少奇同志，定于：1980年5月17日在北京举行追悼大会。同日首都天安门，新华门，外交部，中央、国家机关，我国驻外使领馆和其他驻外机构，北京市和其他省、市、自治区政府所在地的机关、部队、企业事业、学校等单位，下半旗志哀，停止娱乐活动一天。”在这之前的5月13日，刘少奇治丧委员会派出代表，同刘少奇的亲属一起，前往河南迎取刘少奇的骨灰。河南省暨郑州市举行了隆重的骨灰迎送仪式。

5月17日这天，北京天安门广场国旗低垂，气氛肃穆。下午，党和国家领导人以及首都各方面代表1万多人，来到人民大会堂，出席刘少奇追悼大会。邓小平致悼词。他说：

> 今天，我们怀着无比沉痛的心情，悼念伟大的马克思主义者和无产阶级革命家刘少奇同志。刘少奇同志为共产主义事业战斗了一生。他是受到全党和全国各族人民爱戴的、久经考验的、卓越的党和国家领导人。
>
> 文化大革命时期，林彪、江青一伙出于阴谋篡党夺

权的反革命目的，利用我们党的缺点和错误，蓄意诬陷和残酷迫害刘少奇同志。一九六九年十一月十二日，刘少奇同志在河南开封不幸病故。这是我党和我国人民巨大的损失。党中央经过周密的调查研究，根据确凿的证据，在党的十一届五中全会上，彻底推倒了强加在刘少奇同志身上的种种罪名，郑重地为他平反昭雪，恢复名誉。我们党采取的这种实事求是、有错必纠的原则立场，受到全党全军全国各族人民的衷心拥护……

敬爱的少奇同志离开我们已经十多年了。林彪、江青一伙制造伪证，隐瞒真相，罗织罪名，企图把他的名字从中国革命的历史上抹掉。但是，正如少奇同志在处境最艰险时所说："好在历史是由人民写的"，历史宣告了林彪、"四人帮"一伙阴谋的彻底破产。历史对新中国的每个创建者和领导者都是公正的，不会忘记任何人的功绩。和毛泽东同志、周恩来同志、朱德同志一样，刘少奇同志将永远活在我国各族人民的心中。

刘少奇生前曾在不同场合多次表示，他去世后遗体火化，骨灰撒在大海里。刘少奇治丧委员会和他的亲属尊重他的遗愿。中共中央书记处将散撒骨灰的任务交由中国人民解放军海军执行。

5月19日上午，刘少奇的骨灰在治丧委员会代表和刘少奇家属子女的护送下，由北京乘专机运抵青岛军港。

众多的人民群众和解放军官兵聚集在青岛码头，为这位一代伟人作最后的送行。中午，执行散撒仪式的5艘海军军舰在绵绵细雨中编队驶向黄海海域。午后1时许，在哀乐和21响礼炮声中，刘少奇的骨灰撒向了浩瀚无边、滔滔不息的大海。

附 录

中共十一届五中全会《关于为刘少奇同志平反的决议》

（1980年2月29日通过）

刘少奇同志，一八九八年生，湖南省宁乡县人。一九二〇年加入中国社会主义青年团，一九二一年加入中国共产党。历任党内重要领导职务。文化大革命前任党中央副主席、国家主席。

文化大革命前夕和初期，由于当时对党内和国内形势作了违反实际的估计，认定党内存在一条与中央路线相对立的反革命修正主义路线，存在一个资产阶级司令部，把刘少奇同志当做党内反革命修正主义集团的总头目和全国最大的走资本主义道路当权派；并且离开民主集中制的原则，采取错误的方针和方法，在全国范围内，对刘少奇同志进行了公开的、错误的批判和斗争，撤销了刘少奇同志党中央副主席的职务和实际上撤销了他的国家主席的职务。

林彪、江青、康生、陈伯达等人，出于他们篡夺党和国家最高领导权、颠覆无产阶级专政的反革命目的，不但对关于刘少奇同志的错误认识和错误处理的形成，起了极为恶劣的推波助澜的作用，而且利用这个错误，凭借其所窃取的权力，蓄意对刘少奇同志进行政治陷害和人身迫害，并把一大批党政军领导干部诬陷为“刘少奇的代理人”，统统打倒。

一九六六年十二月十八日，成立了专案组，在江青、康生、谢富治等人的直接控制和指挥下，一方面，采取弄虚作假、断章取义、逼供信等恶劣手段，拼凑虚构的、牵强附会的材料，伪造证据，报送中央；另一方面，又扣压了解真相的人的证词和被迫提供伪证的人多次更正的材料，于一九六八年九月，提出了一份所谓《关于叛徒、内奸、工贼刘少奇罪行的审查报告》。这份《报告》和附件《罪证》，是由党的八届十二中全会在当时党中央工作和党内生活处于极不正常的状况之下通过的。八届十二中全会公报，还宣布了中央"把刘少奇永远开除出党，撤销其党内外的一切职务，并继续清算刘少奇及其同伙叛党叛国的罪行"的决议。十一月下旬，上述公报、审查报告和附件，以中发〔68〕152号和〔68〕155号文件发至全党，口头传达到群众。这就造成了全国最大的冤案。

刘少奇同志本人，早在一九六六年冬即被隔离和批斗。在整个隔离、批斗过程中，被完全剥夺了申辩的权利。一九六九年十月，于重病中被强行从北京押送到开封"监护"，同年十一月十二日被迫害含冤逝世。

粉碎"四人帮"以来，党内外许多人向中央建议，对刘少奇同志案件进行复查。一九七八年十二月党的十一届三中全会，解决了历史上遗留的一批重大问题和一批重要领导人的功过是非问题以后，中央在一九七九年二月决定，由中央纪律检查委员会和中央组织部对刘少奇同志一案进行复查。现在，这个案件的问题已经逐项调查核实。中共十一届五中全会审查后，特将复查结果与决议宣布如下：

（一）所谓一九二五年在长沙"被捕叛变"问题

原审查报告说，刘少奇同志于一九二五年十一月，"借口养病"，"私自从上海潜逃长沙"，十二月被长沙戒严司令部逮捕。湖南军阀赵恒惕亲批"斩决"，迫使他完全接受"活命条件"，"投降了敌人，背叛了革命"。随后，"奉赵恒惕的旨意，捧着赵恒惕赏赐的《四书》离开湖南前往广州，怀着不可告人的目的，重新钻进党内来”。

据复查，刘少奇同志一九二五年冬在长沙曾经被捕，但根本不存在“私自从上海潜逃长沙”和投敌叛变的问题。

第一，刘少奇同志确是因病重从上海回湖南养病的。当时，《上海总工会三日刊》、广东《工人之路》等革命报刊及长沙《大公报》，对此均有报道。上海英租界工部局《警务日报》的情报上，也提到“刘华（上海总工会副委员长）说：刘少奇……在罢工斗争中很积极，现在病的很重，已经和他的家眷回湖南去了。”所谓“借口养病”“私自潜逃”之说，起初是原专案组歪曲报刊材料，推断强加的；后来又仅凭康生一九六八年九月十七日写给江青的亲笔信上一段话（诬陷说此事他“完全可以证明”），便予以肯定。这不但无任何旁证，而且中华全国总工会获悉刘少奇同志在长沙被捕，就电请赵恒惕“查明释放”的事实，也足以证明“潜逃”之说完全是虚构的。

第二，刘少奇同志在长沙被捕后，确是经过多方营救获释，由湖南转去广州工作的。据查，刘少奇同志被捕的消息一传开，中华全国总工会、全总上海办事处和全国各地工会，以及国民党第二次全国代表大会等，纷纷通电谴责赵恒惕，要求释放；湖南学生联合会联合各团体发出呼吁书，要求保释。同时，刘的亲友、同乡托请湖南上层人物洪赓扬（长沙禁烟局局长，刘少奇同志旧友，叶开鑫的干女婿）、叶开鑫、贺耀祖（均为赵恒惕手下的师长）、欧阳振声（湖南省议会议长）等人，以同乡身份进行营救。在外有各界压力、内有上层疏通和联名具保的情况下，赵恒惕不得不在一九二六年一月十六日将刘少奇同志开释，驱逐出境了事。此后，刘少奇同志在二月十九日抵达广州，还受到中华全国总工会的隆重欢迎。这段经历，当时《工人之路》、《中国学生》等革命报刊均有报道，并有袁素（洪赓扬之妻）、李治安（刘少奇同志前妻何宝珍烈士的同学）等人证明。

第三，刘少奇同志在被捕期间，并无任何投敌叛变的言行。原审查报告认定为“投降”“背叛”的唯一根据，是恶霸罪犯杨剑雄（当时任湖南省长署会计）一九五二年的一段笔供：“当洪赓扬、叶开鑫等具禀，保释刘少奇同志时，赵恒惕说：‘要他迅急离开湖南，不要在这里乱搞。要庶务股去买一册四书五经送给他，好好去读……’‘交保开释’。”这段话，只能证明刘少奇同志确是经保释后被驱逐出境，原专案组引来作为他接受“活命条件”和“投降”“背叛”的根据，是荒唐的。至于赵恒惕这样的旧军阀送《四书》的事，在当时封建军阀统治的历史条件下，不足为奇。这件事，连当时报纸的报道也认为是“最滑稽”的。原审查报告脱离历史背景，不顾历史事实，从赵恒惕送《四书》竟推断出刘少奇同志“奉赵恒惕旨意……重新钻入党内”，纯属捏造和诬陷。

第四，原审查报告还提到，赵恒惕于一九二五年六月发布“四斩”反革命布告和十月杀害安源工人俱乐部副主任黄静源同志两件事，以推断刘少奇同志被捕后，如不投降必然被杀。据查，“四斩”布告，是赵恒惕的戒严司令部针对六月初长沙市传说外国人杀了中国工人，群情激愤，惹起“一夜纷乱”，怕引起更大暴乱而发布的。黄静源同志是一九二五年十月十六日在江西省安源煤矿被赣西镇守使李鸿程杀害的；事后，工人群众将其遗体抢到长沙，举行送葬示威和追悼大会。这些事同后来刘少奇同志被捕和释放并不相干。如不投降必然被杀这一论断是没有根据的。所谓赵恒惕曾亲批将刘少奇同志“斩决”，仅来自黎泽泰（当时任湖南省长署文牍）一人一九六七年八月二十三日在逼供之下写的材料，而按他所写，他也是听杨剑雄说的，并非亲自看到，更何况杨剑雄的口供中，根本未提到赵恒惕亲批“斩决”的事，不足为凭。

第五，原审查报告还借杨剑雄一九五三年被处决之前，湖南省宁乡县公安局曾请示过刘少奇同志一事，认定刘少奇同志“对即将暴露他的叛变罪行的杨剑雄”“杀人灭口”。这完全是歪曲事实。

杨剑雄是恶霸地主，历史上有血债，民愤极大，解放后畏罪潜逃外地，一九五二年逮捕归案。宁乡县人民政府根据其罪恶事实，在刘少奇同志毫无所知的情况下，于一九五三年一月十八日判处杨犯死刑，并报经湖南省人民政府于一月二十四日核准。由于审讯过程中，杨犯说过他曾经参加一九二四年刘少奇同志被捕后的营救活动，宁乡县公安局为慎重起见，才在执行前（一月二十六日）致函刘少奇同志进行核对，并要求在十日内电复。刘少奇同志于一月二十九日复电说明，杨剑雄“所称一九二四年在长沙营救我出狱等语，并无其事。我一九二五年在长沙被捕，因有很多人营救……得以出狱，但这与杨剑雄毫无关系。杨犯罪恶仍应按你们判决处理”。这个答复意见是正常的，并未对杨犯的判决有所干预。整个过程表明，宁乡县判处恶霸杨剑雄死刑，事前刘少奇同志完全不知道。如果这是出于刘的授意，宁乡县又何必在判决后再致函询问呢？！原专案组把这件事说成刘少奇同志蓄意“杀人灭口”，完全是强加罪名。何况已有充分材料证明，刘少奇同志根本没有投敌叛变，当然更不存在他害怕暴露“罪行”而“杀人灭口”的问题。

（二）所谓一九二七年在武汉和庐山进行“内奸活动”问题

原审查报告认定，刘少奇同志在一九二七年大革命紧要关头，窃据湖北省总工会秘书长的职位，充当内奸，破坏工人运动。列举的“罪名”是：1. 在“四三”惨案发生后，为日寇保镖；2. 与汪精卫、陈公博勾结，被指定为“国民党中央工人运动小组长”，向敌人献策调走武汉工会骨干，解散工人纠察队；3. 为掩盖其“内奸面貌”，还演出了一场假逮捕的“苦肉计”；4. 在武汉“七一五”事变前，受汪精卫指使，“躲往庐山”，“继续进行叛卖勾当”。据复查，这些罪名都与事实不符，或是诬陷，或是虚构，不能成立。

第一，“四三”惨案问题。据查，在驻汉口日本水兵杀人惨案发生后，刘少奇同志代表工会出席各人民团体紧急会议和参与主持工会联席会议，在组织群众反日斗争中起过重要作用。对此，一九二七年四月五日的《汉口民国日报》曾有报道。各工会联席会议的决议和全省总工会的布告中，号召群众“遵守革命纪律”“万勿骚动”“不要打日本人的窗户”“不要打日本人”等，经查阅中共八七会议《告全党党员书》和一九二七年四月五日《汪精卫、陈独秀联合宣言》等历史档案，这是根据当时党中央的指导方针和斗争策略制定，不是刘少奇同志个人决定的。原审查报告不问来由，颠倒是非，把这些当时见报的文告词句，拼凑成刘少奇同志“为日寇保镖”的罪名，显然是蓄意歪曲历史。

第二，所谓“担任国民党中央‘工人运动小组长’，充当特务，向国民党提供‘工运情报’”，以及“向陈公博献策”的问题。这一条，出自丁觉群（当时是共产党员，任国民党汉口特别市党部执行委员兼工人部长，一九二八年被捕以后脱党，参加过复兴社，已于一九七八年初病死）一人一九六八年十月六日的“书面交代”，并无其他证据。经查对原专案组审讯丁觉群的档案，发现一九六七年九月二十五日，丁在“监护”中交出一份笔供，附信公开说明：“为了批倒批臭刘少奇，我这个文件是打破事实框框写的。”同年十月十八日至十二月二十七日，丁四次翻供和申述，在十一月十三日的申述中特别提到：“首长已经向我揭开了盖子，反戈一击有功，且可免追既往罪过，否则交群众斗争，交公安机关治罪，停止退休金，以至促短自己有限生命，而落个遗臭万年。聆训后，我思想斗争剧烈，思想起伏，终夜无眠。”丁一九六八年十月六日的“书面交代”，就是在这之后，按照原专案组的提示编造的。又查到一九七二年丁被释放回家后的日记，其中写道：“我只说在党内我受刘的领导，而不提陈独秀当权的党中央对我的指示，和湖北省委书记张国焘对我面示，就是使刘贼无所躲闪，而我自己情愿把一切担负起来。”丁的儿子丁运隆交出这本日记时说明，其父生前对他说过：“我深深地知道，刘少奇早已被打倒了，现在只是要找到一些能够说明所以必须打倒的罪证材料公布于世，以求名正言顺。我不能使他们如愿以偿，我是下不了台的。”由此可以完全证明，丁觉群的口供是被迫编造的。又据调查，这个一名组长、一名组员（丁觉群）的所谓“工人运动小组”，根本就不存在。既然根本没有这样一个组织机构，当然刘少奇同志被指定为小组长是虚构的。这也证明，丁觉群的“书面交代”是捏造的。

第三，调动武汉工会干部问题。据李维汉、郭述申同志及李景明（当时任湖北省总工会宣传部主任）、郑超麟（当时任湖北省委宣传部长）等人证明，一九二七年六月初，我党中央鉴于汪精卫的武汉国民政府叛变革命，实行宁汉合流的步骤逐渐明显，遂决定疏散各地聚集在武汉的干部。湖北省总工会根据这一精神，将公开活动的党员干部，有的隐蔽、转移，有的派往贺龙、叶挺部队，又新调一些面目未暴露的干部来坚持工作。这种应变措施，在当时是必要的，也是完全正确的。原审查报告将此事歪曲为刘少奇同志“破坏革命的内奸活动”，是十分荒谬的。

第四，工人纠察队缴枪问题。经查阅一九二七年七月共产国际执委会《关于中国革命目前形势的决定》、中共八七会议《告全党党员书》，以及一九二九年十二月陈独秀等人《我们的政治意见书》和一九二七年六月二十九日武汉国民党中央会议记录，这些有关材料都说明：当时以陈独秀为首的党中央屈服于汪精卫武汉政府的压力，为维持国共合作和所谓“兵、工团结”，决定自动解除工人纠察队武装。这个错误是陈独秀推行右倾机会主义路线所造成的，主要责任在中央的领导。刘少奇同志当时并非中央主要成员，凡是了解这一段党的历史的人，都知道这样重要的问题，绝不是他所能决定的。至于他作为湖北省总工会秘书长，代表工会去作缴枪经过和意义的报告，完全是执行上级的错误决定的问题。原审查报告把这件事的责任推到刘少奇同志身上，是不公正的，也是不符合当时的历史事实的；把它又演绎成“特务内奸活动”，则显然是栽赃诬陷。

第五，是否有所谓“苦肉计”，即一九二七年在武汉曾否被捕的问题。1. 当时在全国总工会和湖北省总工会（两处是隔壁）工作的林棣之、陈仲波、曾昭美、吴良福等多人证明，一九二七年六月二十八日晚，有一些国民党军队冲进全总和省总闹事，但没有见到和听说发生过向忠发、许白昊、项英、刘少奇等工会主要领导人被捕的事。2. 一九二七年六月二十九日武汉国民党中央会议记录，一方面提到纠察队解散以后，发生了军队占工会房子，抓了工会的人；另一方面又提到李立三、刘少奇先后向武汉国民党当局报告，要请卫戍司令部派兵保护他们，等等。这里所说的“抓工会的人”一事，显然不是指刘少奇同志等全总和省总的主要领导人。如果当时刘少奇同志已经被捕，当然就不会有李立三、刘少奇同志向武汉国民党当局报告，要求保护的事。3. 当时的《庸报》、《申报》、《时报》、《顺天时报》等，有关这次军队一度“占领总工会会址”，与工会发生纠纷的报道，不仅没有提到有工会主要领导人被捕，而且有的说：“经苏兆征与第八军李品仙交涉结果，此事乃双方意见有欠疏通之故，现经谈妥，军队已于午后撤退”（申报）；有的说，“……今晨军队占领工会会所事，经双方解释，误会全祛。今晚军队已撤去，工会仍归纠察队防守”（庸报）。

原审查报告说刘少奇同志在一九二七年六月二十八日曾经被捕，主要根据是：当年六月二十九日汉口法租界巡捕房给法国驻武汉总领事的报告信。信上提到：昨晚卫戍司令部军官率领巡逻队，在总工会办事处逮捕了该会几个重要成员向忠发、刘少奇、许白昊、项英等。从上述各方面的材料，特别是与一些当时亲历其境者的证明相对照，该报告信的内容显然是不真实的。而且事实上向忠发、许白吴、项英等当时也都未被捕，更足以证明该报告信内容之不真实。

至于所谓假逮捕的“苦肉计”之说，其唯一来源是前面提到的丁觉群的那份虚构的“书面交代”。（据丁交代：刘少奇为了掩盖他与汪精卫、陈公博勾结出卖工人纠察队的罪行，将来更好地为汪效劳，于六月二十五日写一封密信，要丁送给陈公博，提出“来一次苦肉计”。在纠察队缴枪的头一天，刘少奇等人即被逮捕。次日上午由卫戍区司令部用小汽车密送刘到武汉国民党中央党部与汪谈话，决定下一步活动。）可是，大量事实已经确切证明，刘少奇同志并未被捕。既未被捕，何来“苦肉计”？！原审查报告引用这种在逼供下编造的谎言，滥定罪名，完全不足为据。

第六，所谓受汪精卫指使，“躲往庐山”，“继续进行叛卖勾当”问题，原审查报告仍是以丁觉群编造的那份“书面交代”为依据，别无任何旁证。而据聂荣臻同志以及罗章龙等人证明，当时党中央是知道刘少奇同志从武汉去庐山养病的；一九二七年南昌起义前几天，聂荣臻同志还曾经根据周恩来同志指示，两次到庐山向刘少奇同志当面传达过准备发动武装起义的决定。这说明，丁觉群的口供所说“躲往庐山”根本不能成立。

（三）所谓一九二九年在沈阳“被捕叛变”问题

原审查报告说，刘少奇同志一九二九年八月二十二日在沈阳奉天纱厂被捕后，供认自己是满洲省委书记，出卖了省委领导成员和所属党组织，并且向统治阶级“积极出谋献策”，张学良“颇为赞赏”，因而释放；由于他提供情报，“党组织遭到严重破坏，许多共产党员被捕被杀”；还说他按照敌人旨意，“利用中东路事件配合进行反苏反共”，等等。经复查，这些“罪名”都是无中生有的伪造。

第一，原专案组认定刘少奇同志在沈阳“被捕叛变”，主要是根据孟用潜（当时任满洲省委组织部长，与刘同时被捕）、刘多荃（当时是张学良的卫队上校团长）二人的交代材料。现已查明，孟用潜同志早在刘少奇问题定案前就提出翻案（他在被关押期间，共写过二十次申诉材料，均被原专案组扣压，隐瞒不上报），纠正了原来在逼供情况下编造的假交代。刘多荃的材料也完全是虚构的。经查对原专案组案卷记录，刘多荃所说的“破获共产党案子”，从被捕人数、被捕地点、关押时间，到释放的方式和过程等具体情节，同刘少奇同志被捕的案情无一相似之处。刘多荃也于一九七九年五月和十一月写了更正材料，说他确实没有听说过张学良同被捕的人“达成政治交易”的事，“一九六八年一月我所交待的关于‘奉天纺纱厂逮捕共产党人案’和同年八月以前所交待关于‘中东路事件’的两篇材料，是专案组从我到学习班被监护的整个期间，被逼所写的几十万字材料中，摘录要我抄写的”；并揭发了专案人员对他指供、诱供，炮制假证据的全部过程。原审查报告，把刘多荃被逼虚构的证词，作为刘少奇同志“叛变”的根据，是毫无道理的。

第二，原《罪证》中还有另外六个所谓“知情人”作证的笔供，都写得含糊不清，除一份是“听（别人）说”的之外，其余五份，只说被捕者是黑脸、白脸、黄脸、中等个、高个子或胖子、瘦子。这些“知情人”中，关辅金（原奉天纱厂副技师）、徐廉奎（原奉天纱厂庶务主任）、关庆云（原奉天省警察局行政科代理科长）三人已病死；还活着的丁基实（即丁君羊，在孟用潜同志调离后任满洲省委组织部长，后脱党）、刘青第（原奉天省高等法院检察处代理主任书记官）和陈元祯（原奉天警察局商埠地三分局差遣班长）三人，都否认了在逼供情况下写的假证词。陈元祯（现名陈冠英）一九七九年六月六日揭发（由他三儿媳代笔）说：他只记得一九二九年奉天纱厂因闹风波，抓过人，“以后的事情我就不知道了”。但是，一九六八年一二月间，沈阳军区有一个人把他叫去查问此事，威胁说，“你在（再）不说，就送你到公安局去”。“前后七八天连轴转，不让我睡觉……实在受不了”。后来又换来另一个人，“对我说，那你都承认了吧。刘少奇已经倒了，没有啥，你立功了”。“一九六八年的那个材料是他们写的，我不认几个字，不会写字，未让我看，只念给我听一下，就让我签字盖手印的，随之就把我放回家了”。不料，“一九六八年十一月四日（注：党的第九次代表大会前不久）……把我带到吉林军区监护了起来”，起初“听说开完‘九大’了让我回家”，可是“一九七二年二月才把我放回来”。在江青、康生、谢富治等人直接控制和指挥下，专案人员如何搞逼供信和弄虚作假，于此可见一斑。

第三，除了以上虚构的证词已被否定之外，更重要的是，有大量的材料足以证明，刘少奇同志一九二九年被捕，并无任何叛变行为。

（1）现已查明，刘少奇同志是在奉天纱厂一次工潮中，同孟用潜同志一起去该厂找工人谈话，因厂内有叛徒向厂方密告厂内酝酿罢工的情况，致使地下党支部书记被拘留，刘、孟二人也在纱厂门口被该厂卫队怀疑而逮捕。以上被捕的经过和原因，满洲省委在一九二九年八月三十一日即向中央作了报告，有案可查。廖如愿（当时任满洲省委秘书长）也证明：“刘、孟到警察局后，外面送东西很方便，前往接见也不困难”，对刘、孟“没有作政治犯处理”，“所以当时省委态度镇静”；“刘、孟在警察局集中意志对警察局所作一般案件的应付，没听到政治态度有什么变动”。

（2）刘少奇同志被捕后，并未引起党组织受破坏和牵连其他同志被捕、被杀。据满洲省委一九二九年九月十九日向中央的报告说：“刘、孟被捕事，在工作上虽有很大的打击，但在同志倾向上没有多大的影响。”王鹤寿、杨一辰、何松亭等同志（当时均在满洲党、团省委及所属组织工作，是真正了解情况的）也都证明，刘、孟被捕后，他们所知道的党、团领导机关与负责同志的住址、他们所知道的一些学校、工厂的支部，没有一处遭到破坏，也没有任何一位同志受牵连被捕；王鹤寿、赵毅敏等同志还证明，在张作霖、张学良统治东北时期，除一位鼓动兵变的共产党员韩渊波同志被杀以外，直到九一八事变为止，东北地区没有任何同志被杀。这个历史事实，也是当时在东北工作的同志人所共知的。原审查报告说由于刘少奇同志被捕，有许多共产党员被杀，这完全是捏造的。

（3）原审查报告影射一九三〇年四月满洲省委大破坏，是刘少奇同志“提供情报”的结果。这是蓄意歪曲历史。根据党的历史档案（一九三〇年九月十八日中共满洲总行委第十二号《通知》）和敌伪档案（一九三四年日本大阪对支经济联盟编《苏联和满洲的共产运动》）、敌伪报刊（一九三〇年五月一日《盛京时报》）记载，以及上述当时在满洲党、团省委工作的赵毅敏、杨一辰、王鹤寿等同志一致证明，这次大破坏，致使党、团省委领导人及党、团员三十余人被捕，是由于杜兰亭（当时在团省委工作）四月十二日被捕后叛变，向敌人供出团省委机关的地址造成的（当时党、团省委负责同志正在那里开会，许多同志因而被捕）。当时刘少奇同志已经离开满洲去上海工作，这件事同他毫无关系。

（4）刘少奇同志是在被捕半个多月后，统治阶级没有取得任何证据的情况下，取保释放的。据孟用潜同志一九六七年六月五日“补充材料”说：“对我的判决是‘煽动工潮，证据不足，不予起诉，取保释放’；对刘少奇也是‘不予起诉，取保释放’。”杨一辰同志一九六七年六月十七日和一九七九年四月二十四日两次证明：当时对刘少奇同志判决“检察却下，不起诉处分，取保释放”。还有饶漱石（当时任满洲团省委书记）、王广恩（原奉天纱厂协理）等人，也提供了类似的证明材料。

总之，刘少奇同志一九二九年在沈阳奉天纱厂被捕后，没有暴露政治身份，没有损害党的组织和党的事业，关押半个多月后，因案情不重，证据不足，即取保释放，继续从事党的领导工作，根本不存在投敌叛变的问题。原专案组仅凭搞逼供信编造的材料，就认定刘少奇同志“投敌叛变”，进而凭空捏造说：“刘少奇积极地向……张学良提供情报，使满洲省委及其所属地下党组织遭到严重破坏，许多党员被捕、被杀”，“还按照帝国主义、国民党和……张学良的旨意，利用中东路事件，配合进行反苏反共”等“大叛卖”活动。这些完全是无中生有的“罪名”。

（四）所谓“其他反革命罪行”问题

原审查报告在以上三个问题之外，还列举了刘少奇同志的七项“反革命罪行”。经复查，这些“罪行”也都不能成立。

（1）指使薄一波、刘澜涛、安子文等六十一人“投降国民党、叛变共产党”的问题，已由中共中央一九七八年十二月十六日中发75号文件予以否定。

（2）一九三六年“勾结”蒋介石、陈立夫等，“阴谋消灭红军，取消红色政权”的问题。刘少奇同志作为党中央代表，于一九三六年初派人同南京国民党代表谈判联合抗日，是根据党中央的统一部署进行的。谈判过程和结果，党中央完全清楚。这根本不是什么同蒋介石、陈立夫的阴谋勾结。

（3）“与汉奸陈公博、周佛海勾结”的问题。抗日战争时期，新四军领导同志根据党中央“大力开展对敌伪政权上层分子的联络工作”的指示，曾派军部工作人员冯少白同志，利用亲戚关系，四次进入敌占区，进行分化、瓦解敌人的活动。冯于一九四一年第一次去敌区，在接受陈毅同志交给的任务后，行前曾请示过刘少奇同志。一九四二年以后冯再次去敌区时，刘少奇同志已离开新四军回延安。原审查报告把这件根据党中央指示进行的工作，说成是刘少奇同志“派遣投敌叛变分子冯少白做代表，与汉奸陈公博、周佛海勾结，向日寇乞降”，是蓄意篡改情节，颠倒是非。原中央专案组已于一九七八年十一月，给冯少白同志复查平反，撤销了原来诬称他是“投敌叛变分子”的结论。

（4）“和平民主新阶段”问题。从一九四五年八月抗日战争胜利到一九四六年一月国共两党签订停战协定期间，党中央、毛主席在一些文件、命令和社论中，已经指出国内形势的发展，进入了“和平发展的新阶段”“和平建国的新阶段”“和平民主新阶段”“和平改革与和平建设的新阶段”。刘少奇同志在一九四六年一月底主持起草的《中共中央关于目前形势与任务的指示》中，和二月一日在延安干部会上作的《时局问题的报告》中，提出“和平民主建国的新阶段”“和平民主的新阶段”，这同党中央、毛主席的提法是一致的。后来国民党撕毁停战协定，随着形势的发展，刘少奇同志也是同党中央一起改变了上述估计。对这件事，一九四六年七月，毛泽东同志在中央的一次小型会议上，用自我批评精神，代表中央总结过经验教训。本来，这是历史上早已解决了的问题，原审查报告又把它翻出来，作为刘少奇同志个人的罪名，是有意的陷害。

（5）通过孟用潜同司徒雷登“勾结”的问题。这是原专案组将孟用潜同志当做“相当大的美国特务”进行审讯时，靠逼供信搞出来的假口供，据中央有关主管部门证明，并无其事。

（6）“同美特王光美结合”的问题。这是妄加的罪名。经中共中央组织部复查，在一九七九年三月对王光美同志的历史已作出结论：王光美同志的政治历史清楚，没有问题。

（7）派王光琦去香港向美帝供给情报的问题。一九五三年香港的某特情提供假情报说：王光琦是美国中央情报局香港所属特务在大陆的重要情报来源。经公安部立案审查，已于一九五六年九月一日查明原情报是蒋特的反间计，即决定撤销对王光琦同志的怀疑。原专案组没有任何根据，即否定公安部早已销案的事实，仍依据原来的假情报给王光琦同志定罪，并说王是刘少奇同志派遣的，纯属政治陷害。

（五）所谓“坚持走资本主义道路”问题

原审查报告还认定，刘少奇同志在全国解放后，犯有“坚持走资本主义道路，坚持资产阶级反动路线”，“阴谋颠覆无产阶级专政”，“破坏各国革命运动”等“罪行”，说他已经“成了党内反革命修正主义集团的总头目，资本主义复辟势力的总代表”。这是对历史的严重歪曲。实践证明，建国以后十七年，我们党坚持社会主义道路，坚持无产阶级专政，坚持共产党的领导，坚持马克思列宁主义、毛泽东思想。刘少奇同志作为党的主要领导人之一，自始至终参加了党中央的领导工作，同样是坚持了四项基本原则，并且是对于我国的社会主义革命和社会主义建设做出了重大贡献的。这期间，尽管我们党在工作中取得巨大成就的同时也犯过一些错误，刘少奇同志也犯过一些错误，但这些错误一般地都在党中央领导下，按照民主集中制的原则，通过批评和自我批评纠正了，根本不存在一条以刘少奇同志为代表的“反革命修正主义路线”，不存在一个以刘少奇同志为“总头目”的“反革命修正主义集团”，不存在一个以刘少奇同志为首的“资产阶级司令部”，不存在一批以刘少奇同志为“最大”的“党内走资本主义道路当权派”。文化大革命初期，派工作组到一些单位指导运动，是我们党多年来解决基层问题的一种做法，不存在一条由刘少奇同志制定和推行的“资产阶级反动路线”。

在外事活动方面，刘少奇同志一向是按照党的对外工作方针、路线行事的。所谓“破坏各国革命运动”，纯系罗织“罪名”。

根据以上复查结果，中共十一届五中全会认为，原审查报告给刘少奇同志强加的“叛徒、内奸、工贼”三大罪状，以及其他各种罪名，完全是林彪、江青、康生、陈伯达一伙的蓄意陷害。八届十二中全会据此作出“把刘少奇永远开除出党，撤销其党内外的一切职务”的决议是错误的。

刘少奇同志是伟大的马克思主义者，是为共产主义奋斗终生的无产阶级革命家。几十年来，他作为党和国家卓越的主要领导人之一，对我党的建设，对我国民主革命、社会主义革命与社会主义建设，都有不可磨灭的功绩。他对党和人民的事业是忠诚的。他把毕生精力贡献给了我国的无产阶级革命和建设事业。

过去对于刘少奇同志的污蔑、诬陷、伪造的材料以及一切不实之词都应完全推倒。为此，中共十一届五中全会特作如下决议：

（一）撤销中发〔68〕152号文件（即八届十二中全会公报）中加给刘少奇同志的罪名和对他的处理决议，相应地撤销中发〔68〕155号文件（即原审查报告）。恢复刘少奇同志作为伟大的马克思主义者和无产阶级革命家、党和国家的主要领导人之一的名誉。

（二）在适当时间，由中共中央商同全国人大常委会，为前中共中央副主席、中华人民共和国主席刘少奇同志举行追悼会。

（三）过去因刘少奇同志问题受株连的人和事，都应当由有关主管部门实事求是地进行复查和澄清，凡属冤假错案，一律予以平反。

（四）中央这个决议和附件，发至基层党支部，并按照先党内、后党外的步骤，传达到全体党员和全国人民群众，以消除过去对刘少奇同志的错误处理所造成的影响。

本书背景大事记

1965年

11月10日 上海《文汇报》发表《评新编历史剧〈海瑞罢官〉》一文，攻击吴晗写的京剧《海瑞罢官》“是一株毒草”，从而揭开了“文化大革命”的序幕。这篇文章是1965年初江青在上海同张春桥秘密策划并由姚文元执笔写成的。

12月8日至15日 毛泽东在上海主持召开中共中央政治局常委扩大会议。林彪、叶群、吴法宪等在会上对罗瑞卿进行突然袭击，诬陷他“篡军反党”。罗瑞卿被调离军事领导岗位。

1966年

2月3日 彭真召集中央文化革命五人小组扩大会议，研究学术批判中出现的问题。会议讨论形成《关于当前学术讨论的汇报提纲》，即《二月提纲》。“中央文化革命五人小组”是根据毛泽东的指示于1964年7月成立的，由彭真、陆定一、康生、周扬、吴冷西5人组成，彭真任组长。

2月5日 刘少奇主持中共中央政治局常委会议讨论通过《二月提纲》。

2月8日 彭真、陆定一等专程到武汉向毛泽东汇报《二月提纲》。

2月12日 中共中央将《二月提纲》转发全党。

2月28日 刘少奇、周恩来、邓小平会见日本共产党代表团。

随后举行了两党会谈。

3月中旬 毛泽东在杭州召集中共中央政治局常委扩大会议，批评学术界、教育界“事实上是资产阶级、小资产阶级掌握的”。

3月22日 刘少奇和夫人王光美离开北京出访亚洲3国，抵达乌鲁木齐。

3月26日至31日 刘少奇等在巴基斯坦访问，然后回国在新疆和田休息。

3月28日至30日 毛泽东在杭州三次同江青、康生等人谈话，严厉指责北京市委、中央宣传部包庇坏人，不支持左派，并说《二月提纲》混淆阶级界限，是错误的。

4月4日至8日 刘少奇等访问阿富汗，然后返回乌鲁木齐，11日抵达昆明。

4月10日 林彪、江青合伙搞的《部队文艺工作座谈会纪要》，以中共中央文件下发。

4月15日至16日 刘少奇等访问东巴基斯坦（今孟加拉国）。

4月17日至19日 刘少奇等访问缅甸，19日回到云南昆明。

4月下旬 刘少奇离昆明抵杭州，出席毛泽东主持的中共中央政治局常委扩大会议。

5月4日至26日 中共中央政治局扩大会议在北京举行。毛泽东在杭州，没有出席这次会议。会议由刘少奇主持，由康生负责向毛泽东汇报请示。16日，会议通过了在会前由陈伯达等人起草并经毛泽东多次修改的《中国共产党中央委员会通知》，即《五一六通知》。

5月25日 北京大学哲学系聂元梓等7人在校内贴出题为《宋硕、陆平、彭珮云在文化革命中究竟干些什么？》的大字报。这张大字报是康生派他的妻子曹轶欧到北京大学秘密策划的结果。

5月28日 中共中央发出关于设立中央文化革命小组的通知。组长陈伯达，顾问康生，副组长江青、张春桥等，组员中包括王力、关锋、戚本禹、姚文元。

5月29日 刘少奇、周恩来、邓小平研究派工作组进驻人民日报社、北京大学，得到毛泽东同意。驻人民日报社工作组由陈伯达任组长，驻北京大学工作组由张承先任组长。

6月1日 《人民日报》发表陈伯达主持起草的社论《横扫一切牛鬼蛇神》。中央人民广播电台于晚间播出北京大学聂元梓等7人的大字报。

6月2日 《人民日报》全文发表聂元梓等7人的大字报，并发表评论员文章《欢呼北大的一张大字报》，称北京大学是“反党反社会主义的顽固堡垒”，号召群众起来摧毁“黑帮”。

6月3日 刘少奇主持中共中央政治局常委扩大会议，研究运动中出现的问题。周恩来、邓小平以及有关方面负责人出席会议。李雪峰汇报了当前北京市运动的情况，提出准备向学校布置的“游行不要上街”“不准打人污蔑人”等8条要求，并提议向领导瘫痪的学校派工作组。会议讨论同意北京市委的意见，向北京市一些大学、中学派工作组，向各学校传达贯彻8条要求。

6月4日 《人民日报》公布中共中央改组北京市委的决定：由李雪峰兼任市委第一书记，吴德任第二书记，北京市的文化大革命工作由新市委直接领导。报纸同时发表经毛泽东批准的新市委决定：派出张承先为首的工作组到北京大学领导文化大革命，撤销北大党委书记陆平、副书记彭珮云的一切职务，改组北大党委。

6月5日 《人民日报》发表社论《做无产阶级革命派，还是做资产阶级保皇派？》，煽动青年起来造反。

6月9日至12日 刘少奇、周恩来、邓小平等去杭州向毛泽东汇报“文化大革命”情况。

6月13日 中共中央、国务院发出《关于改革高等学校招生考试办法的通知》，决定1966年高等学校招收新生的工作推迟半年进行。实际上全国高等学校从此停止招生达6年之久。

6月16日至7月1日 周恩来率中国党政代表团出访罗马尼亚、

阿尔巴尼亚、巴基斯坦等国。

6月18日　北京大学一些人背着工作组，擅自组织揪斗四十多名干部、群众，并有戴高帽、殴打、罚跪等武斗行为。工作组发现后给予坚决制止。

6月20日　刘少奇将驻北京大学工作组处理“六一八事件”的简报批转全国。他在为中共中央起草的批语中指出：“北大工作组处理乱斗现象的办法是正确的，及时的。各单位如果发生这种现象，都可以参照北大的办法办理。”

6月30日　刘少奇、邓小平向毛泽东报送《中共中央、国务院关于工业交通企业和基本建设单位如何开展文化大革命运动的通知》稿，并在致毛泽东的信中说：“在文化革命运动的部署方面，重点放在文化教育部门、党政机关。对于工业交通、基建、商业、医院等基层单位，仍按原定的四清部署和二十三条结合文化大革命进行。”经毛泽东复信同意，《通知》于7月2日发出。

7月8日　毛泽东写了致江青的一封信，其中说：“现在的任务是要在全党全国基本上（不可能全部）打倒右派，而且在七八年以后还要有一次横扫牛鬼蛇神的运动。”

7月16日　毛泽东在武汉畅游长江，18日回到北京。

7月24日、25日　毛泽东在听取有关工作组的汇报后，指责工作组“起坏作用，阻碍运动”，“不要工作组，要由革命师生自己搞革命”。根据毛泽东的指示，中共北京市委28日作出《关于撤销各大专学校工作组的决定》，并说明这一决定“也适用于中等学校”。

7月29日　北京市召开全市大专院校和中等学校师生文化革命积极分子大会。李雪峰宣读了市委关于撤销工作组的决定。刘少奇、周恩来、邓小平发表讲话，说明派工作组是中央决定、中央同意的，并说这次运动是“老革命遇到了新问题”。

8月1日至12日　毛泽东在北京主持召开中共八届十一中全会。5日，毛泽东写了《炮打司令部——我的一张大字报》。8日，全会通过了《关于无产阶级文化大革命的决定》。12日，全会改组了中央领导机构，林彪名列第二成为毛泽东的接班人，刘少奇从第二位下降到第八位。

8月18日 毛泽东在天安门首次接见来京进行大串连的全国各地的红卫兵、学生和教师。此后到11月下旬，毛泽东先后8次在北京接见了1100多万师生和红卫兵。

9月16日 康生致函毛泽东，利用1936年薄一波等61人经组织决定出狱一事陷害刘少奇，说："我长期怀疑少奇同志要安子文、薄一波等人'自首出狱'的决定。""这一决定是完全错误的，是一个反共的决定。"

10月9日至28日 毛泽东在北京主持召开中共中央工作会议。会议的中心内容是批判所谓"资产阶级反动路线"。林彪、陈伯达在会上指名攻击刘少奇、邓小平。23日，刘少奇、邓小平在会上作了检查。

12月4日至6日 林彪主持召开中共中央政治局扩大会议，听取工交座谈会情况汇报。林彪在会上攻击刘少奇、邓小平说："刘、邓不仅是50天的问题，而是10年、20年的问题。"

12月18日 张春桥在中南海西门单独接见清华大学造反派头头蒯大富，指使他组织力量打倒刘少奇。同日，王光美专案组成立。

12月25日 蒯大富根据张春桥授意，在北京组织游行示威，张贴大字报，散发传单，呼喊口号，公开煽动打倒刘少奇、邓小平。

1967年

1月1日 《人民日报》《红旗》杂志联合发表元旦社论《把无产阶级文化大革命进行到底》，提出："1967年，将是全国全面展开阶级斗争的一年。"

1月4日 陈伯达、康生、江青在北京接见武汉"赴广州专揪王任重造反兵团"时，攻击陶铸是刘邓路线的坚决执行者。陶铸被作为“中国最大的保皇派”突然打倒。同日，曾被任命为中央文革小组副组长的王任重、刘志坚也以莫须有的罪名被打倒。

1月6日 上海造反派篡夺上海市党政大权，刮起了所谓“一月革命”的风暴。

1月上中旬 在中央文革小组怂恿下，造反派连续到刘少奇住处骚扰，并几次批斗了刘少奇、王光美。

1月13日 毛泽东派秘书接刘少奇去人民大会堂谈话。刘少奇在谈话中向毛泽东提出辞职。

2月11日、16日 谭震林、陈毅、叶剑英、李富春、李先念、徐向前、聂荣臻等在有关会议上，痛斥陈伯达、康生、江青、张春桥一伙乱党乱军罪行，对“文化大革命”的错误做法表示强烈不满。毛泽东18日晚严厉批评了这些老同志。这次事件被称为“二月逆流”。此后，中央政治局停止活动，完全被中央文革小组所取代。

3月9日、10日 陈伯达、康生在军以上干部会议上讲话，在从历史到现实的一系列重大问题上诬蔑攻击刘少奇、邓小平。

3月16日 中共中央发出文件，把1936至1937年薄一波等经组织决定先后出狱错定为“自首叛变”。随后，全国到处刮起“抓叛徒”恶风。

4月1日 《人民日报》、《红旗》杂志发表戚本禹的文章《爱国主义还是卖国主义？——评反动影片〈清宫秘史〉》。文章诬蔑攻击刘少奇说：“你根本不是什么‘老革命’！你是假革命、反革命，你就是睡在我们身边的赫鲁晓夫！”从此开始，全国掀起批判和打倒刘少奇的狂潮。与此同时，江青、康生、谢富治等人将“王光美专案组”变为“刘少奇、王光美专案组”，不顾党纪国法，关押一批无辜者并对他们刑讯逼供，制造诬陷刘少奇的伪证。刘少奇在不同场合用多种方式提出申诉，阐明事实真相，被置之不理。

4月10日 清华大学的造反派组织了号称30万人的大会，批斗王光美。彭真、陆定一、薄一波、蒋南翔等领导干部也被揪到台上陪斗。

4月12日至18日 林彪、江青、陈伯达、康生、张春桥等人在中央军委会议上先后讲话，罗织罪名批判刘少奇。

5月8日 《人民日报》、《红旗》杂志发表编辑部文章《“修养”的要害是背叛无产阶级专政》，批判刘少奇的《论共产党员的修养》一书。

7月18日 江青、康生、陈伯达、戚本禹趁毛泽东、周恩来离开北京去外地之机，组织批斗刘少奇、王光美，同时抄了他们的家。从这天起，在中央文革小组成员的煽动下，北京和外地的一些造反派在中南海西门成立所谓“揪刘火线”，在中南海周围“安营扎寨”，扬言“要刘少奇滚出中南海”。这一闹剧一直持续到8月初。

8月5日 造反派在天安门广场举行号称有百万人参加的声讨刘少奇大会。与此同时，中央文革小组布置在中南海内分别批斗刘少奇、王光美夫妇，邓小平、卓琳夫妇，陶铸、曾志夫妇。

8月21日 哈尔滨铁路局图书管理员郭维彬在群众集会上说，刘少奇是无产阶级革命家，“文化大革命犯了方向性路线性错误”，“中央文革不是无产阶级司令部”。郭维彬因此被捕入狱。在此前后，全国各地有不少干部、群众对打倒刘少奇想不通，公开为刘少奇鸣不平，但均遭到残酷打击和镇压。

9月13日 王光美被捕，先被关押在住所后院，后转秦城监狱。

1968年

1月1日 《人民日报》、《红旗》杂志、《解放军报》联合发表元旦社论《迎接无产阶级文化大革命的全面胜利》，提出：在新的一年中，战略目标是从思想上、政治上、经济上、组织上夺取无产阶级文化大革命的全面胜利。

2月5日 中共中央、国务院、中央军委、中央文革小组转发黑龙江省革命委员会《关于深挖叛徒工作情况的报告》，中央批示中说：“刘（少奇）、邓（小平）、陶（铸）及其同伙彭（德怀）、贺（龙）、彭（真）、罗（瑞卿）、陆（定一）、杨（尚昆）、安（子文）、萧（华）等叛徒和反革命修正主义分子，长期隐藏在党内，窃据了党政领导机关的重要职位，结成了叛徒集团。”全国由此造成一个由群众组织清查干部历史的运动，大批干部遭到诬陷迫害。

2月26日 谢富治在“王光美专案组”的报告上批示：“大叛徒刘少奇一案，主要工作都是由江青同志亲自抓的。今后一切重要情况的报告和请示都要直接先报告江青同志。”

5月17日 《人民日报》、《红旗》杂志、《解放军报》发表编辑部文章《划时代的文献——纪念〈通知〉发表两周年》。文中毫无根据地称：“中国赫鲁晓夫，这个党内头号的走资派，就是多次跪倒在帝国主义和国民党反动派脚下的可耻叛徒。党内另一个最大的走资派以及陶铸、彭德怀、彭真、谭震林、罗瑞卿、陆定一、杨尚昆、安子文等等，都是隐藏在我们党内的形形色色的叛徒、特务和反革命修正主义分子。”

7月下旬至8月 康生制造了诬陷中共八届中央委员、候补委员和诬陷全国人大常委会委员、全国政协常委的名单，把大部分中共中央委员、候补中央委员、全国人大常委和将近半数的全国政协常委，诬陷为“特务”“叛徒”“里通外国分子”“反革命分子”“叛徒嫌疑”“特务嫌疑”，其中包括22位中共中央政治局委员、候补委员，14位中共中央书记处成员，7位全国人大常委会副委员长，14位国务院副总理，6位中央军委副主席和11位民主党派领导人。这些被诬陷的人先后受到迫害。

9月16日 “刘少奇、王光美专案组”在江青操纵下整理出三本所谓刘少奇的“罪证材料”。江青在批语中诬陷刘少奇是“大叛徒、大内奸、大工贼、大特务、大反革命”，是“美国远东情报代表”。29日，林彪批示“完全同意”“向出色地指导专案工作并取得巨大成就的江青同志致敬！”

10月13日至31日　中共八届扩大的十二中全会在北京举行。这次会议是在极不正常的情况下召开的。原八届中央委员、候补中央委员中，被定为“叛徒”“特务”“里通外国”“反党分子”的，达总数的71%。原97名中央委员除去世10人外，只有40人到会。开会时从候补中央委员中有选择地补了10人为中央委员，才刚过半数。八届候补中央委员能出席会议的只有9人。而被扩大参加这次会议的中央文革小组成员、军委办事组成员和各地人员达74人，占会议成员总数133人的57%多。全会通过了由江青、康生、谢富治等人凭伪证写成的《关于叛徒、内奸、工贼刘少奇罪行的审查报告》，作出了把刘少奇“永远开除出党、撤销其党内外一切职务”的错误决定，造成了中共历史上最大的一桩冤案。在表决通过决议时，中央委员陈少敏不畏高压，没有举手。

10月14日　《红旗》杂志发表社论《吸收无产阶级的新鲜血液——整党工作中的一个重要问题》。社论中捏造了所谓刘少奇的“六论”，即“阶级斗争熄灭论”“驯服工具论”“群众落后论”“入党做官论”“党内和平论”“公私溶化论”。此后报刊上陆续发表了许多所谓“革命大批判”文章，在政治上、理论上、思想上造成了极大的混乱。

1968年，刘少奇被继续单独关押，从年初起陆续发生多种疾病。

1969年

1月1日　《人民日报》、《红旗》杂志、《解放军报》联合发表元旦社论《用毛泽东思想统帅一切》。社论说：文化大革命已经取得决定性的胜利，1969年将取得全面胜利。

4月1日至24日　中共第九次全国代表大会在北京召开。林彪作政治报告。这次大会使林彪、江青一伙的主要成员和不少追随者进入中央领导机构。

10月17日　根据毛泽东关于国际形势有可能突然恶化的估

计，林彪在苏州作出“关于加强战备，防止敌人突然袭击的紧急指示”，要求全军进入紧急战备状态。在这种背景下，一些高级干部和重要审查对象被疏散到外地。17日晚，重病中的刘少奇被秘密送往河南开封继续关押。

11月12日　原中共中央副主席、中华人民共和国主席刘少奇，由于遭受政治陷害和人身摧残，在河南开封含冤逝世，终年71岁。

1969年以后

1971年9月　林彪反革命集团灭亡。

1976年10月　以江青为首的“四人帮”反革命集团被粉碎。“文化大革命”至此结束。

1978年12月　中共十一届三中全会在北京举行，开始全面认真地纠正“文化大革命”中的“左”倾错误。

1979年2月　中共中央决定，由中央纪律检查委员会和中央组织部复查刘少奇一案。

1980年2月　中共十一届五中全会作出《关于为刘少奇同志平反的决议》。

1980年5月17日　中共中央在北京人民大会堂举行刘少奇追悼大会，邓小平致悼词。19日，遵照刘少奇生前遗愿，将他的骨灰撒在了大海里。

后记

中国共产党和中华人民共和国的卓越领导人、老一辈无产阶级革命家刘少奇同志，离开我们已经40多年了。他一生的最后岁月，国家和人民正处在“文化大革命”的深重灾难中。刘少奇同志遭到林彪、江青一伙的残酷迫害，但他始终没有停止过以各种方式抗争。即使在处境最艰难危急的时刻，他仍顾全大局，坚决维护党和人民的利益，表示“生为革命，死也永远为共产主义事业”。编辑这本书，就是为了缅怀刘少奇同志的高风亮节，也为了永远记取十年动乱的沉痛教训。

收入本书的文章，都保持原貌，编者只订正了个别有误的日期、引文，并对其中的三篇因原题重复等原因另拟了标题。中共中央文献研究室顾问李琦同志审阅了全部篇目。

本书选编工作得到李琦同志的指导，并得到文章作者和中央文献出版社的大力支持，特此表示深切的谢意。

这次九州出版社再版本书，为尊重历史，我决定对所有文章一律维持原样，不作任何改动。由于时隔较远，一些原作者经多方查询未果，盼这些同志见书后尽快同我联系。

黄峥

于毛家湾